当代交通运输领域
重要著作译丛
IMPORTANT TRANSLATIONS FOR CONTEMPORARY TRANSPORTATION

新兴交通运输系统需求：模型适应性、满意度和出行模式

DEMAND FOR EMERGING TRANSPORTATION SYSTEMS: MODELING ADOPTION, SATISFACTION, AND MOBILITY PATTERNS

[希] 康斯坦丁诺斯·安东尼乌（Constantinos Antoniou）
[希] 迪米特里奥斯·埃夫蒂米乌（Dimitrios Efthymiou） 著
[希] 伊曼努伊尔·查尼奥塔基斯（Emmanouil Chaniotakis）

尹志芳 李 超 张晚笛 杨新征 译

人民交通出版社
北京

图书在版编目(CIP)数据

新兴交通运输系统需求:模型适应性、满意度和出行模式/(希)康斯坦丁诺斯·安东尼乌,(希)迪米特里奥斯·埃夫蒂米乌,(希)伊曼努伊尔·查尼奥塔基斯著;尹志芳等译.—北京:人民交通出版社股份有限公司,2024.8

ISBN 978-7-114-17668-5

Ⅰ.①新… Ⅱ.①康… ②迪… ③伊… ④尹… Ⅲ.①城市交通运输—交通运输系统—研究 Ⅳ.①U12

中国版本图书馆 CIP 数据核字(2021)第 211938 号

Demand for Emerging Transportation Systems: Modeling Adoption, Satisfaction, and Mobility Patterns
Constantinos Antoniou, Dimitrios Efthymiou, Emmanouil Chaniotakis
ISBN:9780128150184

Authorized Chinese translation published by China Communications PressCo. ,Ltd.
《新兴交通运输系统需求:模型适应性、满意度和出行模式》(尹志芳,李超,张晚笛,杨新征译)
ISBN: 9787114176685

著作权合同登记号:图 01-2021-2411

作者简介

Constantinos Antoniou 是德国慕尼黑工业大学教授和交通运输工程系主席。他在1995 年获得了雅典国家技术大学(NTUA)建筑工程学士学位,并分别于 1997 年和 2004 年获得麻省理工学院交通运输专业硕士和交通系统专业博士学位。他的研究领域是大数据分析、交通运输系统模型和仿真、智能交通、道路安全和可持续交通运输系统。在其 25 年的职业生涯里,他作为主要人员参加了多项欧美和亚洲的研究项目,同时也参加了多项咨询项目。他获得了多个奖项,其中包括 2011 年国际自动机工程师协会智慧交通运输系统接触应用奖。发表了 350 多篇科研论文,包括 110 篇同行评审期刊(含交通研究部分 A、B 和 C,交通政策、事故分析和预测以及交通地理)论文,240 篇国际会议论文,并结集成 3 部图书出版,参编图书超过 20 部。他还是多个专业科学机构的会员、编审委员和成员,参与审阅大量会议科学期刊,开展相关科研工作。

Dimitrios Efthyrniou 是亚马逊和慕尼黑大学附属研究机构高级项目管理员。在此之前,他是慕尼黑大学交通运输系统工程博士后研究生和安永公司大数据科学高级咨询师。2008 年获得雅典国家技术大学田野调查工程专业学士学位,2010 年获得帝国理工商业管理硕士学位,2014 年获得雅典国家技术大学交通运输系统博士学位。他主要从事交通运输系统模型、需求预测、空间经济模型和交通运输机器学习方面的研究,曾经参加流动性、银行、电信和航运等相关领域的咨询项目,也参与过欧洲和国家层面的研究项目。发表了 30 多篇科研论文,包括 19 篇同行评审期刊论文,29 篇国际会议论文,参编图书 2 部,他也是多个专业科学机构的会员。

Emmanouil Chaniotakis 是英国伦敦大学学院能源所 MaaS 实验室的一名教师(助理教授)。他获得了塞萨洛尼基亚里士多德大学田野调查工程学士学位、德夫洛大学交通基础设施和物流专业硕士学位以及慕尼黑科技大学博士学位。他的研究领域是交通运输系统模型仿真,包括常规和新业态交通运输系统、需求模型和机器学习。他曾参与众多交通模型和机器学习的相关项目,包括构建战略和优化交通模型、模型行为以及新兴交通的投入及影响相关项目。发表了 30 多篇科研论文,包括同行评审期刊论文、会议论文等。他也是众多专业科学机构的成员、编审委员和成员。

前　言

未来已至,新一轮科技革命方兴未艾,科技正以人类历史上前所未有的速度改变我们的生活。人们正见证着生活中衣、食、住、行因科技进步所发生的深刻变化,其中尤其以出行的变化最为突出。原本遥不可及的科学技术已经在交通运输领域广泛应用,新能源汽车、共享出行、自动驾驶、智慧出行、空中交通等新技术、新模式已逐步影响大众的生活方式,并影响现有的交通系统。新兴的交通模式必然会提升现有城市交通系统的运行效率和资源利用效率,二者将相互适应、相互融合、相互协调。

目前,国内尚缺乏全面系统介绍新兴交通发展技术的著作,为尽早适应和促进新兴交通模式在城市交通领域的发展,我们一直以来密切跟踪国际研究动态,认为本书具有较高的前瞻性、理论性和实用价值。因此,通过努力将此书引进国内,呈现给读者。

本书共有5部分14章。其中第1部分即第1章为绪论,包括交通行业快速发展的现状、如何应对发展的挑战以及本书结构。第2部分为第2至4章,综述了影响交通系统适用性及满意度的因素,以及需求响应型公交、出行及服务、自动驾驶带来的潜在影响。第3部分为第5至8章,包括新兴数据收集方法、数据质量评估以及基于大数据的共享汽车系统选址规划、个体出行行为、共享自动驾驶车队规划等方面的模型构建。第4部分为第9至13章,论述了公共交通、共享汽车、共享自行车的使用影响因素和满意度分析方法,分析了共享汽车的用户特征并提出了车辆重新分配问题的解决方法,介绍了融合预测、优化与个性化智慧出行以及基于模型的评价方法、城市空中交通乘客接受度影响因素分析方法等。第5部分为第14章,对本书各部分内容进行了系统总结。

本书由交通运输部科学研究院城市交通与轨道交通研究中心(CUSTReC,以下简称“交科院城市中心”)翻译。交科院城市中心长期服务于交通运输部和交通运输行业,致力于打造国内一流,国际知名的城市交通智库,长年跟踪国际交通运输行业的发展前沿,传播相关知识和信息。由于交通运输行业发展正处于快速演进中,许多新业态、新形势、新技术尚未被准确认识和定义,加之由于译者水平有限,时间仓促,书中难免存在疏漏和错误之处,欢迎广大读者提出宝贵意见。

译　者

2024年6月

目　　录

第1部分　概　　述

第1章　绪论 …… 3
1.1　瞬息万变的场景带来的挑战 …… 3
1.2　我们如何应对出现的挑战 …… 4
1.3　本书的框架 …… 5
本章参考文献 …… 6

第2部分　最新技术的背景与评论

第2章　交通运输系统使用度和满意度的影响因素综述 …… 9
2.1　引言 …… 9
2.2　交通运输系统 …… 9
2.3　交通运输系统使用度和满意度的影响因素 …… 13
2.4　因素综合 …… 18
2.5　结论 …… 20
本章参考文献 …… 21
扩展阅读 …… 27
第3章　按需出行(MOD)和出行即服务(MaaS):早期对共享交通的影响和公共交通伙伴关系的理解 …… 29
3.1　引言 …… 29
3.2　方法论 …… 30
3.3　按需出行、出行即服务和共享模式的定义 …… 31
3.4　通用公共交通和按需出行服务模型以及建立的伙伴关系 …… 33
3.5　公共交通运输中按需出行/出行即服务的新兴趋势和潜在影响 …… 34
3.6　公共交通运输中自动化的潜在影响 …… 39
3.7　结论 …… 40
鸣谢 …… 41
本章参考文献 …… 41
第4章　自动驾驶对低收入人群、身体感官残疾人群以及老年人的出行可达性和社会融合度的影响 …… 45
4.1　引言 …… 45

4.2 自动驾驶对社会包容的影响 …… 46
4.3 结论 …… 50
鸣谢 …… 51
本章参考文献 …… 51

第3部分 方 法

第5章 新兴交通运输系统需求的评估数据 …… 57
5.1 引言 …… 57
5.2 数据收集方法的演变 …… 58
5.3 常规的数据收集方法 …… 59
5.4 新兴的数据收集方法 …… 62
5.5 数据质量评估 …… 65
5.6 可转移性 …… 66
5.7 结论与讨论 …… 67
本章参考文献 …… 67
第6章 基于提升可达性的单程共享汽车系统选址规划:以超小型电动车为例 …… 75
6.1 引言 …… 75
6.2 文献综述与本章定位 …… 76
6.3 日本丰田市交通概况和Ha:mo项目 …… 77
6.4 有效指标的定义与案例研究规范 …… 80
6.5 得出的可达性指数 …… 82
6.6 最佳停车位布局和停车位数量 …… 86
6.7 结论 …… 89
本章参考文献 …… 90
第7章 从交通智能卡数据中探索时空结构用以个体出行建模 …… 92
7.1 引言 …… 92
7.2 个体出行建模的概念框架 …… 93
7.3 新兴的出行数据 …… 94
7.4 新的研究机会 …… 96
7.5 讨论 …… 104
7.6 工作展望 …… 105
鸣谢 …… 107
本章参考文献 …… 107
第8章 共享自动驾驶车队的规划:解决该问题特定的建模需求与概念 …… 113
8.1 引言 …… 113
8.2 自动驾驶汽车建模 …… 114
8.3 大规模自动驾驶车队的规划:超越一天的视角 …… 115

8.4 与共享自动驾驶车队普及相关的其他建模问题 …… 117
8.5 讨论 …… 119
8.6 总结与展望 …… 121
本章参考文献 …… 123

第4部分 应 用

第9章 公共交通 …… 129
9.1 引言 …… 129
9.2 应用 …… 130
9.3 结论 …… 138
本章参考文献 …… 138
第10章 影响车辆共享系统接受度的因素 …… 140
10.1 引言 …… 140
10.2 车辆共享系统 …… 140
10.3 影响车辆共享系统接受度的因素 …… 143
10.4 影响共享汽车部署的因素 …… 144
10.5 影响共享自行车部署的因素 …… 147
10.6 结论 …… 150
本章参考文献 …… 150
第11章 共享汽车:对我们所知的概述 …… 155
11.1 引言 …… 155
11.2 系统 …… 155
11.3 共享汽车用户的特征 …… 157
11.4 共享汽车的使用 …… 161
11.5 重新分配问题与解决方法 …… 164
11.6 结论 …… 164
本章参考文献 …… 165
第12章 通过预测、优化和个性化实现的智慧出行 …… 168
12.1 引言 …… 168
12.2 智慧出行方法论 …… 169
12.3 智慧出行实例 …… 185
12.4 讨论与结论 …… 190
鸣谢 …… 191
本章参考文献 …… 191
第13章 城市空中交通 …… 197
13.1 引言 …… 197
13.2 乘客接纳 …… 197

13.3　城市空中交通建模 …… 201
13.4　空间效应与福利效应 …… 204
13.5　结论 …… 206
本章参考文献 …… 207
第14章　结论 …… 213
本章参考文献 …… 214

第1部分　概　　述

第 1 章　绪　　论

Constantinos Antoniou[1], Emmanouil Chaniotakis[2], Dimitrios Efthymiou[1]
1. 德国,慕尼黑,慕尼黑工业大学土木与环境工程学院交通运输工程系;
2. 英国,伦敦,伦敦大学学院(UCL)巴特莱特环境能源资源学院

1.1　瞬息万变的场景带来的挑战

流动性是人类活动最重要的特征之一,对每个人的生活都有着直接和间接的影响。可以说,在 20 世纪后半叶,流动性一直处于停滞状态,小汽车、客车、火车和货车分别是旅客和货物运输的主要方式。传统上,在世界上大多数地方,地方或地区政府管理部门负责集中发展、协调和运营交通运输,但其对不断变化的需求反应缓慢。因此,现有的数据收集方法和建模范式足以对原有的这些交通方式进行建模和优化,为决策者和规划者提供支持,以提高生活质量和最大限度地减少流动性对社会的影响。

我们观察到的变化可以归纳为"三次革命":共享、电动及自动化。当技术还没有出现,当过渡的轨迹(例如从完全传统的车辆过渡到部分或完全自动化的车辆)不被人们所知,或者预计需要很多年甚至几十年才能被人们知晓时,我们就被要求预测这些"革命"(例如高度自动化的车辆)带来的影响。类似地,其他新的模式在眨眼间出现(并消失),没有事先的信息或通知,并且通常很少或没有受到监管与协调(至少在最初没有)。这些不确定性不仅与车辆的技术特性和产能有关,还与未来会广泛存在的商业模式有关(例如私人占有与共享)。在这个漫长的过渡期内,即使对于特定的建模扩展(例如自动驾驶汽车建模的影响),基础条件也将不断变化,使得传统模式无法"追赶"。

当应对更不稳定的新模式时,一些新模式的情况会更加恶化。例如,美国优步(Uber,一个相当新的出行模式,成立于 10 年前)目前(译者注:2020 年)每天的出行量为 1400 万人次,而中国的滴滴每天的出行量为 3000 万人次。Uber 已将其商业模式从单一乘客的出行扩展到共享出行,同时决定提供共享自行车、滑板车,甚至直升机(2019 年 5 月在纽约市开始运营)。oBike 共享自行车系统在 2017 年涌入了欧洲城市(如慕尼黑和苏黎世),但由于隐私问题和占用人行道的投诉,在 2018 年就消失了。同样,出于安全考虑,最近(译者注:2020 年)在美国东北部启用的共享电动自行车系统在运行几个月后就被关闭了。然而,更加复杂的是,因为这些举措通常不受政府管理部门控制,而是来自私人运营商(从初创企业到汽车和飞机等老牌实体制造商),所以它们的性质、资金、商业模式和所有权状况也各不相同。如前所述,许多商业模式都在同时试行,所以不确定性也很大,例如空客公司正在并行开发许多不同的城市空中交通工具,以涵盖所有可能的结果,而 Uber 以及类似的公司,例如 Lyft 和 Grab 也在探索不同类型的服务。

货物和人员的流动正越来越紧密地交织在一起,更难区分。人员和包裹被越来越多地视为混合需求模式。旅客和货物运输链交融得越来越深,它们有可能同步化并融合到基础设施中,从而产生协同效应和收益。因为车辆和服务可以共享使用,所以在需求和供给两端都可以建立一个综合的交通运输系统,因此,不必开发两个并行系统而使得每个系统在大部分的时间和空间上都不能得到充分利用,可以开发出一个相辅相成的综合系统,从而带来收益和效率。

另一个重大变化是,交通运输系统从主要基于平面(地面、地下和高架)模式转变成真正的三维(3D)模式。例如在慕尼黑,商业空中无人机和城市空中交通(Fu et al. ,2019),城市空中索道,以及地下隧道(例如来自 Elon Musk 的 Boring 公司)和地上、地下超级高速铁路的概念,都再次引起人们的兴趣。这一趋势有可能增加空间可用容量,并促进其他新颖解决方案的开发,当然,这也会使现有模型的应用更具挑战性。

众所周知,这些新的出行方式正在迅速兴起(有时会消失)。现在,提供交通运输服务被认为是一项有利可图的业务,通常会吸引初创公司和其他私营企业,并以迅捷的步伐投入运营,然而,企业得到的预警却很少。前面提到的现有的建模范式还没有足够的敏捷性来应对这些快速的变化,它们通常基于一些基本的特性提出并利用一些新概念,例如自主性、连通性、共享和零工经济。这些瞬息万变的场景,需要我们提出可以在彻底改变出行格局的根本性变革环境中发挥作用的方法。这在以下几个方面极大地增加了交通运输系统的复杂性。

(1)设计:在从基于需求设计向创建需求设计的转变过程中,新兴模式的竞争和可用性推动创造了额外的需求,这在过去几年中是没有的。许多技术,如信息和通信技术(Information and Communication Technology,ICT)的广泛使用,推动了这一进程。这些技术驱动因素在本质上增强了与旅客和货物相关运输服务的发展潜力,同时也为新探索提供了新的数据资源基础。

(2)协调:新的参与者改变了传统的运输系统管理所遵循的流程,引入了新的可能相互矛盾的目标(福利与利润)。

(3)表现形式:规划者的行为得到了许多模型的支持,而这些模型具有不同的特征,包括分辨率(微观和宏观,也可以是介观的,即包含微观和宏观组件的模型),还包括商业的和开源的,或者通用的和定制的。这些模型都有一个共同的属性,即严格的功能形式,而这难以通过扩展和调整有效整合新兴模式和数据。最近,交通运输系统的建模要求必须区分私家车使用的不同形式(例如共享汽车、拼车和网约车)和其他新兴的交通方式(例如四轮滑板和共享自行车,自动驾驶汽车)。此外,建模范式会随着供给的动态变化而重新确定,而供给取决于需求本身(例如某个区域内共享车辆的可用性由该区域的出行需求来确定)。

(4)数据可用性:19 世纪伟大的物理学家开尔文有一句名言:"如果无法测量,就无法改进。"过去我们一直在使用有限的数据量(主要是环路探测器的点数据以及最近一些有限的行程时间信息)。在过去的十年中(译者注:2010—2020 年),无处不在的大量数据,如从社交媒体数据到电信数据,从浮动汽车到车辆状态数据,正变得越来越可用。

1.2 我们如何应对出现的挑战

人们需要用可持续和灵活的方式来重新考虑交通运输和出行规划,以推动变革。传统和新兴的建模技术应该结合起来,以便人们更好地了解情况并评估交通运输的未来情景。对这种新的运输规划的尝试,不应忽视新兴的建模工具、新兴的数据源、多角色环境、快速创新周期、模型和数据可传递性以及参与式规划。

统计学习技术(如机器学习或强化学习)、灵活的模型[例如短期交通预测(Vlahogianni et al.,2005)和汽车追踪模型(Papathanasopoulou and Antoniou,2015)]在某些情况下可以产生更准确的结果。数据驱动方法扩展了分析中包含的变量范围,更好地代表了交通运输系统(Duran Rodas etal.,2019)。然而,所有这些新的建模技术都需要与传统的方法进行比较,因为在某些情况下,传统方法具有更好的预测性能[例如离散选择模型(Hensher and Ton,2000)]。

新兴交通运输系统出行规划变更的核心是相关数据用于预测出行选择、满意度和使用等方面。传统的数据收集和建模方法显然不足以捕捉快速变化的流动性场景以及货物和乘客流动的相关变化。新的数据收集方法正在形成,从机会无线传感器,如WiFi和蓝牙探测器,到基于智能手机的应用程序[例如未来移动调查(Danaf et al.,2019;meili:Prelipcean et al.,2018;nervousnet:Pournaras et al.,2015)],不仅提供了关于出行方式的丰富见解,还提供了轨迹数据和卫星图像(Efsthymiou et al.,2018),甚至视频。新兴和未来的运输系统在很多场景下还未能实现,它们的确切特征尚不清楚,这使得设想理念的实施与数据的应用更加重要。最近人们发现了可获得的数据源,由此产生了大量的数据(Buckley and Lightman,2015;Chaniotakis et al.,2016;Reades et al.,2007),这些数据可能被用于改善交通运输系统,首先是在识别和预测方面,其次是在优化方面。与此同时,信息系统的普及使得一些支持服务迅速出现并得到广泛应用,例如出行即服务(Mobility-as-a-Service,MaaS)(Matyas and Kamargianni,2018)和车辆共享。

本书旨在作为理解新兴交通运输系统需求的媒介,批判性地对相关文献进行研究,以便为典型的探索模式、影响使用和满意度的因素以及新兴模式对可持续性和人类福祉的启示建立必要的背景知识。本书针对球形评估方法的建立,相关的方法和常用的数据进行了探讨,并对其应用进行了讨论。

1.3　本书的框架

本书主要分为以下4个部分。

第1部分:概述。

第2部分:最新技术的背景与评论。本部分由3章组成,对使用现有和新兴模式的影响因素进行了评论(第2章);对按需出行进行了分析,重点介绍了其与公共交通的互动(第3章);阐述了关于自动化对无障碍和社会包容的影响观点(第4章)。

第3部分:方法。本部分由4章组成,包括数据方面(第5章)和单程共享汽车系统选址的规划方法(第6章),使用智能卡数据对时空结构的分析(第7章),以及共享自动驾驶汽车的建模要求和概念(第8章)。

第4部分:应用。本部分由5章组成,包括公共交通(第9章)、共享车辆的使用(第10章)、共享汽车(第11章)、智能交通规划(第12章)和城市空中交通(第13章)的应用。

各章引言和结论对本章进行了总结。

本章参考文献

Buckley, S., Lightman, D., 2015. Ready or not, big data is coming to a city (transportation agency) near you. In: Transportation Research Board 94th Annual Meeting, number 15-5156 in TRB2015.

Chaniotakis, E., Antoniou, C., Pereira, F., 2016. Mapping social media for transportation studies. IEEE Intelligent Systems 31(6), 64-70.

Danaf, M., Atasoy, B., de Azevedo, C. L., Ding-Mastera, J., Abou-Zeid, M., Cox, N., Zhao, F., Ben-Akiva, M., 2019. Context-aware stated preferences with smartphone-based travel surveys. Journal of Choice MoDelling 31, 35-50.

Duran-Rodas, D., Chaniotakis, E., Antoniou, C., 2019. Built Environment Factors Affecting Bike Sharing Ridership: Data-Driven Approach for Multiple Cities. https://doi.org/10.1177/0361198119849908. Transportation Research Record.

Efthymiou, D., Antoniou, C., Siora, E., Argialas, D., 2018. Modeling the impact of large-scale transportation infrastructure development on land cover. Transportation Letters 10(1), 26-42.

Fu, M., Rothfeld, R., Antoniou, C., 2019. Exploring preferences for transportation modes in an urban air mobility environment: munich case study. Transportation Research Record.

Hensher, D. A., Ton, T. T., 2000. A comparison of the predictive potential of artificial neural networks and nested logit models for commuter mode choice. Transportation Research Part E: Logistics and Transportation Review 36(3), 155-172.

Matyas, M., Kamargianni, M., 2018. The Potential of Mobility as a Service Bundles as a Mobility Management Tool. Transportation.

Papathanasopoulou, V., Antoniou, C., 2015. Towards data-driven car-following models. Transportation Research Part C: Emerging Technologies 55, 496-509. Engineering and Applied Sciences Optimization (OPT-i)-Professor Matthew G. Karlaftis Memorial Issue.

Pournaras, E., Moise, I., Helbing, D., 2015. Privacy-preserving ubiquitous social mining via modular and compositional virtual sensors. In: 2015 IEEE 29th International Conference on Advanced Information Networking and Applications, pp. 332-338.

Prelipcean, A. C., Gidofalvi, G., Susilo, Y. O., 2018. MEILI: a travel diary collection, annotation and automation system. Computers, Environment and Urban Systems 70, 24-34.

Reades, J., Calabrese, F., Sevtsuk, A., Ratti, C., 2007. Cellular census: explorations in urban data collection. Pervasive Computing, IEEE 6(3), 30-38.

Vlahogianni, E. I., Karlaftis, M. G., Golias, J. C., 2005. Optimized and meta-optimized neural networks for short-term traffic flow prediction: a genetic approach. Transportation Research Part C: Emerging Technologies 13(3), 211-234.

第2部分　最新技术的背景与评论

第2章　交通运输系统使用度和满意度的影响因素综述

Yannis Tyrinopoulos[1], Conatantinos Antoniou[2]
1. 希腊,雅典,西阿提卡大学,土木工程学院;
2. 德国,慕尼黑,慕尼黑工业大学,土木与环境工程学院

2.1　引言

交通运输系统使用度的影响因素可以从不同的角度来研究,例如,组织、财务、立法、技术和用户接受度。所有这些因素在各种交通运输系统和运输方式的使用中起着主要或次要的作用。了解这些因素对于创造一个良好的交通运输系统至关重要。然而,现有的和不久将出现的各种交通运输系统和运输方式使得对这些因素的研究变得相当复杂。此外,当分析两个或多个密切相关的系统时,例如在共享出行的情况下,这些因素之间经常会发生重叠和冲突。因此,对每种交通运输系统和运输方式分别进行研究有助于克服这些缺点。

本章主要是从终端用户(例如上班族和旅客)的角度,介绍并分析交通运输系统使用度和满意度的决定影响因素,重点放在城市、郊区和郊区周围的客运交通上。本书的研究结果,尤其是对各种交通运输系统使用度决定影响因素的正确理解,对于交通运营商和政策制定者非常有用,可以更好地应对终端用户的需求,并规划制定相应的交通管理措施和政策。

为了便于对审查和讨论各种影响因素的审查和讨论,我们将交通运输模式和系统分为三类:已建立的、新兴的和未来的。已建立的是指已经存在的交通运输系统,如公共交通和出租汽车;新兴的是指在一些区域已经实行并持续出现的新概念的交通运输方式;而未来的是指已经受到运输界关注但还没有被实施的交通运输方式。下面简要介绍这三类交通运输系统和运输模式。

2.2　交通运输系统

2.2.1　已建立的交通运输系统

长期以来,人们一直用私人交通和公共交通来区分并研究现有的交通运输系统。私人交通通常是指用户通过私人拥有的交通工具出行的方式,例如私人汽车、自行车。公共交通是指通过由机构或组织运营的交通工具出行的方式。公共交通因交通方式(地铁、公共汽车等)的不同而有很大的特点差异,被认为是解决城市交通拥堵负面影响的最可行方案。在大多数情况下,公共交通工具按预定的时间表和路线运行。但是,需求响应型交通是提供更多

与需求相联系的运输服务，也称为副大众运输。它具有运输车辆不在固定路线上运行，根据特定的运输服务请求在特定地点接送乘客的特点。

出租汽车是传统交通运输系统中最普遍的一种交通方式。关于出租汽车在公共或私人交通工具上的分类，一直存在长期的争论。因此，本书把它称为独立的交通运输系统。出租汽车行业有四个主要的细分市场：扬召、站点候车、预约及合同租赁（Aarhaug，2016）。扬召和站点候车这两个细分市场是该行业独有的，而预约和合同租赁市场在一定程度上与非出租汽车行业有重叠。出租汽车是公共交通运输系统中至关重要的一环，它根据公共需求运行。人们可以将它们视为常规公共交通的有益补充（Aarhaug，2016）。在世界上大多数的大城市（北京、巴黎、芝加哥、伦敦），出租汽车客运量占城市客运总量的1%（StudyLib，2019）。

2.2.2 新兴的交通运输系统

应当指出，新兴并不一定意味着新。新概念中的大多数已经在某些城市出现了数十年（例如，共享自行车和共享汽车）；然而，在过去几年中，在诸如信息和通信技术（ICT）发展等一些有利因素的帮助下，它们得到了进一步广泛应用。

共享出行是一个宽泛的术语，它包括多种形式的出行，如旅客使用共享车辆或拼车。这是一种创新的交通策略，使用户能够“按需”在短期内使用某种交通运输方式（Shaheen et al，2015）。共享出行的实践形式有以下几种：共享汽车、拼车、巴士共乘、共享自行车、网络预约出租汽车（以下简称网约车）、共享乘车和共享电动滑板车，其中有些出行方式经常会混淆。尽管这些出行方式之间有明显的区别，但影响其使用的因素并没有太大差异，这将在下一部分中进行讨论（因素综述）。

共享汽车是汽车租赁的一种惯例或模式，是指人们在短距离和短时间内租车。尽管在城市交通环境中，汽车共享已经有很长的历史，但它仍在不断地发展。近几年出现了更灵活的共享汽车替代方案，例如自由浮动式共享汽车，即可以在任何公共停车位上借车或还车，以及P2P（Peer-to-Peer，此处指个人对个人）汽车共享，即私人拥有的车辆可供其他人员使用。

与共享汽车相似的是共享自行车。近年来，共享自行车项目的数量迅速增加，截至2015年，全球有700多个在运行的项目（Fishman et al.，2015）。由于共享自行车为终端用户和社会带来了极大的便利，因此本书将对其进行单独讨论。

网约车是已出现的另一种概念，它对出租汽车的市场份额有很大的影响。在乘车时，乘客雇用一名私人驾驶员将他/她带到目的地。在网约车的发展初期，运输车辆不与其他乘客共享，也不会沿路线停靠数次。Uber和Lyft（网约车运营商）现在提供可以共享车辆的服务（网约车）。尽管叫车服务已经存在很多年，但其受欢迎程度仍在不断提高（Statisa，2018）。提供叫车服务的公司，例如Uber，Lyft和Grab，增加了叫车服务的市场份额。例如，成立近十年后，Uber于2018年5月荣登全球领先的网约车运营商之列。Uber是一家交通服务公司，业务遍及65个国家，服务的客户有7500万个（Statista，2018）。这些新模式有望成为行业主流。

另一种存在多年并正在不断扩展的出行方式是拼车。拼车可以使乘客与其他人共享一

辆车到达共同的目的地。这不是私人交通工具,因为空间是共享的,它会中途停车搭载其他乘客。根据 Shaheen et al.(2018),尽管近年来拼车的出行分担率有所下降(从1980年的19.7%降至2016年的9%),其在美国仍是仅次于自驾出行的第二大最常见的出行方式。拼车可以包括多种共享乘车的形式。基于这种既定形式,其他形式也在不断涌现,例如灵活拼车,这是一种临时的、陌生人之间非正式拼车的形式;例如动态拼车,人们可以使用智能手机应用程序或网站按需(或非常短的时间)预约临时乘车。

与拼车类似,巴士共乘为更多的乘客(通常为7~15人)提供服务,费用由乘客们分摊。提供这种服务的代表性公司有熊猫班车(中国)、BerlKönig(德国柏林)、Ally(德国)和Jetty(墨西哥城)。

共享乘车在本质上与拼车相同,但共享乘车更倾向于使用按需出行方案,并且不需要乘客成为驾驶员。此外,拼车比共享乘车更有组织性和可预见性。

除了上述共享出行方式之外,本章还探讨了另一种新兴模式,即共享电动滑板车。尽管共享电动滑板车是最近才进入出行市场的,但在全球许多国家或城市,例如美国、中国(译者注:在景区、校园和工业园区有运营)、法国巴黎、西班牙马德里、英国伦敦和维也纳,它作为一种微出行模式应用越来越广(Shaheen and Cohen,2019)。它是短距离城市出行的一种现代趋势,采用了先进、环保的技术。尽管它有优点,但其对交通和道路安全的影响值得探讨,而且通常其没有适用的法规,需要研究制定新的法规。

2.2.3　未来的交通运输系统

未来的交通运输系统可以涵盖任何人们相信有可能出现的交通方式。显而易见的是,若列举所有可能的交通方式,讨论将变成开放式的。因此,我们只对两个主要的有望影响未来城市交通的创新形式进行广泛讨论,即共享自动驾驶汽车(SAVs)和城市空中交通(UAM)。如此选择是因为这两个概念都从根本上改变了人们对出行的感知方式,并且在相关文献中得到了较为全面的研究。目前,关于这些创新的交通方式投入运营的确切时间存在很多争论和不确定性。然而,这不是本节的重点,本节的重点是在未来的城市交通领域探索它们的差异性和可能的附加值。

2.2.3.1　共享自动驾驶汽车

自动驾驶车辆是具有某种程度的自动化以辅助或取代人工控制的车辆。国际自动机工程师协会(SAE)定义了车辆不同级别的自动化功能,从"不自动"(0级)到全自动(5级,通常称作自动驾驶车辆)。经过最初一段时间的扩大宣传,我们目前正逐渐认识到与自动驾驶汽车(AV)相关的挑战和机遇。尽管引入这些技术的好处和问题仍在争论之中,但实际上所有主要的技术公司和汽车制造商每年都会在这一领域投入数十亿美元以获得竞争优势(Korosec,2018; Trivedi,2018)。尽管通常不能确定确切的解决方案,但自动驾驶汽车的制造商及其产业合作伙伴的行动对自动驾驶汽车应用场景进行了初始部署,即共享自动驾驶出行服务。例如,宝马集团、英特尔和MobileEye计划在2021年之前生产出用于共享乘车的自动驾驶汽车(BMW Group,2016);通用汽车公司计划在2019年之前运营自动驾驶的出租汽车服务(Hawkins,2017);福特还计划在2021年推出自动驾驶的网约车或共享乘车服务(The Ford Company,2016);大众汽车集团和现代汽车与Aurora Innovations公司合作,计划在

2021 年之前开始按需提供自动驾驶的服务(O'Kane,2018);戴姆勒和丰田已经与 Uber 合作(Daimler AG,2017;Monaghan,2018);此外,2018 年 Waymo(译者注:自动驾驶汽车研发公司)在亚利桑那州的坦佩市、梅萨市和钱德勒市推出了商业自动驾驶共享乘车服务(LeBeau,2018)。

2.2.3.2 城市空中交通

如前所述,共享出行服务为用户提供了更多高效的出行选择,其特点是对停车位的低需求、低车辆占有量,同时也因低排放降低了对环境的影响(Baptista et al,2014)。另外,自动驾驶汽车可能成为更安全、更舒适的出行选择,这就导致了众多汽车制造商在自动驾驶汽车领域进行大量探索和投资(Bimbraw,2015)。除此之外,目前出现了积极探索城市交通潜力的新维度,那就是空中交通。

虽然有几种使用常规飞机(例如直升机)的城市服务,例如巴西的 Voom(Airbus,2018),甚至是最近在纽约的 Uber,但最近有一场大规模的运动,倡导使用自动驾驶技术"无人机"(UAVs)在城市中提供系统化的运输服务。美国国家航空航天局(NASA)正在制定一个框架,以将所有参与者和利益相关者协调到一个功能系统(Tripphavong et al.,2018)。Shamiyeh 等人(2017)指出,由于多种技术的进步(例如电池存储,电力传输和分布式推进系统),此类服务的发展时机已经成熟。运营商们经常研究多种替代方案,例如空客公司(2018)就探讨了几种不同的车辆架构,例如 Vahana 和 CityAirbus,旨在分别为一名或多名乘客提供服务。

业务模式的开发也是此类创新服务的关键。Uber 假设车辆可容纳四名乘客(Uber Elevate,2016),而保时捷管理咨询公司(2018)定义了此类服务的整个链条,从最先一英里(进入垂直升降机场)开始,一直到登机,然后是核心航行以及到达目的地的相应阶段(下机过程和最后一英里的换乘)。

2.2.4 系统和模式检验的优缺点

表 2-1 展示了上述交通运输系统、模式的主要优缺点。该表已根据相应的参考文献进行了扩充,对于某些模式,优缺点是显而易见的,因此没有列出任何参考文献,主要基于作者的个人观点。

交通运输系统和模式的主要优缺点 表 2-1

系统/模式	主要优点	主要缺点
已建立的交通运输系统/模式		
公共交通	减少道路拥挤,为上班族节省开支,所有人口类别均可使用,减少污染(Tyrinopoulos and Antoniou,2013)	车厢拥挤,舒适感低,时间不确定,需要换乘,缺乏控制(Anwar,2009)
需求响应型交通	为农村人口提供经济高效的出行服务,用有限的交通方式服务大众(Hunkin and Krell,2018)	服务费用相对较高,在线路规划上缺乏弹性,不能满足超高的需求(Ambrosino et al.,2003);需求响应型交通(DRT)不是基于对市场的全面了解而进行成本控制或设计的(Enoch et al.,2006)
出租汽车	可即时接送和停靠,便捷,全天候服务	相对较贵,尤其是在高峰期

续上表

系统/模式	主要优点	主要缺点
新兴的交通运输系统/模式		
共享汽车	减少车辆的个人占有,减少停车需求,减少车辆出行,节约成本(TCRP Report 108,2005)	不能选择单程出行(TCRP Report 108,2005)
共享自行车	对健康有益,可减少道路拥堵,减少燃油消耗,经济节约,低碳(Shaheen et al.,2010; Qiu and He,2018; Yang et al.,2010; Shaheen and Cohen,2019)	有限的支付方式,例如需要智能手机和网络流量才能访问服务(Shaheena and Cohen,2019);头盔的使用有限,交通繁忙时可停靠的站点不足,首次骑自行车的人可能因骑行不熟练导致交通事故
网约车	车辆占用率高,增加便利性,减少车辆行驶里程(Lavieri and Bhat,2018)	减少公共交通客流和主动出行(Lavieri and Bhat,2018);增加机动化出行(Rayle et al,2016)
拼车/巴士共乘	减少车辆行驶里程,减少燃油消耗,减少温室气体(GHG)排放,为公共机构和雇主节省成本,便捷(Shaheen et al.,2018)	可能因缺乏信任导致安全问题(陌生人带来的危险)(OIsson et al,2019)
共享乘车	为乘客节省成本,减少车辆行驶里程,减少燃油消耗,减少温室气体(GHG)排放	可能因缺乏信任导致安全问题,减少公共交通客流和主动出行,增加机动化出行
共享电动滑板车	增加出行率,减少温室气体排放,减少汽车的使用,有益于健康(Shaheen and Cohen,2019)	有限的支付方式,例如需要智能手机和网络流量才能访问服务(Shaheena and Cohen,2019);首次骑电动滑板车的人可能因骑行不熟练导致交通事故
未来的交通运输系统/模式		
共享自动驾驶汽车	主要成本降低(因为消除了驾驶员的成本)(Litman,2018);提高了无障碍性,例如针对无法驾驶的人群(年轻人、老年人、残疾人)(Meyer et al,2017);可能会减少排放(Greenblatt and Saxena,2015),增加交通容量(Friedrich,2015);提高安全性(Teoh and Kidd,2017)	可能会增加车辆行驶里程(VMT),例如额外的出行和巡航(Litman,2018);增加了网络安全风险(Petit and Shladover,2014)
城市空中交通	在某些情况下,大大减少了出行时间(Antclif et al,2016);有效地增加了三维空间利用和城市出行能力	需要大量的基础设施投资(例如垂直升降机场),远离地面会增加安全和成本问题

2.3　交通运输系统使用度和满意度的影响因素

通过分析许多研究、科学文章和报告,我们确定了影响上述交通运输系统使用度和满意度的因素。

2.3.1 已建立的交通运输系统

2.3.1.1 公共交通

影响乘客使用公共交通工具(当前和未来)的因素包含很多方面,例如方式(地铁或公共汽车等),用户类型(男性、女性、年轻人、老年人、残疾人、学生等),覆盖的区域(地区、城市、郊区、旅游地)以及时间(高峰或非高峰)。因此,下面尝试结合这其中的多个方面,找到尽可能多的影响公共交通工具选择的共同因素。

De Oña 等人(2016)提出了一个用于预测乘客继续使用公共交通,特别是轻轨交通(Light Rail Transit,简称 LRT)服务意愿的模型。他们分析得出,服务质量主要由舒适性、可达性和及时性等相关方面决定,其次是信息和安全性。

Tyrinopoulos 和 Antoniou(2008)进行了一项研究,重点关注乘客对公共交通性能的感知、运营商之间的差异性以及此类差异的政策含义。他们研究了希腊两个主要的大城市雅典和塞萨洛尼基的 5 个交通运输系统。对于在雅典运营公共交通的公司来说,服务质量主要受服务频率、信息提供程度、等待状况和车内状况、可通行性和换乘接驳等质量属性影响。雅典的地铁服务运营取决于其与其他交通方式的换乘接驳程度和信息提供程度,因为在雅典,地铁提供高质量的服务被认作是理所当然的。在塞萨洛尼基,独立的公共交通运营商的运营方案中应包括针对服务频率、等待时间和车辆清洁度的即时纠正措施。

Eboli 和 Mazzulla(2015)制定了一个结构方程模型,用于探讨全球客户满意度和意大利北部铁路运营商(城区和郊区)提供的服务质量之间关系的影响。他们发现,信息、清洁度、服务特性(如准时性和运行频率)对服务质量的正面影响最大。

乘用车及其各种形式(例如共享汽车)在城市中是公共交通最主要的竞争对手。在这方面,Tyrinopoulos 和 Antoniou(2013)构建了估算概率模型和结构方程模型,并进行了额外的统计分析,以深入了解上班族出行方式选择的影响因素和不愿意使用公共交通服务的原因。根据他们的分析,影响上班族使用汽车偏好的主要因素是停车位的可用程度。上班族不愿意使用公共交通的首要原因是拥挤,其次是服务的不可靠性。还有另一个有趣的发现,即高票价并不会成为上班族选用公共交通的阻碍。

基于上述探讨,影响大多数公共交通使用度和满意度的主要因素似乎是无障碍程度、服务可靠性、拥挤程度和安全性。这些因素因交通模式的类型不同,影响程度也不同。具体而言,等待状况和车内状况(如舒适度)对公交系统起决定性作用,而地铁系统的关键因素是准时性和信息提供程度。

2.3.1.2 需求响应型公共交通

需求响应型公共交通(Demand Response Transit ,DRT)出现于 20 世纪 70 年代,服务于交通设施不完善地区或有特殊出行需求人群的利基市场。自 20 世纪 90 年代以来,其逐渐普及的原因之一是常规公交和出租汽车服务缺乏适应性。DRT 通常为低密度区和/或农村社区的普通人群以及残疾人提供服务。

Ambrosino 等人(2003)编写的一份报告,主要关注的是先进的公共交通系统对可持续交通的潜在贡献,特别提到了 DRT。报告显示,在他们的用户需求分析中,推动用户采用 DRT 的主要因素包括:目的地/覆盖范围广、获得服务的容易度(步行距离、等待时间)、信息的可靠性、预订的便捷度、服务和到达时间的可靠性以及合理的定价。

Enoch 等人(2006)做过一个有趣的研究。他们研究了世界各地失败的 DRT 项目,目的是找出失败的原因,并总结出有助于防止类似情况发生的经验教训。失败的原因有很多,如计划不周、利益相关者不履行承诺、资金安排不灵活、票价较低等。从用户的角度来看,一个成功的 DRT 系统应该简单、成本低,能够提供小运量方案,能够成功地集中时间和地点上的需求,通常采用半预定的核心路线。

总而言之,DRT 具有重要的公平性和可获得性优势。为了获得成功并被终端用户采用,DRT 需要周密地计划、制定合理的运价并面向更广泛的市场,而不仅仅是针对行动不便的人群。

2.3.1.3　出租汽车

出租汽车提供公共性服务,在城市交通环境中占据着有利位置。由于没有固定的班次、路线和车站,出租汽车具有半私人交通工具的性质。出租汽车的一个主要特征仍然是与顾客的密切互动。

Khan 等人(2016)进行了一项实证研究,以确定影响印度出租汽车用户满意度的因素。研究发现,驾驶员的专业性和预约的便利性对整体满意度有显著影响,而车况对满意度的影响似乎不大。

Kumar 和 Kumar(2016)应用了描述性统计和回归模型,研究影响消费者选择出租汽车服务的因素。他们的结论是,价格、优惠券和创新性正在影响消费者选择出租汽车服务。在他们的分析中,有价格意识的消费者可能在预订出租汽车时使用优惠券;有的消费者更愿意采用新技术,如使用应用程序预订出租汽车,而兑换优惠券只是消费出租汽车服务的一个激励因素。

2.3.2　新兴的交通运输系统

2.3.2.1　共享汽车、共享乘车、网约车、拼车、巴士共乘

如上所述,这5种共享出行模式在实践和运作上有相似之处,也有不同之处。然而,影响用户使用和满意度的因素是非常相通的。

Ballús-Armet 等人(2014)通过在旧金山湾区进行的用户访问调查,研究了公众对 P2P 共享汽车的看法和潜在的市场特征。他们的研究表明,使用 P2P 共享汽车的三大主要因素是便利性与可用性、节省出行费用、更多的出行选择。另一个有趣的发现是,许多受访者将责任和信任问题列为主要障碍。最后,他们发现受访者对 P2P 共享汽车的认知很低。

TCRP 第108号报告(2005)(TRB's Transit Cooperative Research Program(TCRP) Report 108:Car-Sharing—Where and How It Succeeds)为发展和实施共享汽车服务提供了大量的信息和有用的工具,并对一些成功因素进行了详细分析。该报告的重要发现之一是要满足用户在工作日对汽车出行的需求,因为许多员工开车通勤。作者提到了在旧金山湾区进行的一项调查,根据该调查,11%的上班族需要开车通勤,这就减少了他们对公共交通、自行车或拼车的使用(RIDES for Bay Area Commuters,2003)。在工作场所提供共享汽车服务可能有助于消除这一障碍,许多人已经将共享汽车作为他们通勤出行的一部分。

Lavieri 和 Bhat(2018)利用达拉斯—沃思堡大都会区的数据构建了两个多维模型,以此

调查了当地人们的驾驶经验、驾驶频率和出行特征。调查结果显示,人们对隐私的担忧是阻碍使用网约车的关键因素。此外,文献综述还从其他研究中获得了有趣的发现。最值得注意的是,相较于传统的出租汽车,人们选择网约车的原因是支付便利、预约便利、费用低及等待时间较短等。此外,人们选择网约车而不是选择公共交通和主动出行模式(自行车和步行)的主要原因是出行时间较短,同时,在目的地的停车限制和避免酒后驾车也是人们倾向于选择网约车而不是私家车的重要原因(Rayle et al.,2016; Alemi et al.,2018a,2018b; Zheng et al,2018)。

一项对旧金山湾区拼车的研究发现,方便、省时和省钱是选择拼车的关键动力(Shaheen et al.,2016)。这项研究还引用了其他得出相同结论的文献(Maltzman,1987; Reno et al.,1989; Beroldo,1990; Burris and Winn,2006)。另一项研究发现,人们选择成为拼车出行驾驶员的首要原因是希望节省汽油成本(Oliphant,2008)。

Balachandran 和 Bin Hamzah(2017)进行了一项研究,旨在确定马来西亚网约车服务质量和客户满意度的影响因素。他们的分析得出,可靠性、价格、促销和优惠券兑换以及舒适度对顾客满意度有积极影响。从所有被调查的变量来看,舒适度是最具影响力的因素。

大公司的员工是共享乘车业务最主要的目标群体之一。Hwang 和 Giuliano(1990)进行了广泛的文献综述,并对员工共享乘车这一计划的有效性进行了总结。他们最重要的一个发现是,共享乘车最有效的激励措施是停车收费、停车罚款和交通补贴。例如,对之前停车免费的员工加收停车费用,或为公共交通以及巴士共乘的人提供与停车费等额的现金补贴,这将对共享乘车的选择产生重大影响。

由于某些共享出行模式之间的相似性,上述针对特定模式所确定的因素也可能适用于其他模式。具体地,影响共享乘车选择的因素也适用于拼车和巴士共乘。这些出行方式都可节省成本,并且舒适、方便。这些因素也被认为是选择使用网约车和汽车共享服务的主要原因。然而,还有其他决定因素,如责任、隐私和信任,以及汽车和停车设施的可用性,它们都与使用共享乘车,尤其是共享汽车的满意度有关。

2.3.2.2 共享自行车

自行车对使用者和整个社会的好处是众所周知的。骑行是一种各大健康机构都推崇的体育活动形式,因为它可以很容易地融入日常生活并对人们的心血管有益(Yang et al.,2010)。它也是一种有利于环境的交通出行方式,以人们都可承受的成本促进交通出行(Shaheen et al.,2010)。

Bachand-Marleau 等人(2012)在加拿大魁北克省蒙特利尔进行了一项调查,以确定影响个人使用共享自行车及其使用频率的因素。他们的调查发现,影响共享自行车使用的两大因素为用户住址与自行车站点的距离,以及对自行车被盗的担心。而公共交通的使用者、"自行车+公共交通"出行者以及持有驾照的出行者这三类人更有可能使用共享自行车。

Fishman 等人(2015)进行了一项研究,旨在了解并量化在澳大利亚墨尔本和布里斯班的两个共享自行车项目中用户人数的影响因素。方便、易接近以及与最近站点的距离成为增加用户的重要影响因素。

2.3.2.3 共享电动滑板车

电动滑板车是最后一英里交通的一种便捷选择。2018 年,随着美国 Lime and Bird 公司率先推出共享无桩的电动滑板车,这一微出行模式重新焕发了活力。由于它们在交通运输系统中的存在时间很短,影响其使用的因素仍然未知。最近的一份报告(Shaheen and Cohen,2019)可能是唯一可以深入研究微出行(包括共享电动滑板车)的资源,它展示了一个“工具包”,概述了城市将共享微出行整合到城市建成环境中的政策和实践。不过,促使用户使用电动滑板车的影响因素仍未确定。然而,节约成本和便捷是影响其流行的两个明显因素。

为了应对电动滑板车近期的快速增长,一些负面效应开始出现,主要是由于其较高的风险(尤其是在街上出行时)以及对行人的负面影响(许多城市开始禁止电动滑板车在人行道上行驶)。目前的趋势是建议电动滑板用户使用自行车设施;然而,骑自行车的人也反对这一点,特别是在自行车普及率高的城市,他们认为自行车道已经变得拥堵不堪。

2.3.3　未来的交通运输系统

2.3.3.1　共享自动驾驶汽车

如上所述,共享汽车、共享自行车、共享滑板车、按需出行服务和共享乘车都属于共享出行的范畴。共享出行服务能够节省成本、提高便利并减少车辆使用量、拥有量和车辆行驶里程/千米数(Shaheen and Chan,2015)。自动驾驶技术可以加速共享服务的增长(Thomas and Deepti,2018),同时,共享出行可以在财务上促成自动驾驶汽车的部署(Gurumurthy and Kockelman,2018; Stocker and Shaheen,2018),尤其是在与电气化相结合的情况下(Sprei,2018; Walker and Johnson,2016; Weiss et al. ,2017)。

对于共享自动驾驶汽车(SAVs),人们已经确定了一些影响因素。例如,Nazari 等人(2018)注意到,出于个人安全、准确的上下车时间等考虑,自动驾驶汽车的使用可能受到限制,而路线选择和与其他乘客匹配的效率等因素则没那么重要(Philipsen et al. ,2019)。Amanatidis 等人(2018)发现,用户对自动驾驶汽车的用户界面有着不同的期望,这取决于车辆是个人拥有的还是共享的。这表明,个人的和共享的自动驾驶汽车应该在设计和开发上有所不同。Becker 和 Axhausen(2017)总结了影响自动驾驶汽车(个人和共享)接受程度的变量。Narayanan 等人(2019)对自动驾驶汽车领域的相关研究进行了新的全面综述,考虑了自动驾驶汽车部署的各个方面,包括确定的影响、估计的需求和所需的政策,主要集中在5级自动化的车辆(即通常所说的自动驾驶或无人驾驶车辆)。

2.3.3.2　城市空中交通

城市空中交通(UAM)受到若干限制,包括利益相关者的法规、基础设施可用性、空中交通管制、环境影响和用户/社区的接受度(Vascik,2017)。Cohen(1996)研究了基础设施的限制条件,特别是在土地利用、选址等方面考察了垂直升降机场雏形,而 Fadhil(2018)则侧重于城市空中交通的地面基础设施选择。Straubinger 和 Verhoef(2018)评估了城市空中交通对城市空间和城市居民的影响,而 Rothfeld 等人(2018)使用一个基于代理的微观模拟器(MATSIM)来研究不同操作场景的性能。

考虑到城市空中交通与其他模式有很大的不同,在其实现之前,有必要探讨影响其社区和用户接受度的因素。Peeta 等人(2008)可能是最先对这一主题进行偏好实验的研究者,他们发现了出行距离、服务费和可达性作为关键因素的重要性。Garrow 等人(2018)收集了来自美国高收入人群的 2500 份调查回复,以了解他们对城市空中交通的需求。Fu 等人

(2019)还使用了选择模型,并从德国慕尼黑收集了数据。通过评估确定使用城市空中交通的预期特性,Antcliff 等人(2016)认为硅谷是早期部署城市空中交通的理想地区,因为它聚合了良好的天气、高收入、高房价以及较长的通勤时间等因素。隐私和安全是用户认识和接受此类服务的主要考虑因素(Wang et al. ,2016; Chamata,2017; MacSween,2003; Lidynia et al,2017; Clothier et al,2015)。

Al Haddad 等人(2019)制定了城市空中交通(重点是城际应用)通用的可接受的研究框架,特别是其时间框架。这是一个基于偏好调查设计的新研究,以时间为因变量,目的是揭示影响使用这项服务的因素。这些是通过探索大众普遍认为对技术接受,尤其是对自动驾驶汽车的接受具有重要意义的因素来确定的。此外,在回顾城市空中交通相关研究和特性的基础上,这项研究还涵盖了与城市空中交通相关的因素。此分析强调了社会人口学参数的重要性及其在使用过程中的态度,包括对自动化的亲和力、数据和安全问题、节省时间的价值以及社会态度,如环境意识,对社交媒体、在线服务和共享的亲和力。基于大量计量经济模型,这项研究显示了社会人口、文化冲击和对自动化的亲和力(包括对自动化的享受和信任)的影响。信任和安全是影响城市空中交通使用的关键因素,特别是车内摄像头和操作人员的配置,以及服务可靠性和准时性方面的预期性能。数据关注度、节省时间和成本的价值、社会态度(包括对社交媒体的高亲和力)对城市空中交通的使用也有很大影响。最后,公共交通作为通勤出行也与后期空中交通的使用有较大关联。

2.4 因素综合

表 2-2 概述了上述最重要的因素,这些因素的影响可能是积极的或消极的,而且影响程度可以是低、中或高。表中,“ + + + ”表示高影响,“ + + ” 表示中等影响,“ + ” 表示低影响;反之,负面影响用“ - ”表示。

影响交通运输系统、模式使用和满意度的主要因素 表 2-2

系统/模式	主要影响因素							
	可用性	服务可靠性	拥挤程度	安全性	节约时间	节约成本	舒适/便利	其他
已建立的								
公共交通	+ + (1,2)	+ + + (2)/ - - (4)	- - - (4)	+ + (1)	+/ - (*)	+ + + (2)	+ + (1,2)	信息提供的准时性,清洁程度(1,3);等待状况和车内状况,换乘协调性(2)
需求响应型交通	+ + (5)	+ + (5)				+ + (6)		目的地/覆盖范围,信息提供度,价格结构(5),简易度,计划/线程调度
出租汽车				+	+	+ + (7)		技术辅助预约(7);驾驶员专业性,预约的便捷性(8)

续上表

系统/模式	主要影响因素							
	可用性	服务可靠性	拥挤程度	安全性	节约时间	节约成本	舒适/便利	其他
新兴的(共享出行)								
共享汽车	+[9]					+[10]	+ +[10]	延伸的出行选择，责任，信任问题[10]
网约车		+ +	− −		+ +[11]	+ +[11]		隐私问题[12]，支付的容易性，预约的容易性，停车的可用性[11]
拼车/巴士共乘		+ +	− −		+[13]	+[13,14]	+ +[13]	在驾驶时做其他的事[14]
共享乘车		+[15]				+[15]	+ +[15]	停车费用与罚款[16]
共享自行车	+[17]			− −		+ +	+[17]	与最近站点的距离[17]；家与站点的距离，对自行车被盗的担忧[18]
共享电动滑板车				− −		+	+	
未来的								
(共享的)自动驾驶汽车	+[19]			+ + (20)	+ +[21] (＊＊)	+[22]	+[23]	
城市空中交通	+ +[24]	+	− −	− − (25)	+ + + (＊＊)		+[26]	对安全的认知(缺乏)；控制点；隐私担忧

[1] De Oña et al.，2016.

[2] Tyrinopoulos and Antoniou，2008.

[3] Eboli and Mazzulla，2015.

[4] Tyrinopoulos and Antoniou，2013.

[5] Ambrosino et al.，2003.

[6] Enoch et al.，2006.

[7] Kumar and Kumar，2016.

[8] Khan et al.，2016.

[9] TCRP Report 108，2005.

[10] Ballús Armet et al.，2014.

[11] Rayle et al.，2016；Alemi et al.，2018a；Alemi et al.，2018b；Zheng et al.，2018.

[12] Lavieri and Bhat，2018.

续上表

(13) Shaheen et al. ,2016; Maltzman,1987; Reno et al. ,1989; Beroldo,1990; Burris and Winn,2006.
(14) Oliphant,2008.
(15) Balachandran and Bin Hamzah,2017.
(16) Hwang and Giuliano,1990.
(17) Fishman et al. ,2015.
(18) Bachand - Marleau et al. ,2012.
(19) Meyer et al. ,2017.
(20) Keeney,2017; Fagnant and Kockelman,2015.
(21) Singleton,2018.
(22) Keeney,2017.
(23) Shaheen and Chan,2015.
(24) Peeta et al. ,2008.
(25) MacSween,2003; Wang et al. ,2016.
(26) Rychel,2016.
(*) Depending on mode,e. g. , + for fixed right of way,typically-for shared right of way.
(**) Including lower value of time,due to ability to multitask during trip.

应该强调的是,影响程度中包含了作者的主观观点,同时还包括一些附加因素。特别指出,在因素旁有参考文献,这些因素来自该文献,没有参考文献的因素是作者基于自己在城市交通领域的知识和长期经验得出的。

2.5 结论

良好的出行系统或模式的最佳指标是客户满意度和使用度。在这方面,本章概述了推动城市和城郊交通运输系统和模式的使用和满意度的决定因素。虽然影响交通运输系统或模式的使用因素和决定因素有很大的差异(财务、技术、监管等),但本章分析了与用户接受度和满意度相关的因素。

对于公共交通来说,尤其是对于上班族来说,服务可靠性是最重要的影响因素,节约成本也是一个强有力的决定因素。这里必须指出,终端用户的感知成本相对于不可感知成本更为重要。在公共交通中,感知成本与票价直接对应,而在私人交通中,感知成本可能包括停车费、燃油费、过路费等。许多调查显示,吸引用户使用公共交通的其他因素包括舒适性和交通基础设施(车辆和车站)的便捷性。

出租汽车是一种可快速识别的交通方式,几乎遍布世界各地的城市(Aarhaug,2016)。调查显示,驾驶员的专业精神、订车的方便程度及价格是影响顾客是否使用出租汽车服务及满意程度的主要因素。

本章作者特别强调了共享出行日益增长的需求。共享出行是更广泛的“共享经济”概念的一部分,共享经济是一种发展中的现象,围绕着租赁以及商品和服务的借用而不是拥有(Shaheen et al. ,2015)。共享出行有不同的交通方式和运营模式:共享汽车、拼车、巴士共乘、共享自行车、网约车、共享乘车和共享电动滑板车。对于这些形式,作者提供了它

们的定义、相似性及差异性。然而,影响它们使用的因素并没有太大差异。表2-2清楚地表明舒适性和便利性、成本节约和时间节约是对服务质量产生最大积极影响的因素,其次是其他因素,如支付便利性等。各种共享出行系统也有其他的影响因素。例如,共享汽车也会受到责任和信任问题的影响,而网约车则会受到付款和预订方便程度的影响。

本章还讨论了共享自动驾驶汽车(SAVs)和城市空中交通(UAM)这两大创新的交通方式,预计它们将影响未来的城市交通。如上所述,一方面,自动驾驶汽车可以进一步鼓励使用共享出行;另一方面,出于个人安全的考虑,自动驾驶汽车的应用可能会受到阻碍。关于城市空中交通,时间节省预计将是吸引终端用户的主要驱动因素,并且在较小程度上会带来便利性和服务的可靠性,而隐私问题和缺乏安全性可能是主要的阻碍因素。

总之,深入了解影响出行者满意度的决定因素,对于交通运营商和政策制定者来说可能非常有用,他们可以以此规划并采取适当的交通管理举措。以公共交通分析中的一个发现为例:一些研究表明,高票价并不会阻碍上班族使用公共交通,政策制定者可能会因此稍微提高票价,并将额外收入用于改善对上班族来说更为重要的其他公共交通服务(例如解决拥挤和服务不可靠问题)(Tyrinopoulos and Antoniou,2013)。

本章参考文献

Aarhaug,J. ,2016. Taxis as a Part of Public Transport. Sustainable Urban Transport Technical Document #16. GIZ,Germany.

AIRBUS,2018. Urban Air Mobility-The Sky Is Yours. https://www. airbus. com/innovation/Urban-air-mobility-the-sky-is-yours. html.

Al Haddad,C. ,Chaniotakis,E. ,Straubinger,A. ,Plötner,K. ,Antoniou,C. ,2019. User acceptance and adoption of urban air mobility. Under review in Transportation Research Part A:Policy and Practice.

Alemi,F. ,Circella,G. ,Handy,S. ,Mokhtarian,P. ,2018a. What influences travelers to use Uber? Exploring the factors affecting the adoption of on-demand ride services in California. Travel Behaviour and Society 13,88-104.

Alemi,F. ,Circella,G. ,Mokhtarian,P. ,Handy,S. ,2018b. Exploring the latent constructs behind the use of ridehailing in California. Journal of Choice Modelling 29,47-62.

Amanatidis,T. ,Langdon,P. ,Clarkson,P. J. ,2018. Needs and expectations for fully autonomous vehicle interfaces. In:Companion of the 2018 ACM/IEEE International Conference on Human-Robot Interaction HRI'18. ACM,New York,NY,USA,pp. 51-52. https://doi. org/10. 1145/3173386. 3177054. http://doi. acm. org/10. 1145/3173386. 3177054.

Ambrosino,G. ,Nelson,J. D. ,Romanazzo,M. ,2003. Demand Responsive Transport Services:Towards the Flexible Mobility Agency. ENEA(Italian National Agency for New Technolo-gies,En-

ergy and the Environment), Italy.

Antcliff, K. R., Moore, M. D., Goodrich, K. H., 2016. Silicon valley as an early adopter for on-demand civil VTOL operations. In: 16th AIAA Aviation Technology, Integration, and Oper-ations Conference, p. 3466.

Anwar, A. M., 2009. Paradox between public transport and private car as a modal choice in policy formulation. In: SMART Infrastructure Facility Papers. University of Wollongong, Australia.

Bachand-Marleau, J., Lee, B. H. Y., El-Geneidy, A. M., 2012. Better u nderstanding of factors influencing likelihood of using shared bicycle s ystems and frequency of use. In: Transportation Research Record: Journal of the Transportation Research Board, No. 2314, Transportation Research Board of the National Academies, Washington, D. C., pp. 66-71.

Balachandran, I., Hamzah, I. B., 2017. The influence of customer satisfaction on Ride-Sharing services in Malaysia. International Journal of Accounting and Business Management 5 (No. 2), 184-196 doi: 24924/ijabm/2017. 11/v5. iss2/184. 196.

Ballús-Armet, I., Shaheen, S. A., Kelly, C., Weinzimmer, D., 2014. Peer-to-peer (P2P) carsharing: exploring public perception and market characteristics in the san Francisco Bay area. Transportation Research Record 2416, 27-36.

Baptista, P., Melo, S., Rolim, C., 2014. Energy, environmental and mobility impacts of carsharing systems. Empirical results from Lisbon, Portugal. Procedia-Social and Behavioral Sciences 111, 28-37.

Becker, F., Axhausen, K. W., 2017. Literature review on surveys investigating the acceptance of automated vehicles. Transportation 44, 1293-1306. https://doi. org/10. 1007/s11116- 017-9808-9.

Beroldo, S., 1990. Casual carpooling in the san Francisco Bay area. Transportation Quarterly 44 (1), 133-150.

Bimbraw, K., 2015. Autonomous cars: past, present and future a review of the developments in the last century, the present scenario and the expected future of autonomous vehicle technology. In: Informatics in Control, Automation and Robotics (ICINCO), 2015 12th International Conference on, vol. 1. IEEE, pp. 191-198.

BMW Group, 2016. BMW Group, Intel and Mobileye Team up to Bring Fully Autonomous Driving to Streets by 2021. https://www. press. bmwgroup. com/global/article/detail/T0261586EN/bmw-group-intel-and-mobileye-team-up-to-bring-fully-autonomous-driving-to-streets-by-2021? language = en.

Burris, M., Winn, J., 2006. Slugging in Houston-casual carpool passenger characteristics. Journal of Public Transportation 9 (5), 23-40.

Chamata, J., 2017. Factors delaying the adoption of civil drones: a primitive framework. The International Technology Management Review 6, 125-132.

Clothier, R. A., Greer, D. A., Greer, D. G., Mehta, A. M., 2015. Risk perception and the public acceptance of drones. Risk Analysis 35, 1167-1183.

Cohen, M. M., 1996. The Vertiport as an Urban Design Problem (Technical Report SAE Technical Paper).

Daimler, A. G., 2017. Daimler and Uber join forces to bring more self-driving vehicles on the road. https://media.daimler.com/marsMediaSite/en/instance/ko/Daimler-and-Uber-join-forces-to-bring-more-self-driving-vehicles-on-the-road.xhtml? oid = 15453638.

de Oña, J., de Oña, R., Eboli, L., Forciniti, C., Mazzulla, G., 2016. Transit passengers' behavioural intentions: the influence of service quality and customer satisfaction. Transportmetrica: Transport Science. https://doi.org/10.1080/23249935.2016.1146365.

Eboli, L., Mazzulla, G., 2015. Relationships between rail passengers' satisfaction and service quality. Public Transport 7, 185-201. https://doi.org/10.1007/s12469-014-0096-x.

Enoch, M., Stephen, P., Graham, P., Mark, S., 2006. Why Do Demand Responsive Transport Systems Fail? Transportation Research Board 85th Annual Meeting, Washington DC.

Fadhil, D. N., 2018. A GIS-Based Analysis for Selecting Ground Infrastructure Locations for Urban Air Mobility. Master's Thesis, Technical University of Munich.

Fagnant, D. J., Kockelman, K., 2015. Preparing a nation for autonomous vehicles: opportunities, barriers and policy recommendations. Transportation Research Part A: Policy and Practice 77, 167-181. https://doi.org/10.1016/j.tra.2015.04.003.

Fishman, E., Washington, S., Haworth, N., Watson, A., 2015. Factors influencing bike share membership: an analysis of Melbourne and Brisbane. Transportation Research Part A 71, 17-30.

Friedrich, B., 2015. Verkehrliche wirkung autonomer fahrzeuge. In: Maurer, M., Gerdes, J. C., Lenz, B., Winner, H. (Eds.), Autonomes Fahren: Technische, rechtliche und gesellschaftliche Aspekte. Springer Berlin Heidelberg, Berlin, Heidelberg, p. 331-350. https://doi.org/10.1007/978-3-662-45854-916.

Fu, M., Rothfeld, R., Antoniou, C., 2019. Exploring preferences for transportation modes in an urban air mobility environment: a Munich case study. Transportation Research Record: Journal of the Transportation Research Board. https://doi.org/10.1177/0361198119843858 (Published online May 21, 2019).

Garrow, L. A., German, B., Mokhtarian, P., Daskilewicz, M., Douthat, T. H., Binder, R., 2018. If you fly it, will commuters come? A survey to model demand for e-VTOL urban air trips. In: Aviation Technology, Integration, and Operations Conference, p. 2882.

Greenblatt, J. B., Saxena, S., 2015. Autonomous taxis could greatly reduce greenhouse-gas emissions of US light-duty vehicles. Nature Climate Change 5, 860-863. https://doi.org/10.1038/nclimate2685.

Gurumurthy, K. M., Kockelman, K. M., 2018. Analyzing the dynamic ride-sharing potential for shared autonomous vehicle fleets using cellphone data from Orlando, Florida. Computers, Environment and Urban Systems 71, 177-185. https://doi.org/10.1016/j.compenvurbsys.2018.05.008.

Hunkin, S., Krell, K., 2018. Demand-responsive Transport: A Policy Brief from the Policy Learn-

ing Platform on Low-Carbon Economy. Interreg Europe.

Hawkins, A. J. ,2017. GM says it will launch a robot taxi service in 2019. The Verge. https://www.theverge.com/2017/11/30/16720776/gm-cruise-self-driving-taxi-launch-2019.

Hwang, K. , Giuliano, G. ,1990. The Determinants of Ridesharing: Literature Review. The University of California Transportation Center, University of California. Working Paper, UCTC No. 38.

Keeney, T. ,2017. Mobility-as-a-service: why self-driving cars could change everything.

Khan, A. W. , Jangid, A. , Bansal, A. , Maruthappan, S. , Chaudhary, S. , Tyagi, V. , Rao, P. H. , 2016. Factors affecting customer satisfaction in the taxi service market in India. Journal of Entrepreneurship and Management 5(3),46-53.

Korosec, K. ,2018. Ford Plans to Spend $ 4 Billion on Autonomous Vehicles by 2023. https://techcrunch.com/2018/07/24/ford-plans-to-spend-4-billion-on-autonomous-vehicles-by-2023.

Kumar, P. K. , Kumar, N. R. ,2016. A study on factors influencing the consumers in selection of cab services. International Journal of Social Science and Humanities Research 4(3),557-561.

Lavieri, P. S. , Bhat, C. R. ,2018. Investigating Objective and Subjective Factors Influencing the Adoption, Frequency, and Characteristics of Ride-Hailing Trips.

LeBeau, P. ,2018. Waymo starts commercial ride-share service. https://www.cnbc.com/2018/12/05/waymo-starts-commercial-ride-share-service.html.

Lidynia, C. , Philipsen, R. , Ziefle, M. ,2017. Droning on about drones acceptance of and perceived barriers to drones in civil usage contexts. In: Advances in Human Factors in Robots and Unmanned Systems. Springer, p. 317-329.

Litman, T. ,2018. Autonomous vehicle implementation predictions: implications for transport planning(Technical Report).

MacSween, S. ,2003. A public opinion survey-unmanned aerial vehicles for cargo, commercial, and passenger transportation. In:2nd AIAA "Unmanned Unlimited" Conf. And Workshop & Exhibit, p. 6519.

Maltzman, F. ,1987. Casual Carpooling: An Update. RIDES for Bay Area Commuters, San Francisco, CA.

Meyer, J. , Becker, H. , Bösch, P. M. , Axhausen, K. W. ,2017. Autonomous vehicles: the next jump in accessibilities? Research in Transportation Economics 62,80-91. https://doi.org/10.1016/j.retrec.2017.03.005.

Millard-Ball, A. , Murray, G. , Ter Schure, J. , Fox, C. , Burkhardt, J. ,2005. Car-Sharing: Where and How it Succeeds. TCRP Report 108. Transportation Research Board, Washington, D. C.

Monaghan, A. ,2018. Toyota to invest $ 500m in Uber for self-driving car programme. The Guardian. https://www.theguardian.com/business/2018/aug/28/toyota-to-invest-500m-in-uber-for-self-driving-car-programme.

Narayanan, S. , Chaniotakis, E. , Antoniou, C. ,2019. Impacts of Shared Autonomous Vehicle Services: A Comprehensive Review(under review).

Nazari, F. , Noruzoliaee, M. , Mohammadian, A. ,2018. Shared versus private mobility: modeling

public interest in autonomous vehicles accounting for latent attitudes. Transportation Research Part C:Emerging Technologies 97,456-477. https://doi.org/10.1016/j.trc.2018.11.005.

O'Kane,S.,2018. Former google self-driving wiz will help Volkswagen and Hyundai build fully autonomous cars. The Verge. https://www.theverge.com/2018/1/4/16846526/aurora-chris-urmson-volkswagen-hyundai-self-driving-cars.

Oliphant,M.,2008. The Native Slugs of Northern Virginia:A Profile of Slugging in the Washington DC. Region. Major Paper,Master of Sciences in Urban and Regional Planning,Urban Affairs and Planning,Virginia Tech. Available at:www.toolsofchange.com/userfiles/Slugging_Report_Oliphant(2).pdf.

Olsson,L.E.,Maier,R.,Friman,M.,2019. Why do they ride with others? Meta-analysis of factors influencing travelers to carpool. Sustainability 11,2414. https://doi.org/10.3390/su11082414.

Peeta,S.,Paz,A.,DeLaurentis,D.,2008. Stated preference analysis of a new very light jet based on-demand air servi-ce. Transportation Research Part A:Policy and Practice 42,629-645.

Petit,J.,Shladover,S.E.,2014. Potential cyberattacks on automated vehicles. IEEE Transactions on Intelligent Transportation Systems 16(2),546-556.

Philipsen,R.,Brell,T.,Ziefle,M.,2019. Carriage without a driver-user requirements for intelligent autonomous mobility services. In:Stanton,N.A.(Ed.),Advances in Human As-pects of Transportation [electronic Resource]. Springer volume 786 of Advances in intelligent systems and computing, Cham, pp. 339-350. https://doi.org/10.1007/978-3-319- 93885-1 _ 31, 2194-5357.

Porsche Consulting,2018. The Future of Vertical Mobility:Sizing the Market for Passenger,Inspection,and Good Services until 2035.

Qiu,L.-Y.,He,L.-Y.,2018. Bike sharing and the economy,the environment,and health-related externalities. Sustainability 10,1145,pp.2-10.

Rayle,L.,Dai,D.,Chan,N.,Cervero,R.,Shaheen,S.,2016. Just a better taxi? A survey-based comparison of taxis,transit,and ridesourcing services in San Francisco. Transport Policy 45,168-178.

Reno,A.T.,Gellert,W.A.,Verzosa,A.,1989. Evaluation of Springfield instant carpooling. Transportation Research Record 1212,53-62.

RIDES for Bay Area Commuters,2003. Commute Profile 2003-A Survey of San Francisco Bay Area Commute Patterns. RIDES for Bay Area Commuters,Oakland.

Rothfeld,R.L.,Balac,M.,Ploetner,K.O.,Antoniou,C.,2018. Initial analysis of urban air mobility's transport performance in Sioux falls. In:AIAA AVIATION,Modeling and Simu-lation for Unmanned and Personal Aerial VehicleOperations. Atlanta.

Rychel,A.,2016. Cultural Divides:How Acceptance of Driverless Cars Varies Globally. https://www.2025ad.com/latest/driverless-cars-acceptance/.

Shaheen,S.,Chan,N.,2015. Mobility and the Sharing Economy:Impacts Synopsis. http://innovativemobility.org/wp-content/uploads/Innovative-Mobility-Industry-Outlook_SM-Spring-2015.pdf.

Shaheen,S. ,Cohen,A. ,2019. Shared Micromoblity Policy Toolkit:Docked and Dockless Bike and Scooter Sharing. https://doi. org/10. 7922/G2TH8JW7. https://escholarship. org/uc/item/00k897b5.

Shaheen,S. A. ,Guzman,S. ,Zhang,H. ,2010. Bikesharing in Europe,the Americas,and Asia: past,present and future. Transportation Research Record:Journal of the Transportation Research Board,No. 2143 159-167. Transportation Research Board of the National Academies,Washington,D. C.

Shaheen,S. ,Chan,N. ,Bansal,A. ,Cohen,A. ,2015. Shared Mobility-A Sustainability and Technologies Workshop: Definitions, Industry Developments and Earky Understanding. TSRC, UC Berkeley.

Shaheen,S. ,Chan,N. ,Gaynor,T. ,2016. Casual carpooling in the San Francisco Bay area:understanding characteristics,behaviors,and motivations. Transport Policy 51,165-173.

Shaheen,S. ,Cohen,A. ,Bayen,A. ,2018. The Benefits of Carpooling. https://doi. org/10. 7922/G2DZ06GF. UC Berkeley,US.

Shamiyeh,M. ,Bijewitz,J. ,Hornung,M. ,2017. A Review of Recent Personal Air Vehicle Concepts. Bucharest,Romania.

Singleton,P. A. ,2018. Discussing the "positive utilities" of autonomous vehi-cles:will travellers really use their time productively? Transport Reviews 17, 1-16. https://doi. org/10. 1080/01441647. 2018. 1470584.

Sprei,F. ,2018. Disrupting mobility. Energy Research & Social Science 37,238-242. https://doi. org/10. 1016/j. erss. 2017. 10. 029.

Statista,2018. Ride-hailing market value worldwide as of May 2018,by key operator. https://www. statista. com/statistics/729049/ride-hailing-gross-revenue-by-key-operator-globally.

Stocker,A. ,Shaheen,S. ,2018. Shared automated vehicle(sav)pilots and automated vehicle policy in the U. S. :Current and future developments. In:Meyer,G. ,Beiker,S. (Eds.),Road Vehicle Automation,5. Cham:Springer volume 143 of Lecture Notes in Mobility,pp. 131-147. https://doi. org/10. 1007/978-3-319-94896-6-12.

Straubinger,A. ,Verhoef,E. T. ,2018. Working Paper Options for a Welfare Analysis of Urban Air Mobility. Hong Kong.

StudyLib. Passenger Transport Mode Shares in World Cities. https://studylib. net/doc/7972629/passenger-transport-mode-shares-in-world-cities. Accessed May 8,2019.

Teoh,E. R. ,Kidd,D. G. ,2017. Rage against the machine? Google's self-driving cars versus human drivers. Journal of Safety Research 63,57- 60. https://doi. org/10. 1016/j. jsr. 2017. 08. 008.

The Ford Company,2016. Ford targets fully autonomous vehicle for ride sharing in 2021; invests in new tech companies,doubles Silicon Valley team. https://media. ford. com/content/fordmedia/fna/us/en/news/2016/08/16/ford-targets-fully-autonomous-vehicle-for-ride-sharing-in-2021. html.

Thipphavong, D. P., Apaza, R., Barmore, B., Battiste, V., Burian, B., Dao, Q., Feary, M., Go, S., Goodrich, K. H., Homola, J., et al., 2018. Urban air mobility airspace integration concepts and considerations. In: 2018 Aviation Technology, Integration, and Operations Conference, p. 3676.

Thomas, M., Deepti, T., 2018. Reinventing Carsharing as a Modern and Profitable Service. https://ridecell.com/wp-content/uploads/White-Paper-Presentation_Reinventing-Carsharing-As-A-Modern-And-Profitable service.pdf.

Trivedi, A., 2018. Honda and Toyota Are Piling Billions of Dollars into Autonomous Cars. https://www.bloomberg.com/opinion/articles/2018-10-04/japan-s-carmakers-throw-money-at-the-future-of-driving.

Tyrinopoulos, Y., Antoniou, C., 2008. Public transit user satisfaction e variability and policy implications. Transport Policy 14(Number 5), 260-272.

Tyrinopoulos, Y., Antoniou, C., 2013. Factors affecting modal choice in Urban Mobility. European Transport Research Review 5(1), 27-39. https://doi.org/10.1007/s12544-012-0088-3.

Uber Elevate, 2016. Fast-forwarding to a Future of On-Demand Urban Air Transportation.

Vascik, P. D., 2017. Systems-level Analysis of on Demand Mobility for Aviation. Ph. D. thesis. Massachusetts Institute of Technology.

Walker, J., Johnson, C., 2016. Peak Car Ownership: The Market Opportunity of Electric Automated Mobility Services. https://rmi.org/insight/peak-car-ownership-report/.

Wang, Y., Xia, H., Yao, Y., Huang, Y., 2016. Flying eyes and hidden controllers: a qualitative study of people's privacy perceptions of civilian drones in the US. Proceedings on Privacy Enhancing Technologies 2016, 172-190.

Weiss, J., Hledik, R., Lueken, R., Lee, T., Gorman, W., 2017. The electrification accelerator: understanding the implications of autonomous vehicles for electric utilities. The Electricity Journal 30, 50-57. https://doi.org/10.1016/j.tej.2017.11.009.

Yang, L., Sahlqvist, S., McMinn, A., Griffin, S., Ogilvie, D., 2010. Interventions to promote cycling: systematic review. British Medical Journal 341, C5293.

Zheng, H., Chen, X., Chen, X. M., 2018. How does on-demand ridesplitting influence vehicle use and ownership? A case study in Hangzhou, China. In: Presented at the 97th Annual Meeting of the Transportation Research Board, Washington, D. C., January, Paper No. 18-04327.

扩展阅读

Airbus, 2017. Rethinking Urban Air Mobility. https://www.airbus.com/newsroom/stories/rethinking-urban-air-mobility.html.

Brown, T., 2018. The Impact of Driverless Technology on Independent Driving Jobs. https://www.itchronicles.com/artificial-intelligence/the-impact-of-driverless-technology-on-independent-driving-

jobs/.

Dowling, R. , Maalsen, S. , Kent, J. L. , 2018. Sharing as sociomaterial practice: car sharing and the material reconstitution of automobility. Geoforum 88, 10-16. https://doi. org/10. 1016/j. geoforum. 2017. 11. 004.

第3章　按需出行(MOD)和出行即服务(MaaS):早期对共享交通的影响和公共交通伙伴关系的理解

Susan Shaheen, Adam Cohen
美国加州大学伯克利分校,交通可持续发展研究中心

3.1　引言

自从有了城市,城市的出行就一直是其核心问题。随着城市和科技的发展,交通工具已经从有轮子的手推车和马匹发展至马车型汽车和现代汽车。今天,这种演变还在继续。科技正在改变我们的出行方式,而这反过来又在重塑城市和社会。共享出行和按需出行(MOD)是21世纪交通运输的显著变化之一。一些人认为,革命性的变化可能会导致汽车的终结,这是由许多因素造成的,包括自动驾驶技术和创新的服务模式。然而,这似乎不太可能。相反地,这些进步以及公共政策,表明人们可以重新设想我们如何使用车辆并与之互动,其中还包括私家车的所有权。点击鼠标或智能手机的应用程序就可以实现交通运输模式的整合、实时信息、即时通信和调度,这一切正在重新定义"自动出行"。按需响应的共享出行、自动化和电力驱动技术的融合并不会使汽车过时,相反,它将改变我们与汽车的关系,使汽车出行变得更经济、更高效、更方便。

人口结构的变化、技术进步、交通拥堵、运输服务的商品化以及人们对环境和气候变化的认识提高,都在促进按需共享出行的需求增长。近年来,随着技术的进步、消费者偏好的变化(出行和零售消费)以及各种经济、环境和社会因素的影响,按需出行(消费者按需获得出行模式、商品和服务)在不断增加。以下典型模式是这一新兴行业发展的例证:

(1)共享汽车。截至2017年1月,美国共有21个现行的共享汽车项目,140多万会员共享17000多辆汽车(Shaheen et al.,2018)。

(2)共享自行车。截至2017年底,美国有200多家共享自行车运营商,拥有超过10万辆自行车(Russell Meddin,未公布具体数据)。2018年,美国微出行订单量(共享自行车和共享滑板车)超8400万(NACTO,2018)。

(3)运输网络公司(TNCs,即网约车)。截至2018年底,Lyft报告了美国和加拿大300多家企业平台有1860万活跃用户和超过110万驾驶员(根据美国证券交易委员会的文件)。截至2018年12月,Uber在63个国家上线运营,预计为8200万用户提供服务(根据美国证券交易委员会的文件)。

(4)拼车。截至2017年12月,美国14个和16个市场分别提供了Uber POOL和Lyft

Shared Rides 租用 TNCs 的联合版本(Paige Tsai,个人交流;Peter Gigante,个人交流)。诸如 Scoop 和 Waze Carpool 之类的拼车出行还可以按需提高通勤率。

按需出行和快递服务的增长增加了私人运营商的兴趣。收购、投资、合伙、技术开发和出行服务使汽车制造商对按需出行的兴趣日益增长(Shaheen et al. ,2017)。在物流领域,企业正在测试各种自动驾驶车辆和无人机配送。例如,联邦快递(FedEx)和美国联合包裹运送服务公司(UPS)正在开发与无人机系统配套的送货车,该无人机系统可以在送货车进行另一次送货的同时进行短距离空中递送(Shaheen and Cohen,2017;Yvkoff,2017;Franco,2016)。亚马逊和敦豪全球货运公司(DHL)正在测试自动包裹站、储物柜和无人机配送(Shaheen and Cohen,2017;Yvkoff,2017;Franco,2016)。Starship 等初创公司正在为餐厅、零售商和电子商务公司开发自动送货机器人(McFarland,2017;Starship n. d.)。

越来越多的按需出行方案正在提高人们对创新出行方案的认识,而且,这些方案可能与公共交通互补和/或相互竞争。按需出行的发展正在导致交通运输系统发生根本性的变化,这也要求决策者和公共交通机构考虑按需出行服务对公共交通、乘客数量、系统设计和出行最后一千米的个别影响和集体影响(Shaheen and Cohen,2018)。在未来,自动化可能是自汽车出现以来对出行行为和公共交通影响最大的变革。共享自动驾驶汽车(SAVs)可以为公共交通创造新的机遇,例如:①实现填充式发展,增加支持公共交通的密度;②降低公共交通的运营成本,视情况或多或少地增加其与其他交通方式的竞争力。

本章首先简要地解释了用于研究按需出行和其他创新出行服务的方法。然后定义了按需出行、出行即服务(MaaS)以及当前和新兴的共享模式的区别特征。接着探索了一系列公共交通和按需出行服务模式,并建立了合作伙伴关系(例如,行程规划、票价整合、保障回家和数据共享)。随后,回顾了影响公共交通的新趋势以及记录共享模式对公共交通影响的文献;回顾了自动化对公共交通的潜在影响。最后,总结了可能影响公共交通未来的潜在趋势。

3.2 方法论

对于这项研究,我们使用了一种多元定性的方法来研究按需出行、出行即服务和共享出行。首先,我们对按需和共享出行系统进行了文献综述,包括:定义、概念和影响。作者基于网络上的相关评论对已发表的文献进行了补充,并与约 30 位专家进行了有针对性地采访和网络研讨会,以确定新兴的出行趋势。此外,我们举办了两次为期一天的研讨会,包括全体会议和分组讨论会议,组织按需出行利益相关者参加交通运输研究委员会的两次年度会议(2017 年和 2018 年)。这些研讨会的主题包括四个方面的机遇和挑战:①了解和管理试验数据;②可达性和公平性;③创新的商业模式;④按需出行的规划(例如建成环境,通行权管理,土地利用和分区)。代表公共和私人运营商的 150 多位交通运输界从业者和研究人员参加了各个研讨会(Shaheen et al. ,2018;Shaheen et al. ,2017)。我们还合著了美国运输部(USDOT)的按需出行运营概念报告,该报告是智能运输系统(ITS)联合项目办公室(JPO)和联邦交通运输局(FTA)联合发布的成果,以帮助指导按需出行概念开发、试点、测试、示范项目、研究和公共政策(Shaheen et al. ,2017)。

此外,我们赞助了国际自动机工程师学会(SAE)国际标准 J3163(Taxonomy and Definitions for Terms Related to On-Road Motor Vehicle Automated),以制定与共享出行和赋能技术相关的术语的定义。作为过程中的一分子,我们促进了利益相关者与12名专家的交流,并作为4次专家小组会议的一部分。在5次会议中,还聘用了30名专家,并通过SAE的投票和评论流程征求了共享和出行委员会的30名投票成员和大约100名参与者的意见。参与者包括学术研究人员、交通专业人士、政府工作人员、汽车制造商和出行服务提供商。SAE根据他们在共享和按需出行服务方面的经验和知识来选择参与者。每次参与的时间平均约为1h。

另外,我们还集体研究了大约15项关于共享出行对社会、环境和出行行为影响的研究。这些研究通常由小组访谈、专家访谈、自我报告调查和活动数据组成。有关研究方法的更多信息可通过查阅引用的材料来获取(Lazarus et al.,2018;Lazarus et al.,2018;Martin and Shaheen,2016;Martin and Shaheen,2011;Rayle et al.,2016;Shaheen,Chan and Gaynor,2016;Shaheen et al.,2014)。

最后,我们作为FTA按需出行沙箱演示12个试点项目的独立评估小组成员,项目重点是研究按需出行与公共交通运营商的合作关系。虽然我们用来记录按需出行定义、发展和概念的方法非常广泛,但重要的是要注意到这一出行模式正在迅速发展。因此,可能有一些文献、专家观点或者新的发展情况在本书中未提及。

3.3　按需出行、出行即服务和共享模式的定义

按需出行是一个创新的交通运输概念,消费者可以通过调度或使用共享出行、快递服务、无人机和公共交通策略,按需获取出行方式、商品和服务。按需出行是一个基于三个核心原则的新兴概念:

(1)交通商品化,其运营模式具有经济价值,在成本、出行时间、等待时间、连接数量、便利性、车辆占用率和其他属性方面有明显区别(Shaheen et al.,2017)。

(2)满足所有用户的需求,包括乘客、快递员、消费者、公共和私人市场参与者、主动交通、机动化交通方式以及有特殊需求的用户(例如老年人、低收入、残疾人)(Shaheen et al.,2017)。

(3)提高交通运输网络的效率,通过多模式出行、供需管理和积极的运输需求管理,允许市场参与者预测、监控和影响整个运输生态系统的状况。

按需出行不同于欧洲新兴的出行即服务概念。按需出行专注于乘客出行的商品化以及货物交付和交通运输系统的管理,而出行即服务主要侧重于乘客出行聚合和订阅服务。供应商的出行代理、重新包装并将其进行捆绑转售是出行即服务的一个显著特征(Sochor et al,2015)。按需出行和出行即服务的比较如图3-1所示。

按需出行的客运服务包括:共享自行车、共享汽车、微交通、共享乘车(即拼车)、网约车、共享滑板车、接驳服务、城市空中交通(UAM)和公共交通。按需出行快递服务可包括基于应用程序的运输(也称为快递网络服务或CNS)、机器人运输、航空运输(例如无人机)。当前和新兴按需出行服务的定义见表3-1。

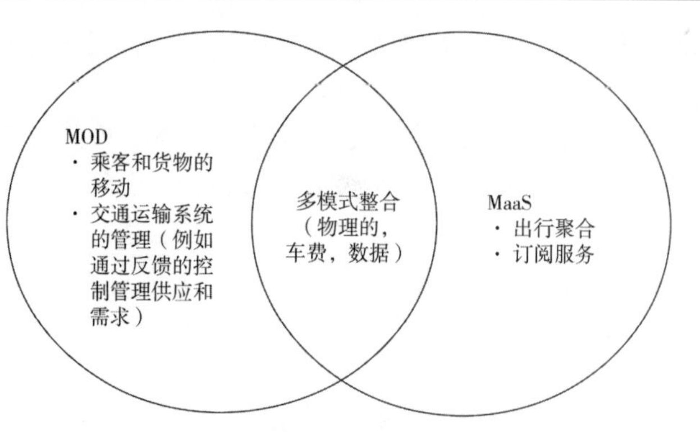

图 3-1 按需出行和出行即服务的对比

既有和新兴的按需出行/出行即服务服务的定义 表 3-1

模式	定义
共享自行车(也叫微出行)	为用户在各种取车点按需提供自行车,以便进行单程(点对点)或往返出行。共享自行车通常部署在大都市、城市、社区、就业中心和/或大学校园内的整个网络中(Shaheen,Cohen and Zohdy,2016)(SAE International,2018)
共享汽车	通过会员身份为用户提供车辆的使用,其组织内拥有车队和/或轻型载货汽车。这些车辆可能位于社区、公共交通站、就业中心、大学等区域内。共享汽车的组织机构通常提供保险、汽油、停车和维护服务。加入共享汽车组织的会员通常在每次使用车辆时支付费用(也称为现收现付定价)(Shaheen,Cohen and Zohdy,2016)
快递网络服务(CNS)	使用在线应用程序或平台(例如网站或智能手机应用程序),促进收费快递服务来获取现金补偿,以便将使用个人车辆、自行车或滑板车的快递员与包裹、食品等连接起来(Shaheen,Cohen,et al,2016)
无人运输机	使用无人机运输包裹、食品或其他货物
微交通	使用多人/共用班车或小型客车,以动态或固定路线提供技术支持、按需或固定行程的服务(SAE International,2018)
共享乘车(拼车)	驾驶员与始发地—目的地相似的乘客之间正式或非正式的共享乘车方式。共乘包括普通拼车和巴士共乘,由 715 名乘客组成,他们分担车辆成本和运营费用,并且有可能分担驾驶责任(Shaheen,Cohen and Zohdy,2016)
运输网络公司(网约车)	可预订并按需使用的交通服务,需付费,驾驶员和乘客通过数字应用程序联系。数字应用程序通常用于预订、电子支付和评级(Shaheen,Cohen and Zohdy,2016)(SAE International,2018)
机器人运输(自动运输车辆)	使用自动机器人运输食物、日用品和小包裹,机器人可以在人行道、自行车道、混凝土或辅砌路面上低速行驶
共享滑板车(也叫微出行)	通过注册账户,为个人提供使用滑板车的机会,其组织在不同地点有滑板车分布。滑板车共享模型可以包括各种机动化和非机动类型。滑板车服务提供商通常提供汽油或电力(如果是机动滑板车)、维护,并可能将停车作为服务的一部分。用户每次使用通常都要付费(Shaheen,Cohen and Zohdy,2016)。共享滑板车包括两种类型的服务:①站立式电动滑板车共享,使用带有支架设计的共享滑板车,包括由电力驱动的把手、平台和车轮。如今最常见的滑板车是由铝、钛和钢制成的。②带座机动脚踏两用车,由电力驱动或是汽油驱动。与在公路上行驶的摩托车相比,其对牌照要求相对没那么严格

续上表

模式	定义
班车	共享车辆(经常是巴士或大巴车),将乘客从一个共同的起点或目的地运送到公共交通、零散的站点、酒店或是就业中心。班车通常由专业驾驶员驾驶,许多班车为乘客提供免费出行服务(Cohen and Shaheen,2016)(SAE International,2018)
出租汽车	通过协商价格、区域定价或出租汽车计价器(传统或基于GPS)进行有偿的预定和按需运输服务。乘客可以提前安排行程(通过电话、网站或智能手机应用程序预订);当街打车(通过在街道上举手、站在出租汽车站或指定的乘车区);或网约车(通过使用智能手机应用程序按需调度驾驶员)(Cohen and Shaheen,2016)(SAE International,2018)
城市空中交通	城市区域内的航空客运和货运系统,包括小包裹运输和其他的市区无人机服务,支持机载/地面驾驶和自主驾驶的混合操作(NASA,2017)

TNCs,网约车公司。

来源:改编自 Cohen,A. ,and S. Shaheen. ,2016. Planning for Shared Mobility. Chicago:American Planning Association;

Shaheen,S. ,Cohen,A. ,Zohdy,I. ,and Kock,B. ,2016. Smarthone Applications to Influence Traveler Choices Practices and Policies. Washington D. C. :U. S. Department of Transportation;

SAE International,2018. Axonomy and Definitions for Terms Related to Shared. Detroit:SAE International.

3.4 通用公共交通和按需出行服务模型以及建立的伙伴关系

随着按需出行的增多,公共机构面临着越来越多与私人运营商合作的机会。例如,FTA开发了按需出行沙箱模型,这是一项正在进行的研究计划,旨在研究按需出行的潜在影响,并评估现有的FTA政策和法规如何支持或阻碍这些创新的运输服务。根据文献综述和有针对性的专家访谈,我们确定了四种常见的按需出行服务模型和四种建立按需出行公共交通伙伴关系的方法,具体如下。

3.4.1 通用按需出行服务模型

(1)连接最先一英里和最后一英里的公共交通服务,包括提供补贴的公共机构(货币、实物支持或通行权),以鼓励私人运营商以公共交通站点为起点或终点。新泽西州的萨米特市与Lyft和Uber合作,在工作日提供往返车站的免费乘车服务,目的是在不需要额外修建停车场的情况下提高车站的乘客吞吐量。

(2)填补空缺服务。低密度服务是指公共机构提供补贴,以启动或扩大郊区或农村地区的服务。例如,在佛罗里达州的皮内拉斯县,Pinellas Suncoast Transit Authority(PSTA)和网约车公司(Lyft和Uber)以及出租汽车运营商合作,为低密度服务区的公共汽车站提供最先一英里和最后一英里的补贴。公共交通局根据该计划每次提供5美元的折扣,将大多数用户前往最近的公共汽车站的乘车费降低到1美元(New York Public Transit Association,2018)。

错峰服务是指在深夜或其他公共交通非高峰时段提供一定的日间补贴。非高峰服务的补贴可以帮助公共交通机构,降低在需求较低时段提供高容量固定路线服务的成本。例如,

在佛罗里达州，PSTA 向 23 条线路资助了 30 万美元，在晚上 9 点到次日早上 6 点之间为低收入居民和工人提供免费的深夜乘车服务（Pinellas Suncoast Transit Authority n. d.）。

（3）公共交通换乘服务是指对在公共交通乘客量不足的地区提供按需出行服务的运营商提供补贴。与这些运营商合作，可以帮助运输机构用成本较低的或使用更频繁的服务方案取代低载客量路线或低水平的服务（例如长途旅行）。在得克萨斯州的阿灵顿，该市已经用一种微型交通服务 Via 取代了当地的公交服务。Via 在阿灵顿市区运营了 10 辆通勤小型客车，每次收费 3 美元（Etherington，2018）。

（4）辅助客运系统服务是指使用按需出行来补充或替换现有的辅助客运服务。通常，许多公共交通机构将服务分包给第三方辅助客运系统供应商，在某些情况下，每次出行的成本可能超过 50 美元（Penny Grellier，unpublished data，2018）。在波士顿，马萨诸塞湾交通管理局（MBTA）与 Lyft 和 Uber 合作，为 MBTA 现有的辅助客运系统的乘客提供价值 1 美元的 Uber POOL 乘车和 2 美元的 UberX 或 Lyft 乘车服务。MBTA 还需为每次出行支付超过 15 美元的成本。该计划将 MBTA 辅助客运系统的成本降低约 20%，而乘客使用量增加约 28%，平均每次出行节省 6% 的费用（Massachusetts Governor's Office，2016）。

3.4.2 建立按需出行公共交通伙伴关系的方法

（1）出行规划合作伙伴通常侧重开发和/或将多模式的出行规划整合到单一平台上。出行规划合作伙伴的共同目标包括：①增加消费者出行规划的便利性；②鼓励多式联运；③减少公共和机动交通使用的障碍。在洛杉矶，Conduent Inc. 的 Go-LA 应用程序允许洛杉矶人使用多种按需出行模式与公共交通（例如 Lyft、出租汽车和 Zipcar）一起计划出行（Conduent Inc. n. d.）。

（2）票价整合合作伙伴使乘客能够轻松支付跨越公共和私人交通方式的行程，并允许乘客使用相同的中间价为每段行程付费或使用单一票价（分摊到后端为行程提供服务的每个运营商）付费。在芝加哥，Divvy 共享自行车和芝加哥交通管理局（Chicago Transit Authority）正在测试综合票价卡系统，并将其作为 FTA 按需出行沙箱模型展示的一部分（William Trumbull，unpublished data，2018）。

（3）保障回程合作伙伴由一家私人运营商组成，对这项公共服务提供补贴。在圣迭戈，圣迭戈政府协会（SANDAG）已经与 Uber 合作，为上班族提供有保障的回家之旅。Uber 每年为该计划提供高达 20000 美元的补贴（SANDAG，unpublished data，March 2018）。

（4）数据共享合作伙伴提供涉及私人运营商共享出行的数据，以加强地方交通规划和运营。例如，在 2014 年里约热内卢世界杯期间，政府从谷歌的应用程序 Waze 获取驾驶员的导航数据，并将其与公共交通应用程序 Moovit 的用户信息相结合，后者为地方政府提供了宝贵的有关交通网络的实时信息。这些服务结合起来，可以汇总并识别道路拥堵、道路障碍等运营问题（Olson，2014）。

3.5 公共交通运输中按需出行/出行即服务的新兴趋势和潜在影响

美国公共交通平均乘客人数于 2014 年达到峰值，在 2014 年至 2017 年间下降约 5%（美国公共交通协会,2017)。技术、流动性和社会趋势导致了公共交通客流量的下降以及美国人出行方式的不断变化(Shaheen and Cohen,2018;Shaheen et al. ,2018)。人们对共享和按需出行态度的不断变化,以及越来越多的按需、灵活的路线选择,正在影响公共交通的性质(Shaheen and Cohen,2018)。新兴的交通运输服务既能促进最先一英里和最后一英里的连接,又能与公共交通进行竞争。在这个不断发展的交通运输市场中,公共交通面临的竞争环境日益激烈,出行消费者会根据一系列因素来选择交通方式,例如价格、等待时间、出行时间、站点数量、便利性和出行体验(Shaheen et al. ,2017)。

在北美,共享出行始于1994年的往返程汽车共享,那时车辆必须归还原处(Shaheen et al. ,2005)。但是,多年来,信息技术(IT)的发展促进了单程和灵活路线的共享汽车服务的增长。2007年,俄克拉荷马州推出了一项基于站点、IT赋能的自行车共享项目,Tulsa Townies(Shaheen et al. ,2014)。随后在2012—2013年,Lyft、Sidecar和UberX等网约车服务问世(Shaheen,Cohen and Zohdy,2016)。北美于2012年开始出现无停车桩的"智慧自行车"。德国联邦铁路公司的"叫一辆自行车"项目(通过短信发送访问代码来锁定和解锁自行车)从2000年开始在德国运营(Call a Bike,2018)。截至2018年5月,美国共有261家共享自行车运营商,投放了48000多辆自行车(Russell Meddin,unpublished data)。2017年,美国无桩共享自行车的数量约占全部共享自行车总量的44%,其出行次数约占总出行次数的4%[美国全国城市交通官员协会(NACTO),2018]。在一些情况下,基于站点的共享自行车与无桩系统混合或灵活组合为用户在特殊地点提供可预期的可用出行工具。2014年,旧金山开始出现集固定和灵活路线、定时和可调度服务于一体的微型交通服务(Berrebi,2017)。随着时间的推移,许多按需出行服务开始利用支持IT的硬件和高级算法,来提供各种响应需求的服务。最近,微出行(如站立式共享滑板车)的增长延续了这种按需出行的趋势。截至2018年9月,两家美国共享滑板车的提供商已在全球100个城市运营,服务了2150万次出行(Dickey,2018)。截至2018年9月,估计全美共投放65000辆滑板车(Dobush,2018)。根据NACTO的数据,2018年,在美国大约有8400万次共享微出行是通过共享自行车和滑板车进行的(NACTO,2018)。

按需出行的增长为公共交通带来了新的机遇和挑战。例如,无桩系统用户的停车点或取车点难以预测,这就需要步行几个街区才能找到一辆滑板车或无桩自行车。然而,公交机构或许能够克服这些挑战,通过实施激励措施鼓励乘客在靠近公共交通站点的地方归还无桩自行车和滑板车,并与服务提供商合作,制定针对公交乘客的定价和营销策略。公交机构的其他潜在担忧可能包括自行车或滑板车在公共交通设施处堆积,堵塞人行道并阻碍通行。公交机构可以通过积极主动的政策来帮助解决以下问题:设备标准、保险、赔偿责任、设施再平衡要求、专用通行权和设备停车指导以及停车执法程序,例如罚款和设备扣押(Cohen and Shaheen,2016)。

虽然许多研究已经探讨了按需出行对社会、环境和行为的影响,但还需要更多的研究来了解这些服务对公共交通的确切影响。几项研究表明,按需出行既能与公共交通互补,又能与公共交通竞争,这取决于多种因素,如可获得性、服务频率、社区的步行友好性、人口密度和土地利用情况、社会人口统计、文化规范和其他因素。

正如在方法论的讨论中所指出的,我们共同开展了约15项关于共享出行对社会、环境和出行行为影响的研究。这些研究通常由小组访谈、专家访谈和自我报告调查组成。表3-2汇总了这些研究的结果以及共享出行对公共交通的相关影响。关于每种研究方法的更多信

息可以通过查阅原始引用材料来获取。

许多共享汽车的研究探讨了往返和单程共享汽车对公共交通和非机动交通出行的影响(Martin and Shaheen,2016;Martin and Shaheen,2011;Cervero,2003;Cervero and Yuhsin,2004;Cervero et al. ,2007;Firnkorm and Müller,2012;Lane,2005)。Martin 和 Shaheen(2011)发现,北美的往返程共享汽车对公共交通乘客量有中性到负面的影响。每有 5 人减少轨道使用,就有 4 人增加轨道乘坐。每有 10 人减少公共汽车使用,就有 9 人增加公共汽车乘坐。Martin 和 Shaheen(2016)还研究了北美 5 个城市的自由流动共享汽车。他们发现,在接受调查的 5 个城市中,有 4 个城市的多数受访者表示,单程共享汽车服务对他们使用公共交通没有影响。这些较少使用公共交通的受访者认为,选择单程共享汽车服务的主要原因是单程共享汽车更有时效性。较多使用公共交通的受访者表示,使用单程共享汽车服务的主要原因是共享汽车连接了最先一英里和最后一英里。法国的一项全国性调查比较了往返的和基于车站的共享汽车对交通模式转变的影响,发现往返共享汽车服务少量增加了公共交通的使用,而基于车站的单程共享汽车服务减少了公共交通的使用(6t,2014)。

共享出行对公共交通的影响总结 表 3-2

模式(研究地区)	减少/增加	对公共交通的影响
往返程共享汽车(北美)	净减少	在整个样本中,结果显示公共交通的使用总体下降,这在统计上是显著的,因为 589 个共享汽车的会员减少了轨道使用,828 个减少了公共汽车使用,而 494 个增加了轨道使用,732 个增加了公共汽车使用。因此,每有 5 个减少轨道使用的人,就有 4 个增加乘坐轨道的人。每有 10 人减少使用公共汽车,就有 9 人增加乘坐公共汽车
往返程和基于站点的单程共享汽车(法国)	少量增长(往返程) 净减少(基于站点的单程)	法国的一项全国性调查比较了往返的和基于车站的共享汽车服务发现,往返共享汽车服务少量增加了公共交通的使用,而基于车站的单程共享汽车服务减少了公共交通的使用(6t,2014)
单程共享汽车(北美)	净减少(在西雅图例外)	在西雅图,一小部分受访者增加了轨道使用量,这超过了减少轨道使用的受访者。在其他 4 个城市,更多的人则减少了使用城市铁路和公共汽车的频率,而不是增加(Martin and Shaheen,2016)
P2P 共享汽车	没有显著的净增长或减少	对公共交通的使用没有显著的净增加或减少。那些增加和减少公共汽车和轨道乘坐的人在数量上非常平衡,9% 的人增加了公共汽车使用,10% 的人减少了公共汽车使用。在轨道方面也发现了类似的影响,7% 的人表示增加了轨道使用,8% 的人表示减少了轨道使用(Shaheen et al. ,2018)
基于站点的共享自行车(北美)	在中小城市,公共汽车/轨道净增长;在大城市,公共汽车/轨道小额净减少	中小城市(如明尼阿波利斯市)公共汽车和轨道使用的净增长很小。大城市公共汽车和轨道使用量净减少较小(如墨西哥城)(Shaheen and Martin,2015)(Shaheen, Martin, et al. public bikesharing in North America during A Period of rapid Expansion:Understanding business models, industry trends and user impacts,2014)(Shaheen et al. ,2013)

续上表

模式(研究地区)	减少/增加	对公共交通的影响
基于站点的共享自行车(纽约)	公共汽车/轨道用户量净减少	共享电动自行车更有可能吸引那些使用地铁、私家车、出租汽车特别是公共汽车的常规用户(Campbell et al,2016)。70%的共享自行车的用户可能来自以前的公交乘客
灵活的拼车(旧金山湾区)	净减少	大多数拼车者都是公共交通的使用者。在湾区,75%的拼车者从公共交通转移而来(Shaheen,Chan and Gaynor,2016)
TNCs(旧金山湾区)	净减少	TNCs 30%的乘客来自公共交通。40%的人将TNCs作为最先一英里和最后一英里的选择(目的地或出发地是公共交通站点)(Rayle et al.,2016)
TNCs(科罗拉多州,丹佛市)	净减少	这项研究发现,如果没有TNCs的话,22%的受访者会使用公共交通
TNCs(马萨诸塞州,波士顿)	净减少	研究参与者被问及,如果没有TNCs,他们将如何出行,42%的受访者表示他们会乘坐公共交通工具。研究得出结论,15%的TNC出行是在早晚通勤时间增加的(Gehrke et al.,2018)
TNCs(美国7个城市)	净减少公共汽车和轻轨的使用;少量增加通勤轨道的使用	这项研究发现TNCs与公交服务和轻轨竞争(分别净减少6%和3%),但它们补充了通勤轨道的服务(增加了3%)。但是,结果的整合使得难以分辨每个城市公共交通分别受到的影响(Clewlow and Mishra,2017)
TNCs(美国7个城市)	净减少	这项研究发现,43%的共享出行用户更多地乘坐公共交通,而28%的人乘坐公共交通较少。在本次调查中,共享出行用户的自我选择可能导致了回答偏差(Feigon and Murphy,2016)

注:TNCs指网约车公司。

拼车对公共交通乘客量影响的研究有限。然而,一项对旧金山湾区灵活拼车的研究发现,75%的拼车受访者以前是公共交通的用户,而10%的人之前独自驾车(Shaheen,Chan and Gaynor,2016)。

研究还表明,共享自行车对公共交通乘客量有着复杂的影响。Campbell等人(2016)发现,共享电动自行车可能更容易吸引那些使用地铁、私家车、出租汽车特别是公共汽车的常规用户(Campbell et al,2016)。Campbell和Brakewood(2017)发现,在公交线路1/4英里距离内,每有1000个自行车停车桩,每天在曼哈顿和布鲁克林搭乘纽约市公共汽车的乘客数量就会减少2.42%,相当于每天减少约18100名乘客(Campbell and Brakewood,2017)。共享自行车可能吸引大约70%的公共汽车乘客。在明尼阿波利斯圣保罗都会区,一项基于站点的共享自行车研究中,更多的人(15%)会选择轨道,3%放弃使用轨道转而使用共享自行车。这项研究还发现,公共汽车乘客数量略有下降:15%的受访者增加了对公共汽车的使用,相比之下,17%的受访者减少了对公共汽车的使用。这项研究还发现,在华盛顿特区,越来越多的人(47%)不再乘坐轨道,只有7%的人选择继续乘坐轨道,而且更多的受访者已放弃乘坐公共汽车,只有5%的受访者增加了公共汽车乘坐,比较而言,减少的数量是39%(Shaheen et al.,2014;Shaheen et al.,2013)。Shaheen和Martin进行了一项地理空间分析,发现

在高密度城市核心区的环境中,因基于站点的共享自行车而放弃公共交通的转变最为突出。转向公共交通作为对基于站点的共享自行车的回应,在城市周边低密度区域更为普遍,这表明公共的共享自行车可能会在密度较低、公共交通网络不健全的较小都市地区,充当最先一英里和最后一英里的连接器。在人口密度更高、公共交通网络更健全的大都市,公共的共享自行车与短途公共汽车相比,可能会连接地更快、更便宜、更直接(Shaheen and Martin,2015)。Lazarus 等人(2018)对旧金山湾区基于站点的和无桩的共享自行车的影响进行了比较研究,发现基于站点的共享自行车出行往往是短途通勤出行,多是连接到/来自主要公共交通换乘站的乘客,而无桩的共享自行车出行往往更长,空间分布更广,服务的社区密度也更低(Lazarus et al.,2018)。然而,无桩共享自行车和其他无桩形态的模式对大城市交通的影响需要更多的研究。

还有大约 6 项研究评估了 TNC 服务对出行模式转变的影响。一般来说,TNC 用户要么取代了之前用的另一种交通方式(公共交通、驾车、步行、骑自行车等),要么正在进行一次没有 TNC 服务(即诱导需求)就无法完成的新出行。虽然一些研究发现,TNC 正在以 15% 或更少的比例替代公共交通出行(Feigon and Murphy,2016;Hampshire et al.,2017;Clewlow and Mishra,2017),但还有其他几项研究也已发现,TNC 的竞争更为激烈,造成了 22%~42% 的公共交通出行的模式转变(Rayle et al.,2016;Henao,2017;Henao and Marshall,2018;Gehrke et al.,2018)。通常情况下,研究通过调查来探讨运输方式的变化,调查受访者在没有 TNC 的情况下会使用哪些运输方式。表 3-3 展示了关于替代 TNC 出行的 6 项调查的结果。需要注意的是,不同的研究方法可能会对结果产生很大的影响,右上角标注的字母表示调查问题设计和分析方法的变化。

TNC 模式替代的影响

表 3-3

研究作者 地区 研究年份	Rayle 等人[a] 加州,旧金山 2014	Henao 和 Marshall 科罗拉多州,丹佛和博尔德 2016	Gehrke 等人[a] 麻省,波士顿 2017	Clewlow 和 Mishra[b] 美国 7 个城市[e] 两个阶段, 2014—2016	Feigon 和 Murphy[c] 美国 7 个城市[e] 2016	Hampshire 等人[d] 得克萨斯州,奥斯汀 2016	Alemi 等人[f] 加州 2015
开车(%)	7	33	18	39	34	45	66
公共交通(%)	30	22	42	15	14	3	22
出租汽车(%)	36	10	23	1	8	2	49
骑行或步行(%)	9	12	12	23	17	2	20
不出行(%)	8	12	5	22	1	—	8
共享汽车/租车(%)	—	4	—	—	24	4	—
其他方式/其他 TNC 服务(%)	10	7	—	—	—	42(其他 TNC) 2(其他方式)	6(厢式货车/班车)

[a] 调查问题:"如果没有 TNC 的服务,你的最后一次旅行会如何进行?"

[b] 调查问题:"如果 TNC 服务不可用,您在使用 TNC 的旅行中会使用哪些交通替代品?"

[c] 调查交叉表和问题:与其他共享模式相比,最常使用 TNC 的受访者:"如果 TNC 服务不可用,你会如何进行最频繁的出行?"

续上表

[d] 调查问题:“既然这些公司不再在奥斯汀运营,你最近一次使用 Uber 或 Lyft 的出行是如何进行的?”
[e] 这些研究中的影响都集中在:奥斯汀、波士顿、芝加哥、洛杉矶、旧金山、西雅图和华盛顿特区。
[f] 这项研究允许对以下问题作出多种答复:“如果没有这些服务,你将如何进行你最近一次用 TNC 服务的出行?”这就是为什么百分比加起来超过 100%,这使得直接将结果与其他研究进行比较变得有些困难。

出行模式转变会随位置、调查类型和所选分析方法的不同而不同。这些研究表明,在人口密度更大、公共交通使用率更高的城市里,TNC 从公共交通中夺走的资源可能比在密度较低、私家车出行比例较高的城市里更多。在人口较密集的城市旧金山(Rayle et al.,2016)和波士顿(Gehrke et al.,2018),研究都发现,如果无法使用 TNC 服务,则使用公共交通的受访者比例(旧金山 30%,波士顿 42%)高于选择开车的比例(旧金山 7%,波士顿 18%)。相反,在丹佛和奥斯汀两市的研究中,Henao 和 Marshall(2018)以及 Hampshire 等人(2017)发现,如果没有 TNC,开车出行是最常见的替代方式(旧金山 33%,波士顿 45%)。调查结果是所有城市的综合数据,导致研究中对特定城市的影响不清晰,但对七个城市的两项研究和 Alemi等人在加州的研究表明,开车出行是最常见的替代方式。

3.6　公共交通运输中自动化的潜在影响

未来,自动驾驶可能会改变交通领域传统公私关系的性质(Shahee and Cohen,2018)。由于自动驾驶汽车可能改变城市的停车需求,因此,自动化有可能降低车辆的拥有成本。城市停车需求的减少有可能为填充式开发和人口密度的增加提供新的机会。虽然自动驾驶汽车可以与公共交通竞争,但填充式开发也可以创造更高的人口密度来提供额外的公共交通服务,并允许在城市中心将公共汽车转换为轨道交通(Shaheen and Cohen,2018)。然而,远程办公和自动驾驶车辆的增长可以为较长通勤时间人士减轻负担,并鼓励在未来实现郊区使用自动驾驶汽车的生活方式。虽然自动驾驶给公共交通带来了许多风险,但自动驾驶系统也有可能减少人工成本和运营成本,而这些成本可能会以较低的票价转移回馈乘客。自动驾驶汽车还可以使路线灵活、按需出行的服务更为可行,使公共交通更加便利或与其他方式相比更具竞争力,从而增加乘客量(Shaheen and Cohen,2018)。基于所有这些原因,自动驾驶对公共交通的潜在影响是难以模型化并预测的。

一些研究使用出行模型来模拟私人自动驾驶车辆未来给出行模式转变带来的可能影响,发现它们会减少公共交通的使用和主动出行的次数,如骑自行车和步行,从而导致在许多情况下私家车出行的总体分担率偏高(Kim et al.,2015)。同样,自动驾驶汽车的研究也表明了现有公共交通和主动交通出行的减少(Bösch et al.,2018;Chen and Kockelman,2016)。相比之下,一些关于自动驾驶汽车的研究预测,使用私家车出行会减少,其中一项研究预测,瑞士的私家车使用量将减少 36%~48%,这归因于自动驾驶汽车服务的引入(Bösch et al.,2018)。

虽然自动驾驶对公共交通的影响尚不确定,但自动驾驶有可能改变公共和私人服务的长期成本。公私关系的性质也可能随着时间的推移而变化,这基于地理位置、密集度、现有基础设施和其他因素的差异(Lazarus et al.,2018)。在未来,自动驾驶可能会使一些公共交通机构,通过使用小型车辆提供更灵活、更能响应需求的服务,而其他一些机构则可能通过

公私合作来实现。在自动驾驶汽车的未来发展中,公私伙伴关系这一类型可能会根据当地的环境而有所不同(Lazarus et al.,2018)。通过利用自动化、灵活的路线、按需服务,公共交通有机会重塑自身,成为私人自动驾驶汽车更具竞争力的替代品,增加市场份额,并在未来缓解交通效率低下的问题(Shaheen and Cohen,2018)。

3.7 结论

近年来,运输服务商品化,消费者根据诸如成本、出行和等待时间、连接数量、便利性、车辆占用率和其他因素对交通模式做选择,这对按需出行/出行即服务的增长起到了促进作用。按需出行的客运服务包括共享自行车、共享汽车、微交通、共享乘车(即拼车和巴士共乘)、TNCs、共享滑板车、班车服务、城市空中交通以及公共交通。按需出行快递服务可能包括基于应用程序的运输服务(称为快递网络服务或 CNS)、机器人运输以及空中运输(例如无人机)。按需出行虽然与出行即服务密切相关,但它包括乘客运输和货物运输,并纳入了交通运输系统管理的原则(例如控制反馈以更好地管理供需),而出行即服务强调移动聚合和订阅服务,是将多个服务捆绑到一个定价包中。

在这个新兴的出行生态系统中,公共机构正面临越来越多的与私人运营商合作的机会。美国按需出行目前提供的服务包括:①与公共交通的最先一英里和最后一英里的连接;②填补空缺的服务,如低密度和非高峰服务;③公共交通换乘服务;④辅助客运系统服务。支持按需出行与公共交通合作伙伴关系的一些方法包括:①出行规划;②票价整合;③保障返程措施;④数据共享。

技术、机动性和社会趋势正导致公共交通乘客减少,并开始改变美国人的出行方式。对共享、按需出行、出行即服务的新态度,以及越来越多的按需、路线灵活的交通选择,都为公共交通创造了新的机遇和挑战。虽然有许多研究考察了按需出行服务对公共交通的影响,但欲更好地理解地理空间和时间维度如何影响这种关系,还需要更多的研究。在某些情况下,按需出行可以通过填补缺口并连接最先一英里和最后一英里来补充现有的服务。在其他情况下,按需出行可能会与公共交通产生竞争。我们需要更好地了解按需出行和出行即服务在一系列的土地利用和建成环境中对公共交通的影响。一些研究已经表明,按需出行可以对美国的公共交通进行补充并产生竞争,这取决于多种因素,如公共交通的可达性、公共交通服务的频率、社区步行友好性、人口密集度和土地利用以及社会人口统计情况。加深对这些研究的理解有助于科学决策,对交通运输系统的发展产生积极影响。

虽然自动驾驶对公共交通的影响很难模型化并预测,但自动驾驶汽车可能会改变长期以来公共和私人运营商之间的关系,这些关系已成为交通运输网络的特征。自动化有可能通过自动驾驶汽车促进私人运营商与公共交通的竞争,但也有可能创造新的机会(例如微交通服务、首末英里的连接)。例如,自动驾驶汽车可以减少一些公共交通的人力成本和运营成本。这些节省下来的费用可以通过更低的票价或更灵活的路线、按需服务的形式回馈给乘客。未来,自动驾驶可以使公共交通变得更加便利,与其他交通方式相比更具竞争力,从而在一系列政策下增加客运量。按需出行/出行即服务合作伙伴关系为公共交通提供了一个重塑自身的机会,培育了一种更方便的、以乘客为中心的、按需但非使用私家车的交通方式。

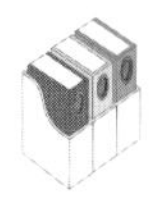

鸣谢

我们要感谢为我们的研究提供了宝贵数据和支持的众多按需出行服务提供商、公共机构以及其他专家和从业人员。我们还要感谢美国规划协会、加州交通运输局、Mineta交通学院和美国运输部对这项研究的支持。我们还要感谢Richard Davis、Emily Farrar、Elliot Martin、Adam Stocker和Michael Randolph参与我们在加州大学伯克利分校交通可持续发展研究中心进行的按需出行研究。

本章参考文献

6t,2014. One-Way Carsharing:Which Alternative to Private Cars? 6t,Paris.

American Public Transit Association,2017. Transit Ridership Report. http://www. apta. com/resources/statistics/Documents/Ridership/2017-q2-ridership-APTA. pdf.

Berrebi,S. ,2017. Don't Believe the Microtransit Hype. https://www. citylab. com/transportation/2017/11/dont-believe-the-microtransit-hype/545033/.

Bösch ,P. ,Ciari,F. ,Kay,A. ,2018. Transport Policy Optimization with Autonomous Vehicles. Transportation Research Record.

Call a Bike,2018. Call a Bike. https://www. callabike-interaktiv. de/de.

Campbell,K. ,Brakewood,C. ,2017. Sharing riders:how bikesharing impacts bus ridership in New York City. Transportation Research Part A:Policy and Practice 100,264-282.

Campbell,A. ,Cherry,C. ,Ryerson,M. ,Yang,X. ,2016. Factors influenceng the choice of shared bicycles and shared electric bikes in Beijing. Transportation Research Part C:Emerging Technologies 67,399-414.

Cervero,R. ,2003. City CarShare:first-year travel demand impacts. Transportation Research Record 1839,159-166.

Cervero,R. ,Yuhsin,T. ,2004. City CarShare in san Francisco,California:second-year travel demand and car ownership impacts. Transportation Research Record 1887,117-127.

Cervero,R. ,Golub,A. ,Nee,B. ,2007. City carshare:longer-term travel demand and car ownership impact. Transportation Research Record 1992,70-80.

Chen,D. ,Kockelman,K. ,2016. Management of shared,autonomous,electric vehicle fleet:implications of pricing schemes. Transportation Research Record 2572,37-46.

Clewlow,R. ,Mishra,G. S. ,2017. Disruptive Transportation:The Adoption,Utilization,and Impacts of Ride-Hailing in the United States. University of California,Davis.

Cohen,A. ,Shaheen,S. ,2016. Planning for Shared Mobility. American Planning Association,Chicago.

Conduent Inc. n. d. Go-LA App. https://itunes. apple. com/us/app/go-la/id1069725538? mt=8.

Dickey, M. R. , 2018. Bird Hits 10 Million Scooter Rides. https://techcrunch. com/2018/09/20/bird-hits-10-million-scooter-rides/.

Dobush, G. , 2018. The Booming E-Scooter Market Just Reported its Fir st Fatality. http://fortune. com/2018/09/21/escooter-share-first-fatality-lime-helmet/.

Etherington, D. , 2018. Arlington, Texas Replaces Local Bus Service with via On-Demand Ride-Sharing. https://techcrunch. com/2018/03/12/arlington-texas-replaces-local-bus-service-with-via-on-demand-ride-sharing/.

Feigon, S. , Murphy, C. , 2016. Shared Mobility and the Transformation of Public Transit. TCRP 188. Transportation Cooperative Research Program, Washington DC.

Firnkorn, J. , Müller, M. , 2012. Selling mobility instead of cars: new business strategies for automakers and the impact of private vehicle holdings. Business Strategy and the Environment(4), 264-280.

Franco, M. , 2016. DHL Uses Completely Autonomous System to Deliver Consumer Goods by Drone. New Atlas. http://newatlas. com/dhl-drone-delivery/43248/.

Gehrke, S. , Felix, A. , Reardon, T. , 2018. A Survey of Ride-Hailing Passengers in Metro Boston. Metropolitan Area Planning Council, Boston.

Hampshire, R. , Simek, C. , Fabusuyi, T. , Di, X. , Chen, X. , 2017. Measuring the Impact of an Unanticipated Disruption of Uber/Lyft in Austin. University of Michigan, TX, Ann Arbor.

Henao, A. , 2017. Impacts of Ridesourcing-Lyft and Uber-On Transportati on Including VMT, Mode Replacement, Parking, and Travel Behavior. University of Colorado, Boulder.

Henao, A. , Marshall, W. , 2018. The impact of ride-hailing on vehicle miles traveled. Transportation 1-22.

Kim, K. , Rousseau, G. , Freedman, J. , Nicholson, J. , 2015. The travel impact of autonomous vehicles in metro atlanta through activity-based modeling. In: 15th TRB National Transportation Planning Applications Conference. Transportation Research Board, Washington D. C.

Lane, C. , 2005. PhillyCarShare: first-year social and mobility impacts of carsharing in Philadelphia, Pennsylvania. Transportation Research Record 1927, 158-166.

Lazarus, J. , Carpentier Pourquier, J. , Frank, F. , Henry, H. , Shaheen, S. , 2018. Bikesharing Evolution and Expansion: Understanding How Docked and Dockless Models Complement and Compete-A Case Study of San Francisco. Submission to the Transportation Research Board, Washington D. C.

Lazarus, J. , Shaheen, S. , Young, S. , Fagnant, D. , Tom, V. , Baumgardner, W. , James, F. , Sam Lott, J. , 2018a. Shared automated mobility and public transport. In: Meyer, G. , Beiker, S. (Eds.), Road Vehicle Automation, vol. 4. Springer International Publishing, New York City, pp. 141-161.

Martin, E. , Shaheen, S. , 2011. The impact of carsharing on public transit and non-motorized travel: an exploration of North American carsharing survey data. Energies 2094-2114.

Martin, E. , Shaheen, S. , 2016. Impacts of Car2go on Vehicle Ownership, Modal Shift, Vehicle Miles Traveled, and Greenhouse Gas Emissions: An Analysis of Five North American Cities. Transportation Sustainability Research Center, Berkeley.

Massachusetts Governor's Office, 2016. Governor Baker, MBTA Launch Innovative Program to Enlist Uber, Lyft to Better Serve Paratransit Customers. September 16. Accessed August 31, 2018. https://blog. mass. gov/governor/transportation/governor-baker-mbta-launch-innovative-program-to-enlist-uber-lyft-to-better-serve-paratransit-customers/.

McFarland, M. , 2017. Robot Deliveries Are about to Hit U. S. Streets. January 18. Accessed August21, 2018. https://money. cnn. com/2017/01/18/technology/postmates-doordash-delivery-robots/index. html.

NASA, 2017. NASA Embraces Urban Air Mobility, Calls for Market Study. November 7. Accessed August 21, 2018. https://www. nasa. gov/aero/nasa-embraces-urban-air-mobility.

National Association of City Transportation Officials, 2018. Shared Micromobility in the U. S. : 2018. National Association of City Transportation Officials, New York City.

New York Public Transit Association. 2018. October 31. https://nytransit. org/index. php/8-legislative/209-president-s-proposed-ffy-14-budget-ananlysis.

Olson, P. , 2014. Why Google's Waze Is Trading User Data with Local Governments. Forbes. July 7.

Pinellas Suncoast Transit Authority. n. d. PSTA, Uber Offer Free, Late-Ni ght Rides for Low-Income Residents. https://www. psta. net/about-psta/press-releases/2016/psta-uber-offer-free-late-night-rides-for-low-income-residents/.

Rayle, L. , Dai, D. , Chan, N. , Cervero, R. , Shaheen, S. , 2016. Just a bet ter taxi? A survey-based comparison of taxis, transit, and ridesourcing services in San Francisco. Transport Policy 168-178.

SAE International, 2018. Axonomy and Definitions for Terms Related to Shared. SAE International, Detroit.

Shaheen, S. , Cohen, A. , 2017. Mobility Innovations Take Flight: Flying Cars Are on Their Way. InMotion. March 31. https://www. inmotionventures. com/mobility-innovations-flying-cars/.

Shaheen, S. , Cohen, A. , 2018. Is it time for a public transit renaissance? Navigating travel behavior, technology, and business model shifts in a brave new world. Journal of Public Transportation 67-81.

Shaheen, S. , Martin, E. , 2015. Unraveling the Modal Impacts of Bikesha ring. Access 8-15.

Shaheen, S. , Cohen, A. , Roberts, D. , 2005. Carsharing in North America: market growth, current developments, and future potential. Transportation Research Record 1986, 106-115.

Shaheen, S. , Martin, E. , Cohen, A. , 2013. Public bikesharing and modal shift behavior: a comparative study of early bikesharing systems in North America. International Journal of Transportation 35-54.

Shaheen, S. , Martin, E. , Chan, N. , Cohen, A. , Pogodzinski, M. , 2014. Public Bikesharing in North America during A Period of Rapid Expansion: Understanding Business Models, Industry Trends and User Impacts. Mineta Transportation Institute, San Jose.

Shaheen, S., Chan, N., Gaynor, T., 2016a. Casual carpooling in the San Francisco Bay area: understanding characteristics, behaviors, and motivations. Transport Policy 51. https://doi.org/10.1016/j.tranpol.2016.01.003.

Shaheen, S., Cohen, A., Zohdy, I., 2016. Shared Mobility Current Practices and Guiding Principles. U. S. Department of Transportation, Washin gton D. C.

Shaheen, S., Cohen, A., Zohdy, I., Kock, B., 2016. Smartphone Applications to Influence Traveler Choices Practices and Policies. U. S. Department of Transportation, Washington D. C.

Shaheen, S., Cohen, A., Yelchuru, B., Sarkhili, S., 2017. Mobility on Demand Operational Concept Report. U. S. Department of Transportation, Washington D. C.

Shaheen, S., Bell, C., Cohen, A., Yelchuru, B., 2017. Travel Behavior: Shared Mobility and Transportation Equity. U. S. Department of Transportation, Washington D. C.

Shaheen, S., Cohen, A., Martin, E., 2017. The U. S. Department of Tran sportation's Smart City Challenge and the Federal Transit Administration's Mobility on Demand *Sandbox*. E-Circular. Transportation Research Board, Washington D. C.

Shaheen, S., Cohen, A., Bayen, A., 2018. The Benefits of Carpooling. Https://doi.org/10.7922/G2DZ06GF.

Shaheen, S., Cohen, A., Jaffee, M., 2018. Innovative Mobility Carsharing Outlook. University of California, Berkeley.

Shaheen, S., Cohen, A., Martin, E., 2018. US DOT's Mobility on Demand (MOD) Initiative: Moving the Economy with Innovation and Understanding. E-circular, Washington D. C. (Transportation Research Board).

Shaheen, S., Martin, E., Bansal, A., 2018. Peer-To-Peer (P2P) Carsharing: Understanding Early Markets, Social Dynamics, and Behavioral Impac ts. Transportation Sustainability Research Center, Berkeley.

Sochor, J., Stromberg, H., Karisson, M. A., 2015. Implementing mobility as a service: challenges in integrating user, commercial, and societal Perspectives. Transportation Research Record: Journal of the Transportation Research Board 1-9.

Starship. n. d. Starship. https://www.starship.xyz/ (accessed 21.08.18.).

Yvkoff, L., 2017. FedEx Sees Robots, Not Drones, as the Next Big Thing in Logistics. The Drive. February 7. http://www.thedrive.com/tech/7430/fedex-sees-robots-not-drones-as-the-next-big-thing-in-logistics.

第4章 自动驾驶对低收入人群、身体感官残疾人群以及老年人的出行可达性和社会融合度的影响

Dimitris Milakis[1], Bert van Wee[2]
1. 德国,柏林,德国航空航天中心(DLR),交通研究所;
2. 荷兰,代尔夫特,代尔夫特理工大学,技术、政策和管理学院,运输与物流组

4.1 引言

交通可以对社会可持续性的关键方面——社会包容性产生重大影响(Lucas,2012)。由于缺乏足够的交通工具,促进并享受经济、社会、文化和政治发展的机会有限,这可能会影响个人的生活质量以及整个社会的公平性和凝聚力(Levitas et al. ,2007)。

根据自动化程度的不同(国际自动机工程师学会划分了1~5级;SAE International,2016),引入自动驾驶汽车可能会影响,某些目前无法使用汽车的社会群体的出行水平,例如低收入人群、身体感官残疾人群以及老年人面临着出行限制,从而导致了一定程度的社会排斥(Shaheen et al. ,2017)。下面我们将讨论自动驾驶标准的重要性。例如,没有汽车或不能驾驶的人(年轻人、老年人和残疾人)可以通过共享按需出行的自动驾驶汽车完成出行,克服当前的出行限制。在美国(例如UberWAV、UberASSIST、Lift Hero、HopSkipDrive)和欧洲(例如Taxistop、Wheeliz),针对老年人、儿童和残疾人的(共享)按需出行服务已经发展成熟。

到目前为止,关于自动驾驶汽车对社会融合度可能产生的长期影响的研究数量很少(Milakis et al. ,2017)。很少有研究关注车内技术对老年人驾驶条件可能的积极影响(Eby et al. ,2016),以及社会群体(如无法驾驶的人、老年人和在健康方面有出行限制的人)潜在的出行需求变化(Harper et al. ,2016)。Cohn等人(2019)基于低收入地区和华盛顿少数民族人口较多的地区对自动驾驶汽车的引进,探讨了与交通运输相关的潜在变化(例如工作的可达性)。Milakis等人(2018)识别了社会群体之间自动驾驶汽车相关利益分配的差异,而Mladenovic和McPherson(2016)在自动驾驶汽车背景下分析了交通控制系统,重点关注社会公平性的设计原则。

最近,相关政策和研究就有关自动驾驶对社会融合度的可能影响的话题兴趣有所增加。本章分析了自动驾驶对社会弱势群体(即低收入人群、身体感官残疾人群、老年人)的出行可达性,以及由此产生与交通相关的社会排斥的影响。

本章描述了自动驾驶汽车对社会融合度的长期影响的概念模型,分别分析了自动驾驶汽车对低收入人群、身体感官残疾人群以及老年人的出行可达性和社会排斥(交通相关)的

影响,得出相应结论。

4.2 自动驾驶对社会包容的影响

自动驾驶汽车可能会影响城市和农村地区社会弱势群体的出行,从而对与交通有关的社会排斥产生影响。这些影响对不同社会群体的影响程度和方向是三个因素的函数:自动驾驶汽车控制的组件、自动驾驶水平以及出行服务模式(例如私家车或共享车辆)。在本章中,我们重点讨论自动驾驶汽车对低收入人群、身体感官残疾人群以及老年人的出行可达性和与交通相关的社会排斥的影响。

我们分析了 Milakis(2019)关于自动驾驶汽车对社会融合度和公共健康长期影响的概念模型(图 4-1)。该概念模型是建立在 Geurs 和 van Wee(2004)的出行可达性概念框架基础上的,此框架确定了四个有关可达性的因素(即土地利用系统、时间限制、个人的能力和机会,以及交通运输系统)。该概念模型展示了自动驾驶汽车影响各种因素的路径,以及特定社会群体的出行可达性程度。下面我们将分析低收入人群、身体感官残疾人群以及老年人的出行。我们首先描述了不同因素与不同社会群体之间的关系,该因素受到自动驾驶的影响程度,以及受哪一级别的自动驾驶的影响。其次探讨了共享而非私人的自动驾驶汽车是否可以增强或减少这种影响。最后,总结了各类人群的出行可达性的变化。

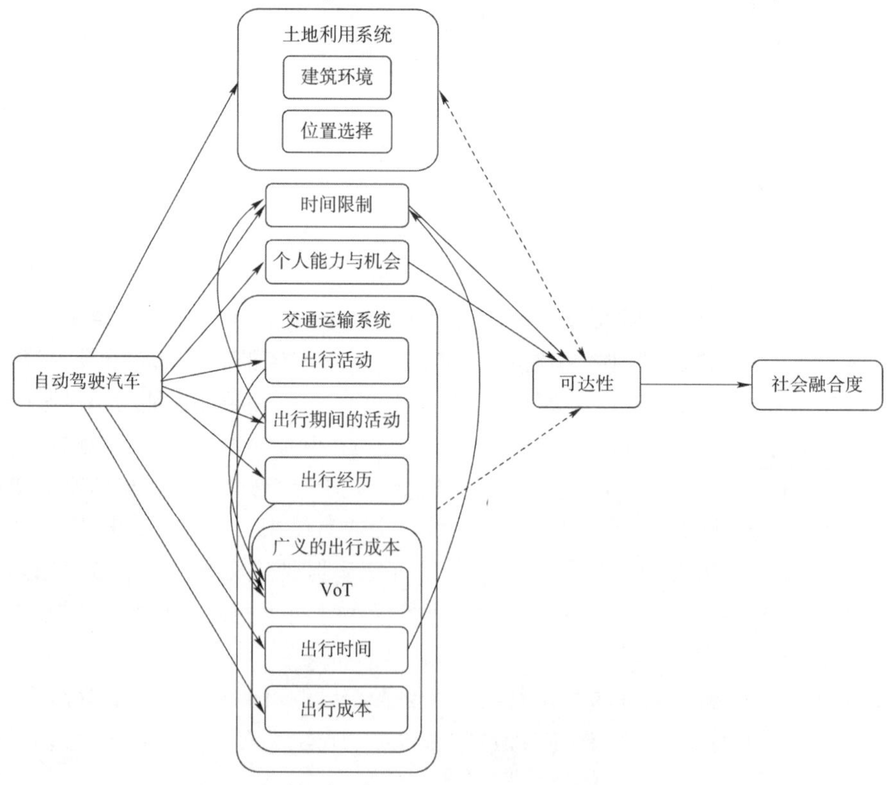

图 4-1 自动驾驶汽车对社会融合度的长期影响的概念模型

来源:Adapted from Milakis, D. ,2019. The societal dimension of the emerging mobility technologies transition: towards a research agenda. The Case of Automated Vehicles(Working paper).

4.2.1 低收入人群

由于拥有车辆的固定(资本)成本(图4-1中的个人能力与机会)、出行的经济成本(图4-1中的出行成本)以及活动的空间分配(图4-1中的土地利用系统)等因素,低收入人群在获得出行机会方面受到限制。

由于采用了先进的硬件和软件技术,第一代SAE 4级和5级自动驾驶汽车预计将比同类的传统车辆贵得多。大规模部署自动驾驶汽车可以降低拥有此类车辆的成本,但在任何情况下,这都不如传统车辆的成本低(Fagnant and Kockelman,2015)。降低燃油消耗可以减少出行的经济成本。研究报告显示,自动驾驶汽车的燃料成本节省程度高达31%,在增加自动化和联网车辆普及率的模拟中,节约程度还会更高(Milakis et al,2017)。关于土地利用系统的长期变化,自动驾驶汽车预计在城市将触发双进程发展,包括城市中心活动的进一步分散和集中(Gelauff et al. ,2017;Milakis et al. ,2018;Zakharenko,2016;Zhang and Guhathakurta,2018)。一方面,城市活动进一步的郊区化将导致更高的出行时间和成本,从而减弱较贫穷社会群体的出行能力。另一方面,城市活动集中在城市地区可以增加进入这些地区的机会。然而,对中心地区土地需求的增加(例如,用商业楼或住宅取代原来的停车场)可能会推高土地价格,降低负担住房的能力,从而使低收入人群从这些地区转移出去(Hochstenbach and Musterd,2018)(表4-1)。

自动驾驶汽车对弱势社会群体可能造成的出行可达性变化概述 表4-1

(⟷:无变化,↑:增加,↓:减少)

人群分类	因自动驾驶导致的出行可达性变化			
	可达性的影响因素	私人自动驾驶汽车(最高至SAE 3级)	私人自动驾驶汽车(SAE 4~5级)	共享自动驾驶汽车(SAE 4~5级)
		⟷	⟷/↓	⟷/↓
低收入人群	个人能力与机会	资本成本比传统汽车高	资本成本比传统汽车高	因数字访问共享自动汽车服务导致的成本增加(例如拥有智能手机)会限制对此类服务的使用
	出行成本	燃油消耗将会减少	燃油消耗将会减少	较低的运营成本将降低使用共享自动驾驶汽车的成本,但可能会损害传统的公共交通服务
	土地利用系统		郊区化或私人自动驾驶汽车引发的市中心活动集中化,将分别降低交通便利性和住房负担能力,从而对较贫穷的社会群体产生负面影响	郊区化或共享自动驾驶汽车引发的市中心活动集中化,将分别降低交通便利性和住房负担能力,从而对较贫穷的社会群体产生负面影响

续上表

人群分类	可达性的影响因素	因自动驾驶导致的出行可达性变化		
		私人自动驾驶汽车(最高至 SAE 3 级)	私人自动驾驶汽车(SAE 4~5 级)	共享自动驾驶汽车(SAE 4~5 级)
		⟷	⟷/↓	⟷/↓
身体、感官残疾人群	个人能力与机会	仍然需要一名有能力的驾驶员来控制汽车	通过使用私人自动驾驶汽车,可以增加获得的机会。需要定制的汽车,购买价格将更高	通过使用共享的自动驾驶汽车,可以增加获得的机会。汽车定制和操作的复杂性可能导致使用此类服务的成本会更高
老年人	可达性的影响因素	↑/⟷	↑/⟷	↑/⟷
	个人能力与机会	私人自动驾驶汽车可供老年人使用更久。操作和学习困难、不确定性、不安全和不信任感可能会阻止这种新技术的使用	私人自动驾驶汽车可供老年人使用更久。操作和学习困难、不确定性、不安全和不信任感可能会阻止这种新技术的使用	通过使用共享的自动驾驶汽车,可以增加获得的机会。数字接入的不适和对在线支付的焦虑可能会阻止老年人使用此类服务
	出行成本			更低的运营成本会降低使用共享自动驾驶汽车的费用
	土地利用系统		由于私人自动驾驶汽车造成的城市交通分散将降低老年人的出行能力,因为增加了出行成本、时间和出行付出的努力	由于私人自动驾驶汽车造成的城市交通分散将降低老年人的出行能力,因为增加了出行成本、时间和出行付出的努力

对于共享(电动)自动驾驶汽车来说,拥有汽车的固定(资本)成本将不复存在。出行的经济费用预计大大低于目前使用出租汽车服务的成本,这主要是因为运营成本较低。例如,在苏黎世,出租汽车驾驶员个人的成本占出租汽车运营成本的88%(Bösch et al.,2018)。然而,人们要获得共享自动驾驶汽车服务,需要拥有智能手机、互联网连接和/或移动数据包以及银行账户和信用卡,这可能会对低收入人群造成很大障碍。在西欧和美国这两个最大的智能手机市场,大约30%的人口没有智能手机(Statista,2018,2017)。此外,发展中经济体中(主要是孟加拉国、中国、印度、印度尼西亚、墨西哥、尼日利亚和巴基斯坦),37%的成年人(主要是妇女、穷人和受教育程度低的人群)仍然没有银行存款(Demirgüc-Kunt et al.,2018)(表4-1)。然而,我们需要考虑的是,当未来实现全部自动驾驶时,这些数据可能会发生改变。

对于自动化公共交通,考虑到公交驾驶员的成本占运营成本的很大一部分(例如苏黎世公交运营成本的55%),出行的经济成本预计也会减少。如果自动化公共交通通过物理方式提供服务(例如在车站等候而不是数字化使用公共交通服务、现金支付),则公共交通的用户不会产生额外的经济费用。此外,从传统公共交通方式向共享自动化交通的模式转变是可能的(Clewlow and Mishra,2017)。如果引入自动驾驶汽车后,由于在郊区化城市环境中的生存能力有限,公共交通服务将被削减,那么这种模式转变可能会逐步加强,除非这两种系统是互补的(Ohnemus and Perl,2016)。常规公共交通服务的减少可能会导致公共交通使用者的出行成本和时间进一步增加,进而导致其公共交通的可达性降低,目前尚不清楚这种降低是否会因共享自动驾驶汽车可利用性的提高而得到弥补。

4.2.2　身体感官残疾人群

身体感官残疾人群在出行方面存在障碍,因为他们通常无法驾驶或难以进行其他出行方式(例如公共交通、自行车)。

较低等级的自动驾驶(达到 SAE 3 级)预计不会消除与驾驶相关的障碍。当需要时,仍需要一名有能力的驾驶员来控制车辆。身体感官残疾人士有望使用 SAE 4 级或 5 级的私人自动驾驶汽车,从而提高获得正常出行的机会。然而,这些车辆需定制设计,以符合不同类型残疾人的具体需求,由此将导致购买价格升高。例如,对于身体残疾的人,车辆需要配备无障碍轮椅(例如有坡道时),而对于感官残疾的人,则需要有关加油和维修的车辆音频和盲文信息系统(表 4-1)。

共享的自动驾驶汽车,也可以提高身体感官残疾人群的出行无障碍水平。然而,有几个技术问题需要解决,例如确定适当的上车地点,避免遇到障碍。但由于需要专门定制设计的车辆(例如无障碍轮椅,多个轮椅座位),此类服务的价格预计将高于典型的出租服务费用(表 4-1)。事实证明,为残疾人提供的辅助公共交通服务(即辅助客运系统)既昂贵又难以协调和运营(Fei and Chen,2015)。对于感官残疾人群,车辆共享软件/应用程序需要定制设计(基于现有智能手机的无障碍功能,如屏幕放大镜、大文本选项、画外音),提供无缝接入或提供网约车/共享出行服务。

4.2.3　老年人

老年人结合了低收入人群和身体感官残疾人群的特点和所面临的障碍。例如,老年人由于健康原因(如视力和反应退化、易疲劳)导致驾驶能力下降(甚至无法驾驶),以及由于收入减少而在退休后拥有汽车或支付出行费用的能力下降(图 4-1 个人的能力和机会),因此在出行方面受到限制。此外,老年人可能会因为安全感降低而遇到障碍(Adler an Rottunda,2006)。下面,我们将重点讨论针对老年人的限制和由此带来的对出行可达性的影响。

较低级别(达到 SAE 3 级,例如,具有车道偏离警告、前方碰撞警告、盲点警告、泊车辅助、自适应巡航控制等功能)和更高级别的自动驾驶(即 SAE 4 级和 5 级)都可以提高老年人驾驶或使用车辆的能力,尽管他们的健康可能存在问题(Eby et al. ,2016)。自动驾驶也可能改善他们的安全意识,这是老年人使用车辆的另一个障碍。Hartwich 等人(2018)报告称,在自动驾驶的驾驶模拟实验中,高龄驾驶人更喜欢他们不熟悉的驾驶方式(例如更高的驾驶速度)。此外,老年人还可以使用自动驾驶汽车进行购物(如去杂货店购物),并顺利回家,无须走动。私人自动驾驶汽车的价格将高于传统汽车。此外,自动驾驶汽车可能需要专门

设计来满足这个社会群体的特殊需求(例如,紧急按钮、药箱、小型厨房、大窗户、面对面的座位、午餐桌或纸牌,Obst et al.,2017),这可能会导致购买价格更高。因此,同样面临收入问题的老年人可能很难购买拥有自动驾驶功能的车辆。由于自动驾驶汽车的存在,城市活动可能进一步分散,这也会导致老年人的出行可达性下降,这既有经济原因(即增加的出行成本),也因为出行需要付出额外的努力和时间。

老年人在多大程度上会在日常活动中采用这些先进技术,仍然是一个有待讨论的问题。一些研究表明,老年人对新技术的接受程度受学习和使用新系统的容易程度、信任度、社会规范、早期的技术体验和感知行为控制(即自我效能和使用新技术的能力)的影响(Morris and Venkatesh,2000;Reimer,2014;Renaud and van Biljon,2008)。初步研究证实,所需的努力、操作难度(Ingeveld,2017)以及不确定性、不安全感和不信任感(Obst et al.,2017)等因素都对老年人接受(拥有)自动驾驶汽车具有很大的负面影响(表4-1)。随着新技术在日常生活中的应用,以及新一代老年人对这些技术更加熟悉,这些制约因素可能会随着时间的推移而改变。例如,一个小组访谈的调查结果显示,年龄在70~81岁的高龄驾驶人中,大多数人都在车内安装了导航辅助系统,这表明他们对先进的导航辅助系统(例如基于增强现实的技术)也均持积极态度(Bellet et al.,2018)。

共享的自动驾驶汽车可以通过消除驾驶方面的障碍以及降低此类服务的成本来提高老年人的出行能力。然而,由于在使用这些服务时,需要拥有和使用智能手机或其他互联网接入设备以及进行在线交易,所以老年人可能会遇到障碍。Shirgaokar(2018)报告说,加拿大埃德蒙顿的老年人表示他们对网上交易感到焦虑,因为可能遇到欺诈,对使用智能手机应用程序呼叫出租汽车也感到不适。此外,本次调查的部分样本显示,由于成本原因,他们只有普通款的手机。Ingeveld(2017)发现,荷兰老年人使用共享自动汽车主要受系统的操作困难和学习困难影响,较小程度上受社会和同龄人压力的影响(表4-1)。此外,为老年人定制的应用程序或许是必要的,这些应用程序可以帮助老年人克服与健康相关的限制,如视力和听力下降。最后,由于与共享自动驾驶汽车的竞争,传统或自动化公共交通服务可能被弱化,城市活动的郊区化也可能对老年人的出行可达性程度产生负面影响。

4.3 结论

自动驾驶汽车可以通过影响社会融合度来影响社会的长期持续发展。到目前为止,这种效应在文献中很少有人提及。在本章,我们通过分析自动驾驶对社会弱势群体(即低收入人群、身体和感官残疾人群、老年人)出行可达性的影响,以及由此产生的与交通相关的社会排斥的影响。下面给出我们的结论。

我们基于概念模型的分析表明,由于自动驾驶汽车,出行可达性的变化构成了一条关键路径,通过该路径,某些社会群体(如低收入人群、身体和感官残疾人群、老年人)可能会经历社会融合程度上的变化。可达性、自动驾驶水平和出行服务模型(即私人或共享车辆)将决定不同社会群体受自动驾驶汽车影响的程度和方向。

根据我们的分析,对于低收入人群来说,在私人自动驾驶汽车的背景下,获得出行的机会既可能保持不变(自动驾驶水平较低),也可能受到消极影响(自动驾驶水平更高),尽管自动驾驶级别较低的汽车也可以更省油(表4-1)。共享自动驾驶汽车可以降低出行的经济成本,但数字化访问这些服务而增加的成本可能会抵消这部分收益。此外,进一步的郊区化或在市中心的活动集中化,将分别降低出行可达性和住房负担能力,从而对较贫穷的社会群体产生负面影响。最后,自动化公共交通将有可能通过降低出行的经济成本来提高低收入群体的出行能力。共享自动驾驶汽车和自动化公共交通之间的竞争可能会损害公共交通用户的出行利益。

在较低水平的自动驾驶汽车(达到SAE 3级)中,身体和感官残疾人群无障碍出行的可能性不会改变(表4-1)。SAE 4级及5级的私人和共享自动驾驶汽车都可以提高这个社会群体的出行可达性。然而,与传统的自动驾驶汽车相比,汽车的定制设计以及操作的复杂性可能导致拥有或租用此类车辆的价格更高。因此,对于既面临收入限制又有身体或感官残疾的人来说,自动驾驶汽车的引入预计不会改变他们的出行能力。

较低和较高水平的(私人)自动驾驶汽车,可以增加老年人的出行能力,因为它们可以提高这个社会群体多年使用车辆的能力(表4-1)。然而,目前尚不清楚老年人在多大程度上能够克服操作困难和学习困难、不确定性、不安全感以及对使用此类新技术的不信任感。此外,根据老年人的需要调整自动驾驶汽车的设计,会使购买价格更高,使这个社会群体很难拥有这样的汽车。由于自动驾驶汽车导致城市进一步的分散化,可能也会损害老年人获得出行的机会。共享的自动驾驶汽车可以提高老年人的出行可达性,但这项服务对数字接入和在线支付的要求,可能会从心理和经济方面阻碍老年人使用这类服务。

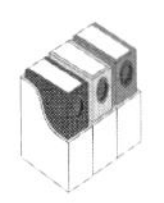

鸣谢

作者要感谢两位推荐人对本章早期版本提出的建设性意见。

本章参考文献

Adler, G., Rottunda, S., 2006. Older adults' perspectives on driving cessation. Journal of Aging Studies 20(3), 227-235.

Bellet, T., Paris, J.-C., Marin-Lamellet, C., 2018. Difficulties experienced by older drivers during their regular driving and their expectations towards advanced driving aid systems and vehicle automation. Transportati on Research Part F: Traffic Psychology and Behaviour 52, 138-163.

Bösch, P. M., Becker, F., Becker, H., Axhausen, K. W., 2018. Cost-based analysis of autonomous mobility services. Transport Policy 64, 76-91.

Clewlow, R. R., Mishra, G. S., 2017. Disruptive Transportation: The Adoption, Utilization, and Impacts of Ride-Hailing in the United States. Institute of Transportation, UC Davis, Davis, California.

Cohn, J., Ezike, R., Martin, J., Donkor, K., Ridgway, M., Balding, M., 2019. Examining the equi-

ty impacts of autonomous vehicles: a travel de mand model approach. Transportation Research Record: Journal of the Transportation Research Board 2673(5), 23-35.

Demirgüç-Kunt, A., Klapper, L., Singer, D., Ansar, S., Hess, J., 2018. The Global Findex Database 2017: Measuring Financial Inclusion and the Fintech Revolution. World Bank, Washington DC.

Eby, D. W., Molnar, L. J., Zhang, L., Louis, R. M. S., Zanier, N., Kostyniuk, L. P., Stanciu, S., 2016. Use, perceptions, and benefits of automotive technologies among aging drivers. Injury Epidemiology 3, 1-20.

Fagnant, D. J., Kockelman, K. M., 2015. Preparing a nation for autonomous vehicles: opportunities, barriers and policy recommendations for capitalizing on self-driven vehicles. Transportation Research Part A: Policy and Practice 77, 167-181.

Fei, D., Chen, X., 2015. The Americans with Disabilities Act of 1990 (ADA) paratransit cost issues and solutions: case of Greater Richmond Transit Company (GRTC). Case Studies on Transport Policy 3(4), 402-414.

Gelauff, G., Ossokina, I., Teulings, C., 2019. Spatial and welfare effects of automated driving: Will cities grow, decline or both? Transportation Research Part A: Policy and Practice 121, 277-294.

Geurs, K. T., van Wee, B., 2004. Accessibility evaluation of land-use and transport strategies: review and research directions. Journal of Transport Geography 12(2), 127-140.

Harper, C., Hendrickson, C. T., Mangones, S., Samaras, C., 2016. Estimating potential increases in travel with autonomous vehicles for the non-driving, elderly and people with travel-restrictive medical conditions. Transportation Research Part C: Emerging Technologies 72, 1-9.

Hartwich, F., Beggiato, M., Krems, J. F., 2018. Driving comfort, enjoym ent and acceptance of automated driving-effects of drivers' age and driving style familiarity. Ergonomics 61 (8), 1017-1032.

Hochstenbach, C., Musterd, S., 2018. Gentrification and the suburbanization of poverty: changing urban geographies through boom and bust periods. Urban Geography 39(1), 26-53.

Ingeveld, M., 2017. Usage Intention of Automated Vehicles Amongst Elderly in the Netherland (Master's Thesis). Delft University of Technology, Delft, The Netherlands.

Levitas, R., Pantazis, C., Fahmy, E., Gordon, D., Lloyd, E., Patsios, D., 2007. The Multi-Dimensional Analysis of Social Exclusion. University of Bristol, Bristol.

Lucas, K., 2012. Transport and social exclusion: where are we now? Transport Policy 20, 105-113.

Milakis, D., 2019. The societal dimension of the emerging mobility tec hnologies transition: towards a research agenda (Manuscript submitted for publication). The case of automated vehicles.

Milakis, D., van Arem, B., van Wee, B., 2017. Policy and society related implications of automated driving: a review of literature and directions for future research. Journal of Intelligent Transportation Systems: Technology, Planning, and Operations 21(4), 324-348.

Milakis, D., Kroesen, M., van Wee, B., 2018. Implications of automated vehicles for accessibility and location choices: evidence from an expert-based experiment. Journal of Transport Geography

68,142-148.

Mladenovic,M. N. , McPherson, T. ,2016. Engineering social justice into traffic control for self-driving vehicles? Science and Engineering Ethics 22,1131-1149.

Morris,M. ,Venkatesh,V. ,2000. Age differences in technology adoption decisions:implications for changing workforce. Personnel Psychology 53(2),375-403.

Obst,M. , Marjovi, A. , Vasic, M. , Navarro, I. , Martinoli, A. , Amd itis, A. , Pantazopoulos, P. , Llatser,I. , LaFortelle, A. D. , Qian, X. ,2017 Automated driving: acceptance and chances for elderly people. In:Proceedings of the 9th International ACM Conference on Automotive User Interfaces and Interactive Vehicular Applications. AutomotiveUI, Oldenburg, Germany, pp. 561-570.

Ohnemus,M. ,Perl, A. ,2016. Shared autonomous vehicles: catalyst of new mobility for the last mile? Built Environment 42(4),589-602.

Reimer,B. ,2014. Driver assistance systems and the transition to automated vehicles:a path to increase older adult safety and mobility? Public Policy & Aging Report 24(1),27-31.

Renaud,K. ,van Biljon,J. ,2008. Predicting technology acceptance and adoption by the elderly. In:Proceedings of the 2008 Annual Research Conference of the South African Institute of Computer Scientists and Information Technologists on IT Research in Developing Countries Riding the Wave of Technology-SAICSIT'08 210-219.

SAE International,2016. Taxonomy and Definitions for Terms Related to Driving Automation Systems for On-Road Motor Vehicles. SAE International,Warrendale,PA.

Shaheen, S. , Bell, C. , Cohen, A. , Yelchuru, B. , 2017. Travel Behavior: Shared Mobility and Transportation Equity. US Department of Transportation,Washington DC.

Shirgaokar,M. ,2018. Expanding seniors' mobility through phone apps: potential responses from the private and public sectors. Journal of Planning Education and Research.

Statista,2017. Smartphones in the U. S. -Statistics & Facts. The. Statista,Hamburg,Germany.

Statista,2018. Smartphone User Penetration as Percentage of Total Population in Western Europe from 2011 to 2018. Statista,Hamburg,Germany.

Zakharenko,R. ,2016. Self-driving cars will change cities. Regional Science and Urban Economics 61,26-37.

Zhang,W. ,Guhathakurta,S. ,2018. Residential location choice in the era of shared autonomous vehicles. Journal of Planning Education and Research. https://doi. org/10. 1177/0739456X18776062.

第3部分　方　　法

第5章　新兴交通运输系统需求的评估数据

Emmanouil Chaniotakis[1], Dimitrios Efthymiou[2], Constantinos Antoniou[2]

1. 英国,伦敦,伦敦大学学院(UCL)巴特莱特环境能源资源学院;

2. 德国,慕尼黑,慕尼黑工业大学土木与环境工程学院交通运输工程系主席

5.1　引言

评估新兴交通运输系统需求的核心是用于预测接受度、满意度和使用方面的数据。在多数情况下,新兴和未来的交通运输系统尚未实现,其确定的特征尚不清楚,这一事实使得假设的设定和使用数据的选择非常重要。在交通运输领域,数据收集通常依赖于调查和一些有效收集数据的工具(Handy,1996;Leduc,2008;Calabrese et al.,2013)。然而,交通运输调查也有局限性,主要是因为其成本高且结果的有效性存疑(Handy,1996;Audirac,1999),交通流量在反映交通需求方面的潜力有限,也说明了覆盖的样本量有限(Leduc,2008)。

近来,信息和通信技术(ICT)的广泛应用正在改变各种应用程序中的数据可用性,这些程序创建了新的数据源。数据集的大小和可用数据集的多样性都发生了变化。数据可用性的这些变化可以归因于普适系统[即全球定位系统(GPS)手机,蜂窝网络]的发展,尤其是随着互联网的发展,越来越多的个体可以使用这些系统。日益增加的数据使这些系统的部署受到了交通科学界的广泛关注(Buckley and Lightman,2015;Reades et al.,2007)。人们发现,最近可用的数据源产生了大量的数据(被称为大数据),这些数据可以被用来改进交通运输系统,首先是在识别和预测方面,其次是在优化方面。与此同时,普适系统使得一些支持性服务迅速出现并得到广泛应用(例如出行即服务和共享汽车的概念)。

收集到的数据的爆炸式增长和多种数据集的存在,迫使人们的讨论从数据可用性转向数据质量(Cai and Zhu,2015),在某些情况下也转向数据的使用情况(例如,参考空间数据,Hunter et al.,2003)。数据质量通常被描述为“适用性”(Tayi and Ballou,1998),与数据使用和质量的讨论相关的是,通过时空数据探索移动出行。

以上讨论的数据相关内容都源于数据收集过程中的决策。因此,对数据收集方法和对数据特征的探索对于正确使用数据至关重要。本章首先概述了常用或新近出现的数据源,然后根据它们所指向的交通运输系统来进行分类。其次使用了Scopus查询跟踪不同数据源随时间的演化,并讨论了常用数据集的不同优缺点。此外,还进行了荟萃分析,以探讨与交通有关的数据集的数据质量问题。

5.2 数据收集方法的演变

由于交通运输系统相当复杂,收集到的数据具有多元性。从数据收集所依据的交通运输系统组成部分的角度,例如以用户为导向或以网络为导向,可以看出各种数据源的广泛分类(图 5-1)。在处理日益增长的数据时,我们已经将工作集中在大数据生命周期的各个方面(数据获取、信息提取和清理、数据集成、聚合和表示、建模分析和解释,see Jagadish et al. ,2014),这是一个由相当多门学科组合的研究课题。同时,根据定义分析要求的一些关键方面,谨慎选择数据作为分析基础。数据收集的总体任务是为研究问题提供答案。因此,努力的目标必须从一开始就明确。

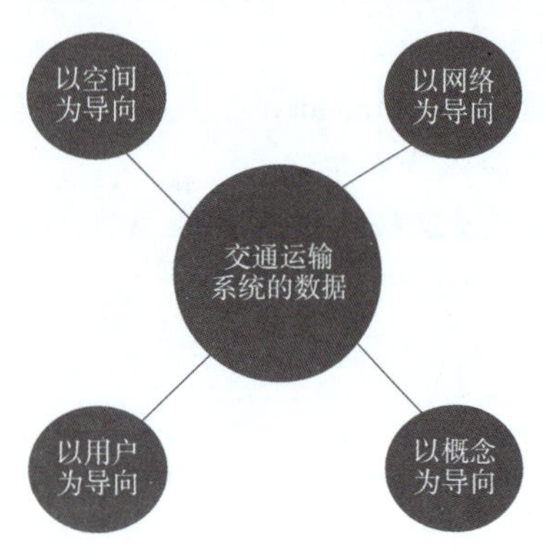

图 5-1 交通运输系统数据来源的分类

从历史上看,为交通运输研究收集数据是一项相当困难的工作,使用最广泛的方法是出行调查,这可以追溯到 20 世纪 50 年代。第一种方法是面对面访谈,其次是邮件调查和电话调查(Shen and Stopher,2014)。此外,收集以网络为导向的数据的主流方法是使用观察员或交通量调查。对数据质量和成本的关注推动了对其他数据源的探索。近年来,科学界对交通运输数据源的探索力度加大。交通运输数据源的演变含有相当丰富的信息:2019 年 4 月,使用 Scopus 引擎搜索"标题(数据和运输)并且仅限于主题领域(ENGI)",产生了 830 份文件。经过一次手动关联筛选(由两个观察员完成),发现 158 份相关文件。如图 5-2所示,对于前 5 个常见数据源,在过去 20 年中,随着智能卡、全球定位系统(GPS)和移动电话数据的发展,对不同数据源的探索应运而生。不同数据源的组合也越来越普遍。另一个有趣的发现是,出现了关于开源代码(如开放的街道地图和一般的开放网络的数据)数据的讨论。除图 5-2 所示的前 5 个数据源外,研究人员通常研究与联网和/或自动驾驶汽车相关的数据、事故数据以及视频数据。

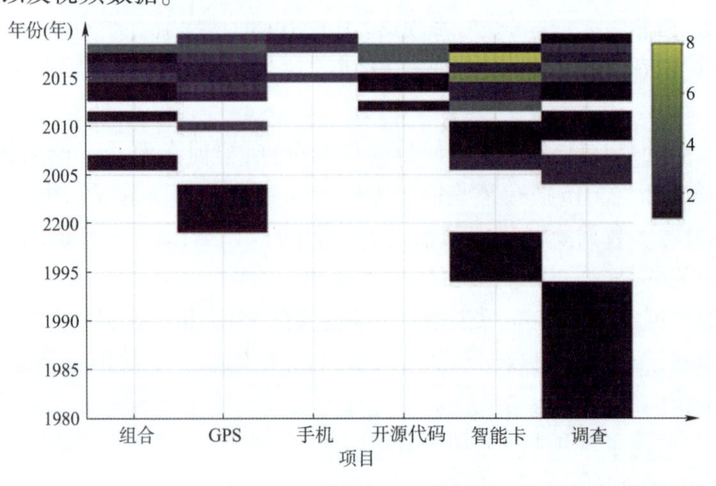

图 5-2 数据源的历史演变

图例是指每个来源引用次数的强度。Y 轴表示年份。深蓝色表示研究较少,黄色表示较多。

5.3　常规的数据收集方法

关于传统数据源和新兴数据源的定义,文献中十分模糊,但可以根据它们存在的时间以及收集方式的特征来确定(集中与分散;使用传统数据收集工具与使用手机应用程序),然而,这仍然是一个悬而未决的问题。在本章中,传统数据的特征是采用基于假设的方法收集的数据。根据图5-1所示的分类方法,对数据进行分类。文献中观察到以用户为导向的数据普遍存在,后文将对常规数据收集方法和现有数据源进行讨论。

5.3.1　用户数据

通常情况下,用户数据的收集主要通过出行调查来实现(Efthymiou et al.,2013)。在某些情况下,这包含基于专家对所研究问题相关因素的意见而创建的实验,同时也利用了最先进的成果。以下简要概述了各种组成部分,包括评估新兴交通运输系统需求的运行试验,以及在设计和执行过程中应考虑的一些主要误差源。

5.3.1.1　实验设置

需求实验的主要分类是基于陈述性偏好(SP)或显示性偏好(RP)开展调查研究的。其区别已在相关文献中得以明确(Louviere et al.,2000;BenAkiva and Lerman,1985)。正如Train(2009)所言,显示性偏好数据与人们在现实世界中的实际选择有关,而陈述性偏好数据表现的是假设性的选择情况。对于这两种类型的数据收集,关于获取有效数据的能力以及它们能在多大程度上再现人们的实际行为并为进一步计划得出结论(Audirac,1999;Hensher,1994),有很长时间的争论。

因为缺少可参考的经验,陈述性偏好方法受到了批评,结果可能导致研究人员不能很好地得出结论。一方面,因为信息不是直接观察到的,所以它们容易受到各种偏差的影响。另一方面,研究人员可以控制所呈现的情况,包括他们想要分析的对象(Louviere et al.,2000)。此外,陈述性偏好允许对不同备选方案的属性进行权衡,这些属性可以对交通运输建设的重要因素进行评估,例如支付意愿,并能够对每个人进行多次观察(Hess et al.,2010)。尽管有各种优点和缺点,陈述性偏好在出行研究中被广泛应用(Hensher,1994)。最后,对于很少发生的情况,人们是否会按照他们的实际选择做回答仍有待考察,而且有人认为,在显示性偏好的调查中记录的选择,并不意味着在已知条件之外仍有相同的行为(Audirac,1999;Train,2009)。

对于这两种方法,构建实验都需要选择所要记录的偏好。例如,当调查影响使用模式的因素时,显示性偏好问题将是"您使用该服务的次数"(例如,Martin et al.,2010),而对于陈述性偏好,问题将被设置为选择题,参与者将被要求按照"会选择什么",对研究者提出的情况给出描述(例如,Fu et al.,2019)。考虑到在定义实验情境方面的灵活性以及在陈述性偏好实验中能提出多个问题,研究集中在实验的设置方法上。然而,实验情境的数量随着属性/备选方案的数量增加而增加(Louviere et al.,2000),这使得在大多数情况下无法对所有组合(全因子设计)进行评估。为了克服这个问题,人们提出了几种方法。在给定大样本量的情况下,最简单的选择方法是随机选择情境(从全因子设计中)。然而,在大多数情况下,

要进行正交设计(Ben-Akiva and Lerman,1985)。为了提高数据收集的效率,人们提出了几种优化场景选择的方法(例如,Bliemer et al.,2009;Rose et al.,2008)。尽管这有待商榷(见Walker et al.,2018;Kladeftiras and Antoniou,2015),但有效的设计总会试图把从实验设计中获得的信息最大化(以最大化信息矩阵度量的形式)。与大多数最优实验设计的案例(Pronzato and Zhigljavsky,2010)一样,这是基于个人选择的先验信息(即先前确定的被检查因素模型的参数)进行的。最后,研究人员试图通过展示场景的视频或图片(如Bafatakis et al.,2015),甚至是介绍游戏(其中记录了个人的选择)来评估呈现所研究情况的替代方法(Doirado et al.,2012)。

传统调查还介绍了个人的特征,包括社会人口特征、个性特征以及对交通运输系统的态度特征。这通常可通过间接提问的形式获取,这些问题的目的是评估它们的影响,通常使用潜在类模型和因子分析。例如,在对城市空中交通的评估中,用五分制的答案来理解人们对自动驾驶和共享的态度(Fu et al.,2019)。这些问题为陈述形式,受访者必须在评分量表上注明(例如,从"强烈同意"到"强烈不同意"的五分范围内),这通常被称为"李克特量表"(Likert,1932)。

这些实验设置的定义涉及反应数量、结果质量和信息量之间的权衡(Richardson et al.,1995)。这可能会导致这样的情况:假设和相关工作可能会导致影响需求的因素比调查中包含的因素更多。例如 Durán Rodas 等人(2019)在使用数据驱动方法估算共享自行车需求模型时,平均约有 17 个建成环境参数被发现是显著的。在许多情况下,如此高的数量在调查中是禁止进行评估的。受访者在开始疲劳之前,只能进行有限的调查(Porter et al.,2004)。另外,如果理解问题含义很费力,受访者往往会放弃调查,或者回答不一致/漏题等,在回答中存在偏差(Hess et al.,2010)。

5.3.1.2 收集方法

收集交通运输数据的方法会影响数据收集过程。多年来,数据收集是在纸面调查和小组讨论的基础上进行的,后来又扩大到电话调查。最近,在线调查因为社交网络的便利性得到了广泛的应用,但也并非没有问题,主要是互联网用户代表性不全面。很明显,每一种方法都有缺乏代表性的风险,因为使用这些方法可能会存在限制。

使用的所有收集手段都会对数据收集过程施加限制。例如,电话调查在描述不同属性的场景时有限制,而一味地分发调查问卷则无法使采访者解释相关情况。它们还存在着在数据收集过程中引入额外错误和偏差的风险。例如,采访者可能会因熟悉程度导致偏见;错误使用颜色的场景可能会导致选择过于迅速;对电话采访产生疲劳可能会导致采访结果与纸质调查不同。

数据收集的一个特例是小组座谈(Morgan,1997)。具体方式是一个小组成员在主持人的引导下对要调查的主题进行讨论。小组座谈通常以开放的方式回答问题。在小组座谈中,主持人扮演着敏感的角色,并且应该具备能够提取适当信息的特定技能(Krueger and Casey,2002)。在交通运输领域,小组座谈已经被广泛应用于各种各样的主题中。在大多数使用小组座谈的报告案例中,小组座谈是与调查和其他数据收集方法相结合的;而重点主要放在所调查主题的定性收集上。仅举几个例子,Preston 和 Rajé(2007)利用调查和小组座谈相结合的方法,从可达性角度研究了社会排斥;Akyelken 等人(2018)研究了伦敦共享出行的各个方面;Daziano等人(2017)结合调查数据和小组访谈的定性指标,研究了公众为自动化付费的意愿;而Politis等人(2018)研究了驾驶习惯,这与自动驾驶汽车的控制转移有关。

5.3.1.3　抽样

抽样步骤在数据收集中起着重要作用。大多数使用的模型都假设数据来自随机的受访者(通常指定特定群体以确保抽样具有代表性,但在特定群体内,数据收集被假定为随机的)(Ben-Akiva and Lerman,1985)。然而,这是一个很难遵守的先决条件。

定义不清的样本可能会导致文献中通常所说的抽样偏差。抽样偏差影响数据的质量,这指的是被调查人口无法覆盖某些人群的情况。被广泛讨论的一个偏差是无反应偏差(也称为对应的自我选择偏差)。除了与空间分布和代表性相关的明显问题,研究人员还必须应对无反应偏差,即选择无回应或对此类调查回应较晚的个体(Richardson,2003)。无回应者或回应较晚的受访者可能与(按时)回复的人以及有意选择回复调查的人有着完全不同的行为。Brog和Meyburg(1980)分析了来自德国不同城市的数据,发现出行特征与响应调查所需的时间有很强的相关性。随着基于网络的数据收集工具和分发方法的广泛使用,抽样带来的影响变得更加明显,因为它们可以接触到特定的人群。一些其他的偏差包括覆盖面偏差、幸存者偏差、排除偏差、过度匹配偏差、预筛选或广告偏差。

为了纠正一些潜在的偏差来源,并能够有足够的数据,以必要的自由度来进行模型估计和捕获反应的异质性,研究的重点就是估计样本容量。在这里,争议再次出现。使用正确的统计方法类估计样本量通常需要对所研究的系统有一些先验知识。这就导致了使用经验法则来获得一个足够的样本大小,这是可以理解的,但它有在估计中引入偏差的危险(Washington et al.,2010;Johnson and Wichern,2002)。

5.3.1.4　反应

调查中的测量误差通常指的是提供了不真实的回答结果(Biemer et al.,2011)。这可以广泛地归结于任何类型的误差源,这些误差源会导致真实的反应和记录之间的差异。例如,受访者无法理解问题或不愿如实回答,或受访者记录答案时发生错误,又或者使用数据记录器时全球定位系统(GPS)定位错误。Biemer等人(2011)确定了测量误差的来源:①调查设计;②数据收集方法;③采访者;④受访者。

测量误差可以是随机的(非抽样误差),也可以是系统误差。当后者涉及受访者的反应方式时,它指的是反应偏差。反应偏差通常指的是被调查者倾向于以不同的方式回答问题,即用上下文定义所暗示的方式(Paulhus,1991)。例如,受访者希望自己受到特定的服务,或者希望得到采访者的好感,因此,他们会夸大实际情况(如果可以的话)。反应偏差会大范围影响所收集数据的有效性(Furnham,1986;Orne,1962)。反应偏差与反应风格有关,反应风格描述了个体遵循特定应对策略的倾向。一些被广泛讨论的反应偏差涉及社会期望及其对立面、默许或肯定及其对立面和极端反应或中间反应。Furnham(1986),Nederhof(1985)描述了一种通过预防、测量和纠正措施来尝试和控制这些偏差的技术。

另一类系统偏差涉及光环效应和宽容或严格偏差。在前者中,被调查者对评价对象(如共享汽车)的倾向或肯定或否定并未被观察到或包含在调查中,如自己的期望和偏好(Kahneman,2011)。当受访者在他/她的所有评估中倾向于宽容时,可能会出现宽容误差;而当受

访者有相反的严厉倾向时,可能会出现严格偏差。

陈述性偏好实验也有大量的其他偏差。主要原因是,从同一参与者那里收集的情境可以提供更多关于个人如何选择的信息。从这个意义上说,非交易、词汇编纂和不一致选择的影响已经受到关注(Hess et al.,2010)。在非交易行为中,我们可以清楚地看到,即使其他选择更具吸引力,个体也不会改变他们的选择;而在词汇编纂行为中,个体总是选择具有特定属性的替代者(例如,在每种情况下,最便宜的一种)。最后,不一致选择指的是在备选项之间的选择不一致的情况。此外,讨论的其他偏差还包括锚定偏差(McFadden,2001)、惯性偏差(Thaler and Sunstein,2009)、假设偏差(Murphy et al.,2005)、总偏误(Morrison,2000),以及属性缺失偏差(Hensher et al.,2012)。

5.3.2 以概念、空间和网络为导向的数据

其他可能的数据来源按概念、空间和网络导向进行分类。关于以概念为导向的数据,数据的收集主要依靠汇总的数据来描述需求的特征(Bagchi and White,2005)。例如,公共交通需求的数据收集要么是在票务统计的基础上进行的,要么是由监测车辆的观察员进行统计。然而,由于存在不同类型的票,而且在许多情况下允许使用同一张票进行换乘,因此很难观察到实际需求。此外,与路线和时间表以及延误有关的数据几乎没有,而且在许多情况下(甚至在今天),这些数据都是根据报告收集的,驾驶员或操作员必须报告事故和相应的延误。

空间数据因其描述的信息基本上推动了需求,故与确定交通运输系统的需求相关(Efthymiou and Antoniou,2014)。空间数据最初是以土地利用和建成环境特征的形式收集的。这通常是从有关公共机构提供的登记信息中获得的,在大多数情况下,都要遵循复杂的程序,而且几乎没有更新。以集中方式收集的空间数据的颗粒度不允许在小于交通分析小区定义的空间尺度上进行评估,因为这会构成低分辨率的数据集。

另一方面,收集以网络为导向的数据可以用来监测汽车运输的需求。在大多数情况下,都是使用磁感线圈、照相机、雷达或激光雷达这些工具。在某些情况下,车牌识别被用于提取行程时间。然而,由于这些工作是按照集中式部署方法进行的,因此数据收集就在部分路网内进行,并利用推断技术来估计路网性能指标(例如,in Tamin and Willumsen,1989)。由于传统的路网数据不能为大多数新兴的交通运输模式提供针对性见解,因此对它们的进一步探索也就被认定为超出了范围。

5.4 新兴的数据收集方法

最近,信息和通信技术的广泛使用正在改变各种应用程序中的数据可用性,而这些应用程序创造了有待探索的新数据源。数据集的大小发生了变化,可用数据集的多样性也发生了变化。数据可用性的这些变化可以归因于普适系统[即全球定位系统(GPS)装置、蜂窝网络]的发展,尤其是随着互联网的发展,越来越多的人可以使用互联网。在许多情况下,数据类型是相同的,但是,引入的数据收集工具可以收集更丰富的数据集。然而,在其他情况下(比如社交媒体),这种类型的数据是全新的,使得数据质量方面的数据导向研究成为可能。

此外,用户更愿意分享他们的数据,通常是以交换服务的形式,而数据开放共享的概念在某些情况下被视为一种赋予公民权力和建立所谓数字民主的手段(Helbing and Pournaras,2015)。这些变化以及可用数据的来源引起了运输科学界对日益增加的可用数据(大数据)的广泛关注(Buckley and Lightman,2015;Reades et al.,2007)。

5.4.1　以用户为导向的收集方法

为了进行调查,最初人们使用基于全球定位系统(GPS)的数据记录器来补充传统调查(Doherty et al.,2001)。然而,高投资成本和携带额外设备所带来的不便,使得它们无法与智能手机相媲美(Cottrill et al.,2013)。由于其广泛应用(Pew Research Center,2019)和极高的普及率,研究人员对使用智能手机应用程序收集数据的好处进行了研究,包括出行调查以及RP和SP实验的操作。智能手机的优点非常明显:用户随身携带可随时充电,它们包含越来越多的传感器,并且提供了与用户交流的机会。Prelipcean等人(2018)提供此类智能手机应用程序发展的最新概况。大多数应用程序通常是封闭源代码或由外部开发人员提供,并专门用作收集特定数据类型的实验工具。大多数情况下遵循的流程是收集全球定位系统(GPS)轨迹、自动或手动进行数据注释以及用户验证(Cottrill et al.,2013)。在大多数情况下,提供的奖励都是货币奖励,形式包括在使用应用程序时直接赚到钱,或者参与抽奖赢得奖品。

这些应用程序主要用于被动地收集出行日期,很少用于进行与个人出行相关的偏好实验(例如,询问出行模式的选择)。就我们所知,在交通运输界,唯一的例外是最近Danaf等人发表的论文(2019),他们创建了环境感知实验,以更好地预测模式选择。在物联网领域,有关社交数据应用程序的开发也在不断增长。Griego等人(2017)已经使用一个应用程序为智慧城市收集空间感知的城市质量。在一个创新的数据收集概念中,进入地理隔离区的用户会被问问题,同时收集环境和出行数据。

最近几年出现的另一个有趣的数据来源是社交媒体。从它们的兴起饱受科学界的关注到形成一个潜在的新的研究潮流。究其原因,可以概括为:可以提取的信息量以及社交媒体平台所提供的与用户直接交流的机会空前之多。从社交媒体收集的额外信息可以为传统的数据收集方法提供补助,并最终形成对日常城市节奏的更好理解。社交媒体在世界各地的使用情况令人吃惊:Facebook和Twitter分别位列全球第三和第十一大访问量网站(www.Alexa.com)。2018年,Twitter上每天有1亿的活跃用户,每天发送5亿条推文(www.omnicore-agency.com);虽然Facebook上每天有大约14.7亿活跃用户,但其中88%的用户是通过手机访问该网站(blog.hootsuite.com)的。从研究的角度来看,在过去的几年里,已经发表了越来越多的相关研究,展示出在交通运输领域使用社交媒体的潜力。Chaniotakis等人(2016)全面回顾了与交通相关的社交媒体研究的发展方向。社交媒体是一种数据源,可以潜在地提高交通运输建模的准确性,了解出行行为,允许事件的预测和检测,提取与出行相关的模式和空间特征,并与用户互动。

除了探索用户生成内容的一般优点外,探索新兴的出行概念的有趣之处在于提取与交通有关的情感(Collins et al.,2013)。然而,社交媒体数据的使用也带来了各种各样的问题。第一个是数据所有权问题,这实际上不同于传统上使用的数据,因为社交媒体数据可以是公

开的,但不是公用的。研究人员和实践者应谨慎行事,要始终考虑到数据使用条款(可能会在未通知的情况下更新)。此外,故意伪造信息或高信息噪声(如无意义帖子)的问题会降低数据质量。最后,社交媒体上的帖子可能来源于一个虚假的样本,现实生活和网络生活之间的差异需要人们对提取的信息进行适当的规范化(Chaniotakis et al. ,2016)。

除上述之外,以用户为导向的数据收集扩展到了各种似乎与运输无关的数据源,这些数据源已在多种应用中得到使用。例如,Sobolevsky 等人(2014)对西班牙银行卡交易进行了调查,以总结个人的出行模式,而许多研究人员将重点放在了使用移动电话数据估计出行需求的探索上(Alexander et al. ,2015;Caceres et al. ,2007;Calabrese et al. ,2011)。

5.4.2 以概念为导向的收集方法

信息和通信技术的先进之处在于,它们能够收集所有交通运输系统的数据。这就产生了一系列概念,从数据挖掘(Ma et al. ,2013)、需求估计(Jun and Dongyuan,2013)到个体出行模式提取(Zhao et al. ,2018)和用户满意度指标(Ingvardson et al. ,2018)。

许多新兴的出行系统可以提取出行数据。关于共享自行车,全世界有 800 多个项目,拥有超过 90 万辆自行车,主要用于工作日通勤和周末的休闲和/或社交上(Fishman et al. ,2013)。许多共享自行车项目都将他们的数据公开发布,因此可对不同城市的数据进行比较分析。例如,Chardon 等人(2017)研究了欧洲、以色列、美国、加拿大、巴西和澳大利亚 75 个基于站点的共享自行车系统中,在城市层面上每天每辆自行车的出行量,自变量为运营商的特性、紧凑性、天气、交通基础设施和地理位置;Zhao 等人(2014)利用中国 69 个公共自行车系统的数据,将乘客流量和周转率的对数与城市特征和系统特征相关联;Duran Rodas 等人(2019)开发了一种数据驱动方法,用来使用建成环境因素估算基于站点的共享自行车需求模型,其中多个城市的数据被合并在一个数据集中。

共享汽车是对汽车的短期租赁。共享汽车根据各种定价方案(根据车辆类型、行驶里程、位置、使用时间)向预订的客户收取使用车辆的费用,在某些情况下,还收取预定费。最近广泛应用共享汽车(2019 年 7 月,Share Now 在全球 30 多个城市运营超过 20000 辆汽车,https://www. your-now. com/)已经为一些运营城市提供了数据集。获取数据要获得供应商的允许(例如,Share-now,ZipCar)(Schmöller et al. ,2015);已有研究人员尝试从应用程序编程接口(API)提取数据(Trentini and Losacco,2017)。后一种方法取决于提供者的通用数据的使用策略,并存在无法定义重新定位、错误/取消预订和路由等问题。在使用方面对这些数据集的探索已产生了有趣的结果。

5.4.3 以网络为导向的收集方法

信息和通信技术的进步也带来了网络层面的新数据。不同于传统的流量统计数据,人们致力于使用不同类型的传感器来捕捉基于网络的数据。这项计划的目标是部署蓝牙或 WiFi 传感器网络,用来捕捉具有这些功能的智能手机或汽车的用户。在大多数情况下,部署传感器是一个相当实惠的解决方案(根据希腊的一份报告,一个传感器的成本为 2300 欧元,包括安装和 3 年保修)(Mitsakis and Iordanopoulos,2014)。此类系统的可靠性取决于信号设备的渗透率(Friesen and McLeod,2015)。另外,传感器的放置和数据的清理对于保证传感器的代表性和可靠性是非常重要的。对于前者,优化技术使用了不同的优化标准,如可观测性或流量估计和OD对分离(Gentiliand Mirchandani,2012;Zhouand List,2010;Feiand Mahmassani,2011)。对于后者,模式检测和将蓝牙/WiFi流量缩放为实际流量也都已得到了探索(Barcelö et al.,2010;Bhaskar and Chung,2013)。

5.5　数据质量评估

不同数据源的出现意味着需对数据质量进行调查和评估。然而,这种讨论并不是什么新鲜事:数据质量的度量在统计分析中早已存在,量化数据质量的方法也早已被讨论过(例如,统计测试)。数据质量对信息系统的影响已成为研究的热点。例如,Ballou 和 Pazer (1985)提出了一个在信息系统中误差传播的模型,此前在会计文献中已进行了大量应用,以评估误差和控制对财务平衡的影响(例如,in Cushing,1974)。后来,基于误差传播来评估数据质量的思想得到了扩展,以适应数据质量的多维概念。Batini 等人(2009)审查了13种常用的数据质量评估方法,并报告了使用的质量维度。有了Batini等人的荟萃分析(2009),数据质量的现行标准(关于数据)如图5-3所示。很明显,大多数研究都包含了主要质量指标。不同之处是,在大多数情况下,对交通运输数据的评估要么根据准确性,要么是根据数据的可解释性和可接受性,没有使用一致的度量标准来进行比较。

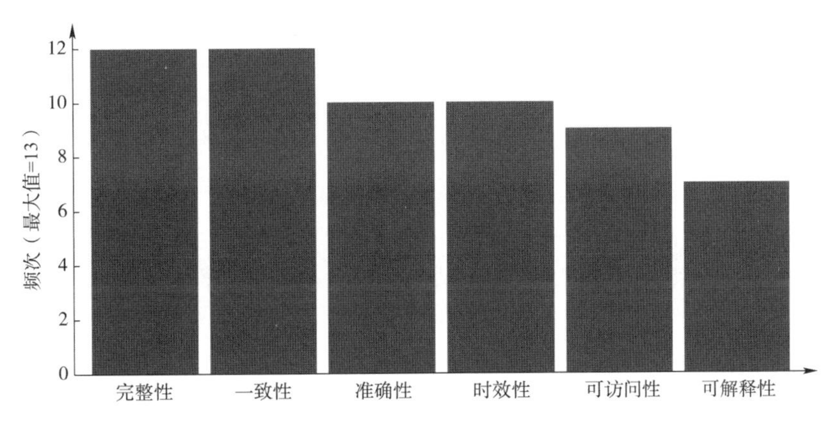

图5-3　现行数据质量指标(频率≥5)

Batini 等人(2009)详细介绍了不同研究使用的数据质量标准。在这里,我们正在整合信息,并提供一些与交通运输相关的定义和注释。完整性通常是指数据描述当前应用程序的系统的能力。本质上,完整性是指所检查的数据集具有实现可观察性所需的所有元素(或变量),并可用于分析和建模。一些研究人员已经使用完整性来描述与最大可能数据(或信息)相关的可用数据量(Biswas et al.,2006),或评估报告的完成度(Tin et al.,2013),或定义缺失值的大小(Naumann,2002)。显然,上述定义和参照系之间存在差异(Batini et al.,2009)。基于此,若评估数据,应先探索数据能够实际描述系统的范围以及与现有交通运输系统的互连程度,在此基础上再检查新兴交通运输系统的完整性及需求完整性。共享自行车的数据就是一个例子。假设每天只提供10%的订单样本,那么描述共享自行车系统所需信息的完整性可能就是10%(但在许多情况下要低得多),而描述一个地区的交通运输系统

的完整性就更低了。若考虑到共享自行车的分担率可能低至例如5%,这一点就很容易理解了。

一致性通常是指遵守某些与数据相关的规则。数据一致性有几个子类别,例如相互关系和内部关系(Batini et al.,2009)或内部和外部一致性。前者的分类主要是指数据之间的关系(可以看作对内部一致性的检验),而后者则可以看作数据与数据一致性和数据与实际观测系统一致性的度量。内部一致性可以认为是一项特定研究的所有年龄数据均为20~30岁的个体,而外部一致性可以认为20~30岁年龄组的人是唯一与系统交互的群体。

准确性是数据质量度量长期讨论的一个问题;文献中对此有不同的定义。如Batini等人所述(2009),Wang和Strong(1996)根据"数据正确、可靠和认证的程度"来定义准确度,Ballou和Pazer(1985)认为准确性指的是数据与实际值的对应关系,Redman(1997)定义准确性为一个数据值与其他被认为正确的值的接近度。在交通运输领域,尤其是对于新兴的出行概念,测量数据的准确性是一项相当复杂的任务,其主要原因是没有可供我们比较的参考数据。例如,许多研究探讨了共享自动驾驶汽车的接受度和使用度。评估这些研究准确性的唯一方法是比较不同研究的结果,而这些研究多数是在世界各地进行的。对于数据准确性的评估,可以进行各种统计检验,例如,检查结果是否属于某种分布。欲了解更多信息,请参阅华盛顿等人(2010)提供的交通统计方法的综合概述。

文献中发现,时效性用于描述所需时间(延迟),以便将实际系统的变化反映到数据中(Batini et al.,2009)。根据通常遵循的脱机和联机使用运输数据之间的区别,运输中的及时性需求也有所不同。此外,根据数据类型的不同,运输数据的及时性可能从几秒到几年不等。举些例子,出行日志调查的时间跨度为2~10年,交通量统计每1~15min的汇总结果;而智能卡读取和轨迹数据几乎可以立即提供数据库。

可访问性被定义为访问数据的可能性,在某些情况下,根据交付时间、请求时间和截止时间(本质上更多地是指及时性)来定义请求的时间。可访问性对于交通运输研究尤其重要,但研究人员或市政管理部门可获得的数据集很少。这一点在新兴数据源(例如,通过手机应用程序收集数据)中尤其明显:尽管存在从大量的个体身上收集数据的公司,但这些数据集通常不用于改善交通运输系统或评估新的出行形式。

最后,可解释性是指数据可解释的程度,作为有意义的衡量标准。

5.6 可转移性

在提供多样化出行选择的地方,个体会在其在生命周期的不同阶段表现出不同的出行特征。对于决策而言,理解在不同环境下(即不同国家和不同城市)所作出的选择是非常重要的,这已经引起了研究人员的兴趣,因为这是理解政策实施效果和出行模型结果的潜在工具(Lleras et al.,2002;Timmermans et al.,2003)。最近,随着新的颠覆性出行形式(即共享汽车、自动驾驶汽车)以及新型数据的引入(Cramer and Krueger,2016;Belk,2014),这一需求变得越来越迫切。在相关文献中,对不同的出行特征和活动模式进行比较并非新鲜事。Schafer(2000)把不同国家的大约30项出行调查进行了比较,以了解时间和出行预算的规律。Lleras等人(2002)展示了一个国际间的对比,使用出行调查数据、结构方程模型和潜在变量

来解释出行变化、出行次数和总出行时间。Simma 和 Axhausen(2001)在汽车拥有量和车票可用性的耦合关系中对模式选择意愿进行了比较。这些研究表明,平均指标的可转移性在大多数情况下不是一种合适的解决办法,应予以避免。de Abreu e Silva 和 Goulias(2009)对美国华盛顿、西雅图和葡萄牙里斯本进行了比较,包括居住地点选择、汽车拥有量和出行特征。Kihne 等人(2018)调查了德国和加利福尼亚州的汽车所有权特征。Pendyala(14)研究了不同国家的时间分配,发现了差异和相似之处,这是唯一对不同国家日节奏方面开展的研究。

研究发现,与进行的活动和每日节奏有关的基本行为特征(如每日时间分配、活动时间和时间表、活动频率)的可支配与出行有关的行为的决策,应将其包括在运输模型中(de Abreu e Silva and Goulias,2009)。换言之,如果人们在群体出行中表现出相同的行为,那么当涉及新的出行形式、对生活变化的响应和新的基础设施等方面时,他们的行为也会是相同的。因此,以天为单位对不同国家或国家内不同城市进行的研究,需要将其资料库扩展到一天中的动态时间。

新兴数据源的好处是,在许多情况下,可以集中收集,这样就可以采用比较模式,并进行评估。Chaniotakis 等人(2017)即研究比较了全球 10 个城市从社交媒体收集来的数据的差异。

5.7　结论与讨论

本章对交通运输系统的常用数据来源进行了概述,用于评价新兴交通运输系统。这是在对数据源进行广泛分类的基础上进行的,既包括对交通运输系统组成部分的参考,也包括传统的和新兴的数据源。此外,本章还提出并讨论了交通研究中数据质量的重要方面。本章强调了与数据相关的问题,目的是强调使用数据质量指标评估交通数据的重要性。尽管在不同领域的研究中对数据质量的提升可以作为一个起点,但对交通运输的具体情况还需要重新审视、调整并定义新的、更相关的措施。最后,本章还对可转移性潜力进行了探索,作为降低交通数据收集成本的一种手段,它有助于更好地了解生活在世界各地的人们之间的异同。

本章参考文献

Akyelken, N., Banister, D., Givoni, M., 2018. The sustainability of shared mobility in London: the dilemma for governance. Sustainability 10(2), 420.

Alexander, L., Jiang, S., Murga, M., Gonzlez, M. C., 2015. Origin-destination trips by purpose and time of day inferred from mobile phone data. Transportation Research Part C: Emerging Technologies 58, 240-250. http://www.sciencedirect.com/science/article/pii/S0968090X1500073X. https://doi.org/10.1016/j.trc.2015.02.018.

Audirac, I., 1999. Stated preference for pedestrian proximity: an assessment of new urbanist sense of community. Journal of Planning Education and Research 19(1), 53-66. http://jpe.sagepub.com/content/19/1/53.abstract.

Bafatakis, C. , Duives, D. , Daamen, W. , 2015. Determining a pedestrian route choice model through a photo survey. In: Transportation Research Board 94th Annual Meeting, Washington DC. Number 15-4859 in TRB2015.

Bagchi, M. , White, P. , 2005. The potential of public transport smart card data. Transport Policy 12 (5), 464- 474. http://www. sciencedirect. com/science/article/pii/S0967070X05000855. https://doi. org/10. 1016/j. tranpol. 2005. 06. 008(road User Charging: Theory and Practices).

Ballou, D. P. , Pazer, H. L. , 1985. Modeling data and process quality in multi-input, multi-output information systems. Management Science 31(2), 150-162.

Barcelö, J. , Montero, L. , Marqueés, L. , Carmona, C. , 2010. Travel time forecasting and dynamic origin-destination estimation for freeways based on bluetooth traffic monitoring. Transportation Research Record 2175(1), 19-27.

Batini, C. , Cappiello, C. , Francalanci, C. , Maurino, A. , 2009. Methodologies for data quality assessment and improvement. ACM Computing Surveys(CSUR)41(3), 16.

Belk, R. , 2014. You are what you can access: sharing and collaborative consumption online. Journal of Business Research 67(8), 1595-1600.

Ben-Akiva, M. E. , Lerman, S. R. , 1985. Discrete Choice Analysis: Theory and Application to Travel Demand, vol. 9. MIT press.

Bhaskar, A. , Chung, E. , 2013. Fundamental understanding on the use of bluetooth scanner as a complementary transport data. Transportation Research Part C: Emerging Technologies 37, 42-72.

Biemer, P. P. , Groves, R. M. , Lyberg, L. E. , Mathiowetz, N. A. , Sudman, S. , 2011. Measurement Errors in Surveys, vol. 173. John Wiley & Sons.

Biswas, J. , Naumann, F. , Qiu, Q. , 2006. Assessing the completeness of sensor data. In: International Conference on Database Systems for Advanced Applications. Springer, pp. 717-732.

Bliemer, M. C. , Rose, J. M. , Hensher, D. A. , 2009. Efficient stated choice experiments for estimating nested logit models. Transportation Research Part B: Methodological 43(1), 19-35.

Brog, W. , Meyburg, A. H. , 1980. Nonresponse problem in travel surveys: an empirical investigation. Transportation Research Record(775), 34-38.

Buckley, S. , Lightman, D. , 2015. Ready or not, big data is coming to acity(transportation agency) near you. In: Transportation Research Board 9 4th Annual Meeting. Number 15-5156 in TRB2015.

Caceres, N. , Wideberg, J. , Benitez, F. , 2007. Deriving origin-destination data from a mobile phone network. IET Intelligent Transport Systems 1(1), 15-26.

Cai, L. , Zhu, Y. , 2015. The challenges of data quality and data quality assessment in the big data era. Data Science Journal 14.

Calabrese, F. , Di Lorenzo, G. , Liu, L. , Ratti, C. , 2011. Estimating origin-destination flows using mobile phone location data. IEEE Pervasive Computing 10(4), 36-44. https://doi. org/10. 1109/MPRV. 2011. 41.

Calabrese, F., Diao, M., Di Lorenzo, G., Ferreira Jr., J., Ratti, C., 2013. Understanding individual mobility patterns from urban sensing data: a mobile phone trace example. Transportation Research Part C: Emerging Technologies 26(0), 301-313. http://www.sciencedirect.com/science/article/pii/S0968090X12001192. https://doi.org/10.1016/j.trc.2012.09.009.

Chaniotakis, E., Antoniou, C., Pereira, F., 2016. Mapping social media for transportation studies. IEEE Intelligent Systems 31(6), 64-70. https://doi.org/10.1109/MIS.2016.98.

Chaniotakis, E., Antoniou, C., Goulias, K., 2017. Transferability and sample specification for social media data: a comparative analysis. In: Proceedings of the mobil. TUM 2017 Conference. Munich, Munich Germany.

Chardon, C. M. D., Caruso, G., Thomas, I., 2017. Bicycle sharing system success determinants. Transportation Research Part A: Policy and Practice 100, 202-214. https://doi.org/10.1016/j.tra.2017.04.020.

Collins, C., Hasan, S., Ukkusuri, S. V., 2013. A novel transit rider satisfaction metric: rider sentiments measured from online social media data. Journal of Public Transportation 16(2), 2.

Cottrill, C., Pereira, F., Zhao, F., Ferreira Dias, I., Beng Lim, H., Ben-Akiva, M., Zegras, C., 2013. Future mobility survey. Transportation research record. Journal of the Transportation Research Board 2354, 59-67. https://doi.org/10.3141/2354-07.

Cramer, J., Krueger, A. B., 2016. Disruptive change in the taxi business: the case of uber. The American Economic Review 106(5), 177-182.

Cushing, B. E., 1974. A mathematical approach to the analysis and design of internal control systems. The Accounting Review 49(1), 24-41. http://www.jstor.org/stable/244795.

Danaf, M., Atasoy, B., de Azevedo, C. L., Ding-Mastera, J., Abou-Zeid, M., Cox, N., Zhao, F., Ben-Akiva, M., 2019. Context-aware stated preferences with smartphone-based travel surveys. Journal of Choice Modeling 31, 35-50. http://www.sciencedirect.com/science/article/pii/S1755534518300381. https://doi.org/10.1016/j.jocm.2019.03.001.

Daziano, R. A., Sarrias, M., Leard, B., 2017. Are consumers willing to pay to let cars drive for them? analyzing response to autonomous vehicles. Transportation Research Part C: Emerging Technologies 78, 150-164. http://www.sciencedirect.com/science/article/pii/S0968090X17300682. https://doi.org/10.1016/j.trc.2017.03.003.

de Abreu e Silva, J., Goulias, K. G., 2009. Structural equations model of land use patterns, location choice, and travel behavior: Seattle, Washington, compared with lisbon, Portugal. Transportation Research Record 2135(1), 106-113. https://doi.org/10.3141/2135-13. https://doi.org/10.3141/2135-13. https://doi.org/10.3141/2135-13.

Doherty, S. T., Noël, N., Gosselin, M. L., Sirois, C., Ueno, M., 2001. Moving beyond observed outcomes: integrating global positioning systems and interactive computer-based travel behavior surveys. Technical Report; Transportation Research Board 449-466. https://trid.trb.org/view/686721.

Doirado, E., van den Berg, M., van Lint, H., Hoogendoorn, S., Prendinger, H., 2012. Everscape:

the making of a disaster evacuation experience. In:CHI'12 Extended Abstracts on Human Factors in Computing Systems. ACM,pp. 2285-2290.

Duraán Rodas, D., Chaniotakis, E., Antoniou, C., 2019. Built environment factors affecting bike sharing ridership: a data-driven approach for multiple cities. Transportation Research Record. https://doi. org/10. 1177/0361198119849908.

Efthymiou, D., Antoniou, C., 2014. Measuring the effects of transportation infrastructure location on real estate prices and rents: investigating the current impact of a planned metro line. EURO Journal on Transportation and Logistics 3(3-4), 179-204.

Efthymiou, D., Antoniou, C., Waddell, P., 2013. Factors affecting the adoption of vehicle sharing systems by young drivers. Transport Policy 29, 64-73. http://www. sciencedirect. com/science/article/pii/S0967070X13000607. https://doi. org/10. 1016/j. tranpol. 2013. 04. 009.

Fei, X., Mahmassani, H. S., 2011. Structural analysis of near-optimal sensor locations for a stochastic large-scale network. Transportation Research Part C: Emerging Technologies 19(3), 440-453. http://www. sciencedirect. com/science/article/pii/S0968090X10001105. https://doi. org/10. 1016/j. trc. 2010. 07. 001.

Fishman, E., Washington, S., Haworth, N., 2013. Bike share: a synthesis of the literature. Transport Reviews 33(2), 148-165. https://doi. org/10. 1080/01441647. 2013. 775612 cited By 98.

Friesen, M. R., McLeod, R. D., 2015. Bluetooth in intelligent transportation systems: a survey. International Journal of Intelligent Transportation Systems Research 13(3), 143-153. https://doi. org/10. 1007/s13177-014-0092-1. https://doi. org/10. 1007/s13177-014-0092-1.

Fu, M., Rothfeld, R., Antoniou, C. Exploring preferences for transportation modes in an urban air mobilityenvironment: Munich case study. Transportation Research Record 0 (0): 0361198119843858. doi:10. 1177/0361198119843858.

Furnham, A., 1986. Response bias, social desirability and dissimulation. Personality and Individual Differences 7(3), 385-400. http://www. sciencedirect. com/science/article/pii/019188698690 0140. https://doi. org/10. 1016/0191-8869(86)90014-0.

Gentili, M., Mirchandani, P., 2012. Locating sensors on traffic networks: models, challenges and research opportunities. Transportation Research Part C: Emerging Technologies 24, 227-255. http://www. sciencedirect. com/science/article/pii/S0968090X1200006X. https://doi. org/10. 1016/j. trc. 2012. 01. 004.

Griego, D., Buff, V., Hayoz, E., Moise, I., Pournaras, E., 2017. Sensing and mining urban qualities in smart cities. In: 2017 IEEE 31st International Conference on Advanced Information Networking and Applications(AINA). IEEE, pp. 1004-1011.

Handy, S., 1996. Methodologies for exploring the link between urban form and travel behavior. Transportation Research Part D: Transport and Environment 1(2), 151-165. https://doi. org/10. 1016/S1361-9209(96)00010-7. http://www. sciencedirect. com/science/article/pii/S136192 0996000107.

Helbing, D., Pournaras, E. S., 2015. Build digital democracy. Nature News 527(7576), 33.

Hensher, D. A. , 1994. Stated preference analysis of travel choices: the state of practice. Transportation 21(2), 107-133.

Hensher, D. A. , Rose, J. M. , Greene, W. H. , 2012. Inferring attribute non-attendance from stated choice data: implications for willingness to pay estimates and a warning for stated choice experiment design. Transportation 39(2), 235-245.

Hess, S. , Rose, J. M. , Polak, J. , 2010. Non-trading, lexicographic and inconsistent behaviour in stated choice data. Transportation Research Part D: ransport and Environment 15(7), 405-417.

Hunter, G. J. , Wachowicz, M. , Bregt, A. K. , 2003. Understanding spatial data usability. Data Science Journal 2, 79-89.

Ingvardson, J. B. , Nielsen, O. A. , Raveau, S. , Nielsen, B. F. , 2018. Passenger arrival and waiting time distributions dependent on train service frequency and station characteristics: a smart card data analysis. Transportation Research Part C: Emerging Technologies 90, 292-306.

Jagadish, H. , Gehrke, J. , Labrinidis, A. , Papakonstantinou, Y. , Patel, J. M. , Ramakrishnan, R. , Shahabi, C. , 2014. Big data and its technical challenges. Communications of the ACM 57(7), 86-94.

Johnson, R. A. , Wichern, D. W. (Eds.), 2002. Applied Multivariate Statistical Analysis. Prentice-Hall, Inc. , Upper Saddle River, NJ, USA.

Jun, C. , Dongyuan, Y. , 2013. Estimating smart card commuters origin-destination distribution based on APTS data. Journal of Transportation Systems Engineering and Information Technology 13(4), 47-53. http://www. sciencedirect. com/science/article/pii/S1570667213601166. https://doi. org/10. 1016/S1570-6672(13)60116-6.

Kahneman, D. , 2011. Thinking, Fast and Slow. Macmillan.

Kladeftiras, G. , Antoniou, C. , 2015. Social networks impact on carpooling systems performance: privacy vs. efficiency. In: Transportation Research Board 94th Annual Meeting. DC, Washington. Number 15-1540 in TRB2015.

Krueger, R. A. , Casey, M. A. , 2002. Designing and Conducting Focus Group Interviews.

Kühne, K. , Mitra, S. K. , Saphores, J. D. M. , 2018. Without a Ride in Car Country A Comparison of Carless Households in Germany and California. Transportation Research Part A: Policy and Practice 109, 24-40. http://www. sciencedirect. com/science/article/pii/S0965856417305621. https://doi. org/10. 1016/j. tra. 2018. 01. 021.

Leduc, G. , 2008. Road traffic data: collection methods and applications. Working Papers on Energy, Transport and Climate Change 1, 55.

Likert, R. , 1932. A technique for the measurement of attitudes. Archives of psychology 22(140, 55).

Lleras, G. C. , Simma, A. , Ben-Akiva, M. , Schafer, A. , Axhausen, K. W. , Furutani, T. , 2002. Fundamental relationships specifying travel behavior an international travel survey comparison. In: Proceedings of 82nd Annual Meeting of the Transportation Research Board. DC, Washington, .

Louviere, J. J., Hensher, D. A., Swait, J. D., 2000. Stated Choice Methods: Analysis and Applications. Cambridge university press.

Ma, X., Wu, Y. J., Wang, Y., Chen, F., Liu, J., 2013. Mining smart card data for transit riders travel patterns. Transportation Research Part C: Emerging Technologies 36, 1-12. http://www.sciencedirect.com/science/article/pii/S0968090X13001630. https://doi.org/10.1016/j.trc.2013.07.010.

Martin, E., Shaheen, S. A., Lidicker, J., 2010. Impact of carsharing on household vehicle holdings: results from North American shared-use vehicle survey. Transportation Research Record 2143(1), 150-158. https://doi.org/10.3141/2143-19. https://doi.org/10.3141/2143-19. https://doi.org/10.3141/2143-19.

McFadden, D., 2001. Economic choices. The American Economic Review 91(3), 351-378. https://doi.org/10.1257/aer.91.3.351. http://www.aeaweb.org/articles? id¼10.1257/aer.91.3.351.

Mitsakis, E., Iordanopoulos, P., 2014. SEEITS: Deliverable D7.1.1: Cost-Benefit Analysis Report for the Deployment of ITS in Greece. Technical Report.

Morgan, D. L., 1997. The Focus Group Guidebook, vol. 1. Sage publications.

Morrison, M., 2000. Aggregation biases in stated preference studies. Australian Economic Papers 39(2), 215-230.

Murphy, J. J., Allen, P. G., Stevens, T. H., Weatherhead, D., 2005. A meta-analysis of hypothetical bias in stated preference valuation. Environmental and Resource Economics 30(3), 313-325. https://doi.org/10.1007/s10640-004-3332-z. https://doi.org/10.1007/s10640-004-3332-z.

Naumann, F. (Ed.), 2002. Information Quality Criteria. Springer Berlin Heidelberg, Berlin, Heidelberg, pp. 29-50. https://doi.org/10.1007/3-540-45921-9_3. https://doi.org/10.1007/3-540-45921-9_3.

Nederhof, A. J., 1985. Methods of coping with social desirability bias: a review. European Journal of Social Psychology 15(3), 263-280. https://doi.org/10.1002/ejsp.2420150303. https://onlinelibrary.wiley.com/doi/abs/10.1002/ejsp.2420150303. https://onlinelibrary.wiley.com/doi/pdf/10.1002/ejsp.2420150303.

Orne, M. T., 1962. On the social psychology of the psychological experiment: with particular reference to demand characteristics and their implications. American Psychologist 17(11), 776.

Paulhus, D. L., 1991. Chapter 2-measurement and control of response bias. In: Robinson, J. P., Shaver, P. R., Wrightsman, L. S. (Eds.), Measures of Personality and Social Psychological Attitudes. Academic Press, pp. 17-59. http://www.sciencedirect.com/science/article/pii/B978012590241050006X. https://doi.org/10.1016/B978-0-12-590241-0.50006-X.

Pew Research Center, 2019. Smartphone Ownership is Growing Rapidly Around the World, but Not Always Equally. Technical Report.

Politis, I., Langdon, P., Bradley, M., Skrypchuk, L., Mouzakitis, A., Clarkson, P. J., 2018. Designing autonomy in cars: a survey and two focus groups on driving habits of an inclusive user group, and group attitudes towards autonomous cars. In: Di Bucchianico, G., Kercher, P. F. (Eds.), Advances in Design for Inclusion. Springer International Publishing, Cham, pp. 161-173.

Porter, S. R., Whitcomb, M. E., Weitzer, W. H., 2004. Multiple surveys of students and survey fatigue. New Directions for Institutional Research 2004(121), 63-73. https://doi.org/10.1002/ir.101. https://doi.org/10.1002/ir.101.

Prelipcean, A. C., Gidfalvi, G., Susilo, Y. O., 2018. MEILI: a travel diary collection, annotation and automation system. Computers, Environment and Urban Systems 70, 24-34. http://www.sciencedirect.com/science/article/pii/S0198971517305240. https://doi.org/10.1016/j.compenvurbsys.2018.01.011.

Preston, J., Rajeé, F., 2007. Accessibility, mobility and transport-related social exclusion. Journal of Transport Geography 15(3), 151-160.

Pronzato, L., Zhigljavsky, A., 2010. Optimal Design and Related Areas in Optimization and Statistics, vol. 28. Springer Science & Business Media.

Reades, J., Calabrese, F., Sevtsuk, A., Ratti, C., 2007. Cellular census: explorations in urban data collection. Pervasive Computing, IEEE 6(3), 30-38.

Redman, T. C., 1997. Data Quality for the Information Age, first ed. Artech House, Inc., Norwood, MA, USA.

Richardson, A. J., 2003. Behavioral mechanisms of nonresponse in mail-back travel surveys. Transportation Research Record 1855(1), 191-199. https://doi.org/10.3141/1855-24.

Richardson, A. J., Ampt, E. S., Meyburg, A. H., 1995. Survey Methods for Transport Planning. Eucalyptus Press Melbourne.

Rose, J. M., Bliemer, M. C., Hensher, D. A., Collins, A. T., 2008. Designing efficient stated choice experiments in the presence of reference alternatives. Transportation Research Part B: Methodological 42(4), 395-406.

Schafer, A., 2000. Regularities in Travel Demand: An International Perspective.

Shen, L., Stopher, P. R., 2014. Review of gps travel survey and gps data-processing methods. Transport Reviews 34(3), 316-334.

Simma, A., Axhausen, K., 2001. Structures of commitment in mode use: a comparison of Switzerland, Germany and great Britain. Transport Policy 8(4), 279-288. http://www.sciencedirect.com/science/article/pii/S0967070X01000233. https://doi.org/10.1016/S0967070X(01)00023-3.

Sobolevsky, S., Sitko, I., Combes, R. T. D., Hawelka, B., Arias, J. M., Ratti, C., 2014. Money on the move: big data of bank card transactions as the new proxy for human mobility patterns and regional delineation. The case of residents and foreign visitors in Spain. In: 2014 IEEE International Congress on Big Data, pp. 136-143. https://doi.org/10.1109/BigData.Congress.2014.28.

Schmö ller, S. , Weikl, S. , Müller, J. , Bogenberger, K. , 2015. Empirical analysis of free-floating car-sharing usage: the Munich and Berlin case. Transportation Research Part C: Emerging Technologies 56, 34-51. http://www.sciencedirect.com/science/article/pii/S0968090X1500087X. https://doi.org/10.1016/j.trc.2015.03.008.

Tamin, O. Z. , Willumsen, L. G. , 1989. Transport demand model estimation from traffic counts. Transportation 16(1), 3-26. https://doi.org/10.1007/BF00223044. https://doi.org/10.1007/BF00223044.

Tayi, G. K. , Ballou, D. P. , 1998. Examining data quality. Communications of the ACM 41(2), 54-57.

Thaler, R. H. , Sunstein, C. R. , 2009. Nudge: Improving Decisions about Health, Wealth, and Happiness. Penguin.

Timmermans, H. , van der Waerden, P. , Alves, M. , Polak, J. , Ellis, S. , Harvey, A. S. , Kurose, S. , Zandee, R. , 2003. Spatial context and the complexity of daily travel patterns: an international comparison. Journal of Transport Geography 11(1), 37-46.

Tin, S. T. , Woodward, A. , Ameratunga, S. , 2013. Completeness and accuracy of crash outcome data in a cohort of cyclists: a validation study. BMC Public Health 13(1), 420.

Train, K. E. , 2009. Discrete Choice Methods with Simulation. Cambridge university press.

Trentini, A. , Losacco, F. , 2017. Analyzing carsharing public (scraped) data to study urban traffic patterns. Procedia Environmental Sciences 37, 594-603. http://www.sciencedirect.com/science/article/pii/S1878029617300464. https://doi.org/10.1016/j.proenv.2017.03.046. green Urbanism (GU).

Walker, J. L. , Wang, Y. , Thorhauge, M. , Ben-Akiva, M. , 2018. D-efficient or deficient? a robustness analysis of stated choice experimental designs. Theory and Decision 84(2), 215-238.

Wang, R. Y. , Strong, D. M. , 1996. Beyond accuracy: what data quality means to data consumers. Journal of Management Information Systems 12(4), 5-33.

Washington, S. P. , Karlaftis, M. G. , Mannering, F. , 2010. Statistical and Econometric Methods for Transportation Data Analysis, second ed. Chapman and Hall/CRC.

Zhao, J. , Deng, W. , Song, Y. , 2014. Ridership and effectiveness of bikesharing: the effects of urban features and system characteristics on daily use and turnover rate of public bikes in China. Transport Policy 35, 253-264. https://doi.org/10.1016/j.tranpol.2014.06.008.

Zhao, Z. , Koutsopoulos, H. N. , Zhao, J. , 2018. Individual mobility prediction using transit smart card data. Transportation Research Part C: Emerging Technologies 89, 19-34. http://www.sciencedirect.com/science/article/pii/S0968090X18300676. https://doi.org/10.1016/j.trc.2018.01.022.

Zhou, X. , List, G. F. , 2010. An information-theoretic sensor location model for traffic origindestination demand estimation applications. Transportation Science 44(2), 254-273. https://doi.org/10.1287/trsc.1100.0319. https://doi.org/10.1287/trsc.1100.0319. https://doi.org/10.1287/trsc.1100.0319.

第6章 基于提升可达性的单程共享汽车系统选址规划:以超小型电动车为例

Tomoki Nishigaki[1],Jan-Dirk Schmöcker[1],Toshiyuki Nakamura[2],Nobuhiro Uno[3],
Masahiro Kuwahara[4],Akira Yoshioka[4]
1. 日本,京都,京都大学城市管理系;
2. 日本,名古屋,名古屋大学未来社会创新研究所;
3. 日本,京都,京都大学土木与地球资源工程系;
4. 日本,丰田市,丰田汽车公司

6.1 引言

近年来,世界各地的共享汽车计划迅速增加。它们经历了从长期和短期租车(客户必须将车辆归还到取车点的位置或支付额外服务费)到单程共享汽车计划,再到没有任何预设地点的自由浮动共享汽车计划的演变。加拿大的蒙特利尔有类似发展案例,其首先有汽车共享俱乐部,然后发展成单程共享汽车项目。自2015年以来,这家单程或"以站点为基础"的共享汽车运营商在车组中增加了自由浮动车辆,其受欢迎程度增长迅速(Wielinski et al.,2019)。

自由浮动计划需要有路边停车场。由于在日本几乎没有路边停车场,因此,自由浮动的共享汽车计划并未实施。此外,日本的单程共享汽车增长缓慢。除了Shaheen等人(2015)报告的一些早期实验,直到2014年,日本国土交通省(MLIT)才修改了立法,允许此类计划的商业运营(MLIT,2014)。自此,只有很少一部分项目是以示范为目的运作的,大多数项目运作的区域非常有限,且没有利润。"Times共享汽车"就是其中之一,它与丰田合作,从2015年开始在日本各地运营,本章将对它进行讨论。这项计划被称为"Ha:mo",是"和谐出行"的缩写。自2005年起,可往返的城市共享汽车项目开始运营,"Times"又是最大的运营商,"Orix共享汽车"就是另一个例子。自2017年起,"ChoiMobi Yokohama"也开始运营,它使用的是小型电动车,与Ha:mo类似(但与"日产汽车"公司合作)。

在日本,共享汽车使用较少的原因有很多。可以说,私人物品和公共物品之间有更严格区分的理念,在日本文化中仍然根深蒂固。此外,与西方国家相比,日本的其他共享产业仍欠发达。另外,交通生态与出行基金会(Traffic Ecology and Mobility Foundation)指出,与其他国家相比,日本共享汽车管理有三个特点导致其发展缓慢。首先,总体而言,共享汽车运营商与公共机构的合作欠缺。第二,与其他交通运营商,特别是公共交通运营商的合作也有限。第三,也是主要原因,在公共场所,人们对共享汽车作为一种公共交通方式的认知相对较差(MLIT,2006)。就最后一点可以理解为,一般情况下在日本多数大都市地区,公共交通

的供应都是高质量的,这也减少了推出共享汽车的必要性。

基于这一背景,本研究旨在量化共享汽车对城市出行的影响。如果有人可以证明整个城市能够从汽车共享中获益,那么共享汽车的运营商也将更容易与政府讨论共享汽车最合适的角色,并获得支持,以将其业务作为多式联运框架的一部分。我们认为可达性的增加是一个合适的指标。我们提议,就网络中不同地区之间的出行费用而言,全网可达性的改善将表明,在公共交通连接不方便的情况下,城市如何通过(偶尔)使用共享汽车服务而受益。我们以日本丰田市的公共交通网络为基础,进行了一个案例研究;该市正在实施 Ha:mo 共享汽车项目。通过引入共享汽车,我们从路径成本的角度说明了可达性的变化。这项研究的一个具体贡献是在寻找最短路径时明确考虑了步行成本的非线性。

本章的其余部分安排如下:第6.2 节回顾了有关共享汽车和可达性的相关文献。第6.3 节描述了丰田的 Ha:mo 汽车共享项目,作为日本最常用的一个单程共享汽车计划的例子。第6.4 节提供了第6.5 节所述结果的方法和参数设置。第6.6 节在第6.7 节总结本章之前,通过优化城市内停车位的布局来推进研究发展。

6.2 文献综述与本章定位

就共享汽车计划对出行模式的影响有相当丰富的文献。基于对出行行为影响的评估,已有研究对环境影响也进行了评估。许多研究(主要基于美国)证明,共享汽车减少了道路上的车辆数量、车辆行驶里程(VMT)、温室气体(GHG)排放以及个人的交通成本(Shaheen and Cohen,2013)。例如,Cervero 和 Tsai(2004)报告说,30% 的城市共享汽车会员显著减少了他们自己的个人汽车使用量,三分之二的人选择将买车推迟到在使用该服务的两年后。Martin 和 Shaheen(2011)也报告了通过共享汽车减少私家车的可能性,他们认为一辆共享汽车可以替代 9 ~ 13 辆私家车。

共享汽车的另一个显著影响是交通方式的转变。Martin 和 Shaheen(2011)研究了共享汽车对公共交通和非机动交通出行的影响。虽然公共交通的使用总体上略有下降,但步行、骑行和拼车显著增加。一部分原因是汽车拥有成本降低,另一部分原因是更好地利用了全套可用的运输方式,因此,共享汽车可以降低整体的运输成本(Duncan,2011)。我们强调,这些研究大多是基于美国的环境,总体而言,其公共交通出行分担率远低于日本城市。

显然,共享汽车能否达到预期的行为效果,在很大程度上取决于与其他替代模式相比所具有的吸引力。因此,系统配置和运营策略是关键因素。特别是对于单程共享汽车来说,其网络布局在文献中受到了关注。Wakabayashi 等人(2013)将车站选址设计问题归结为利润最大化问题。他们基于时间、车费以及一个人能够参与该项目的可能性,考虑了选择共享汽车的概率。该研究也考虑了车站是否有车辆可用以及终点站是否有免费停车位。Boyaci 等人(2015)提出一个多目标问题,同时考虑了带有电动车的单程共享汽车项目的车站设计和再定位策略。该模型应用了法国尼斯的数据,说明了需求的敏感性以及运营商收入和公民利益之间的权衡。他们不得不在估算共享汽车需求的方法中作一些假设,一般来说,就停车场布局而言,预估单程共享汽车的需求敏感性仍然十分困难。

在优化车站布局方面,Kumar 和 Bierlaire(2012)在其方法中考虑了公共交通的布局、酒店和商业设施的需求吸引力以及共享汽车的实际使用情况。首先,他们利用一个线性回归模型来描述共享汽车车站的性能,在这个模型中,性能是根据一个站点上取车的平均数量来衡量的。其次,基于这一性能,他们优化了站点位置,以最大限度地提高系统的整体性能。在他们的方法中,预先确定了车站的数量。类似于前面提到的 Boyaci 等人(2015)的研究,他们案例分析的是尼斯市的一个叫"Auto Blue"的应用。

接着是对运行特性的研究,有几篇论文对预约系统的设计和定价进行了讨论。Hara 和 Hato(2014)提出了一种预约系统,它通过引入可交易的许可机制,可使用户效用最大化。在他们的方法中,用户通过拍卖来购买一次使用共享汽车的权利。他们的目标是将用户为他们的权利支付的价格总和最大化,相当于最大化用户和运营商的总效用。Wakabayashi 等人(2014)研究了横滨"ChoiMobi"系统的定价,他们评估了一个定价系统,考虑到了一个创新的政策,即如果汽车在不太可能被需要的地方停放,从而扰乱了共享汽车系统,那么价格就会翻倍。相反地,如果用户在一个低需求的停车场取车使用,在高需求的停车场还车,那么价格就会减半。有了这个设置,则可以最大限度地提高运营商的收入。值得注意的是,他们假定使用模式是已知的。

对于单程共享汽车和自由浮动共享汽车,车辆再分配是一个重要问题。这一问题的产生是由于一天之内以及不同日期之间的需求模式不对称。Fan 等人(2008)以及 Weikl 和 Bogenberger(2013)都提出了几种解决方法。后者将共享汽车运行的区域划分为几个部分,使用实际数据按区域划分、星期和每日时间段,对需求进行分类,然后再对使用模式进行分类。通过观察需求模式的变化,可以进行实时需求预测。在此基础上,研究人员还提出了一种以运营成本最小化为目标的再分配规划方法。Kek 等人(2009)进一步研究,当停车场没有车辆时,以及停车场没有停车空间时,再分配规划的设计明确考虑了再分配的数量。

我们的结论是,已经拥有了各种方法来优化共享汽车系统的设计和运行。从运营者的角度,优化问题的目标主要集中在运营成本和利润最大化上。一些研究也考虑了用户成本最小化。相反,在本研究中,我们的目标是制定更广泛的目标,并从整个城市可达性的角度来评估共享汽车。据我们所知,在以往的研究中,尽管 Páez 等人(2012)在一系列研究中对可达性进行了明确的(多模式)定义和评估,但共享汽车和可达性并不是特别关注的焦点。正如 Boisjoly 和 EI-Geneidy(2017)所指出的,在实际交通规划中,可达性仍常常被边缘化,尤其是随着共享汽车和其他新的交通形式的出现,出行和可达性之间的区别需要人们额外注意。我们认为,共享汽车的主要影响之一并不是它对"流动性"的影响,因为在许多情况下共享汽车的出行分担率很低,只是在需要时使人们能够到达不同的目的地。共享汽车这种"安全网"的功能,对于在避免交通排斥并在意外的交通中断时支撑可靠的运输具有潜在的重要性。

6.3　日本丰田市交通概况和 Ha:mo 项目

丰田市位于日本中部名古屋市外约 30km 处,因丰田汽车公司总部的坐落而闻名。这是一个中等城市,人口约 40 万。当地的经济和人口的通勤模式是由其附近的名古屋和丰田的制造业主导的。丰田市有一条直达名古屋的铁路,但由于当地铁路系统通达性有限,市内交

通以私家车为主。与公共交通占比更高的日本主要都市区不同,根据2011年的个人出行调查数据显示(Toyota City,2019),在丰田,汽车交通占72.9%,并呈上升趋势(2001年汽车占比下降了1.7%)。轨道出行只占该地区出行的7.6%。此外,在城市内部有公共交通系统,但其只占该地区出行的0.4%。第6.4节的图6-5展示了当地的公共交通,包括2条轨道线和7条主要公交线路。我们可以清楚地看到,城市的外围地区没有很好的公共交通服务。

为了改善当地的交通状况以及测试共享交通的需求,丰田公司在2012年推出了Ha:mo项目。在日本,该项目主要在东京、丰田和冲绳的一部分地区实施,近年来,在冈山和萩城也有试验运行。Ha:mo在泰国曼谷以及法国格勒诺布尔也有投入运营。日本目前运营的三个案例实现了在不同的环境下使用情况的比较,也就是说,在人口稠密的大都市环境下,公共交通状况良好(东京),在中等城市(丰田)以及旅游岛上,Ha:mo车辆主要用于机场和当地城区(冲绳)之间的运输。Ha:mo的详细信息也可以从他们的网页上查询:http://www.toyota.cojp/jpn/tech/its/hamo/。

除了在2012年至2013年对共享自行车进行了一次简短的试运营外,丰田市和日本其他地方的"Ha:mo RIDE"一直在使用的是小型电动车。这些"Coms"和"i-Road"车辆只能容纳一到两个人,它们的后备厢足够大,可以装一个小行李箱。它们简单而轻便的设计既是这些车辆的一个优点,也是它们的缺点。一方面,操作这些车辆非常简单,不需要复杂的介绍,且提供了与操作标准车辆不同的驾驶体验。另一方面,有限的空间显然限制了出行类型。这些车辆也没有暖气或空调,降低了它们在日本炎夏和寒冬时的吸引力。图6-1显示了丰田市和东京Ha:mo共享汽车的标志、使用的车辆类型和定价。用户每次使用前/后都需要为车辆插入电源或将电源拔下。在东京,这项计划是与当地一家停车场公司合作实施的,在选定的停车场内,车辆可以停放并充电。在丰田市,车辆也使用公共停车场,但停车场运营商不是正式的项目合作伙伴。在使用前的30min,通过手机应用程序就可预订车辆。截至2019年4月,共有60个专用车站、250个停车位和100辆车。值得注意的是,全市停车位分布不均。虽然丰田的一些地方并没有设置车站,特别是在中央车站周围以及在丰田公司附近,但有一些车站之间距离较近。

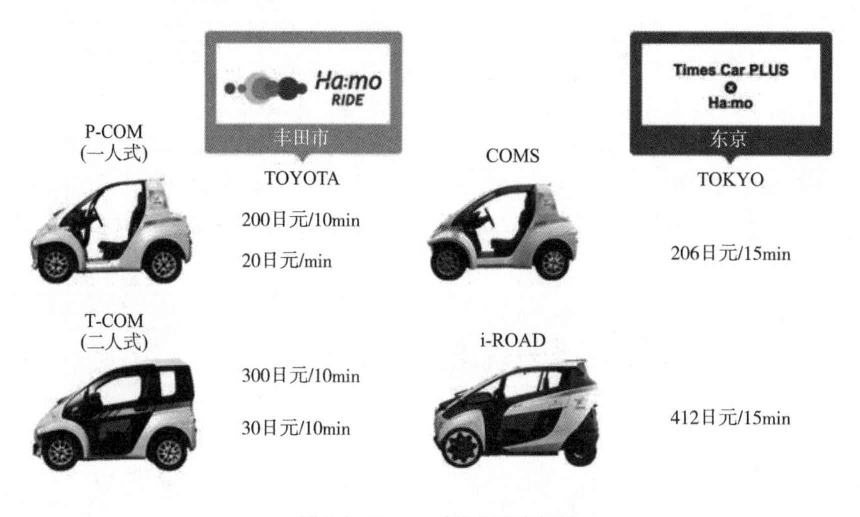

图6-1 Ha:mo共享汽车车辆

图6-2展示了运营商在丰田市推广的Ha:mo的理念。Ha:mo使用户能够行驶到公共交通车站点附近的专用停车场,并在Ha:mo的站点之间点对点出行,这些站点一般远离公共交通站点。确切地说,共享汽车是作为公共交通工具的替代品,还是在事实上促进了丰田公共交通的进一步使用,一直是推动这项研究的关键问题。

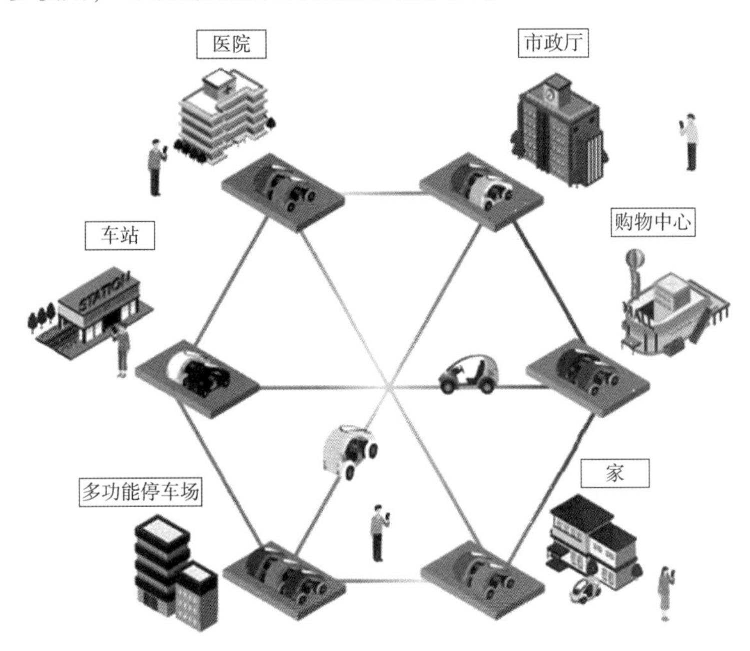

图6-2　丰田市Ha:mo出行网络的理念

图6-3显示了Ha:mo按时间划分的出行分布。工作日的使用高峰与典型的早晚通勤时间一致。Ha:mo在工作日的主要出行模式是上班族从日本其他城市前往丰田公司总部。他们乘坐火车到达丰田站,然后乘坐Ha:mo到丰田公司总部附近的几个停车场。周末的高峰在中午时段,因为主要用于私人出行。值得注意的是,90%的Ha:mo出行发生在工作日,只有10%发生在周末。因此,尽管存在此类出行,但图6-2中提到的Ha:mo用于购物和其他休闲活动的情况实际上仍相当少。在大多数情况下,Ha:mo用于通勤或与商务有关的出行。

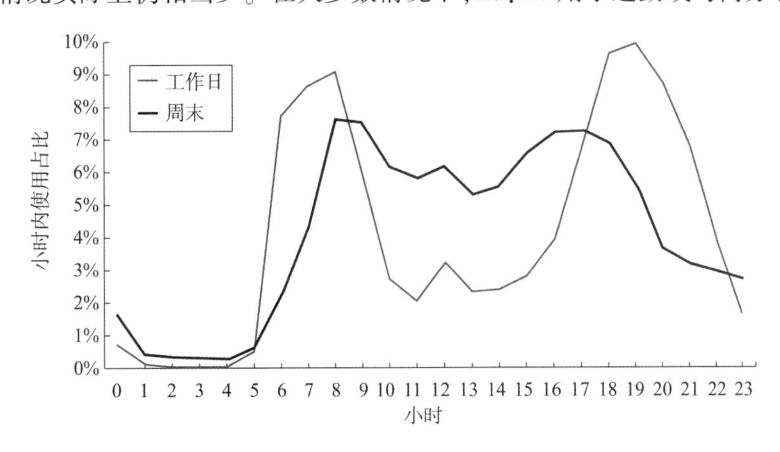

图6-3　Ha:mo按小时划分的出行分布(2014年4月—2017年3月)

图6-4显示了使用Kuwahara等人(2018)的方法对出行进行分类的结果。“多式联运”是主要方式,此处定义为居住在城外的用户既使用公共交通又使用单程共享汽车前往丰田市内的目的地。如果Ha:mo不存在,不知道其是乘坐私家车,还是依然使用公共交通,并在最后一段路途中乘坐出租汽车或公共汽车。此外,13%的Ha:mo出行是由本地用户前往或离开公共交通车站实现的。同样,虽然还不清楚乘客在Ha:mo之前使用的是哪种模式,但我们认为,在大多数出行中,Ha:mo是与公共交通合作使用的(分担了多式联运行程及进出公共交通车站的行程)。只有5%的出行是往返于Ha:mo停车场之间,在起始站和终点站都离公共交通车站很近的地方进行的。在这些地方,Ha:mo很可能会从公共交通供应商那里夺取部分市场份额。“辅助交通”是指始发地和目的地都不靠近公共交通车站的出行,因此,这些可能是替代出租汽车或私家车的出行方式,也可能会诱导需求。最后,我们发现,13%的出行是往返的,用户将车停在他/她取车的原点,可能在这期间完成一些附近的工作,因为Ha:mo的租用时间通常很短。

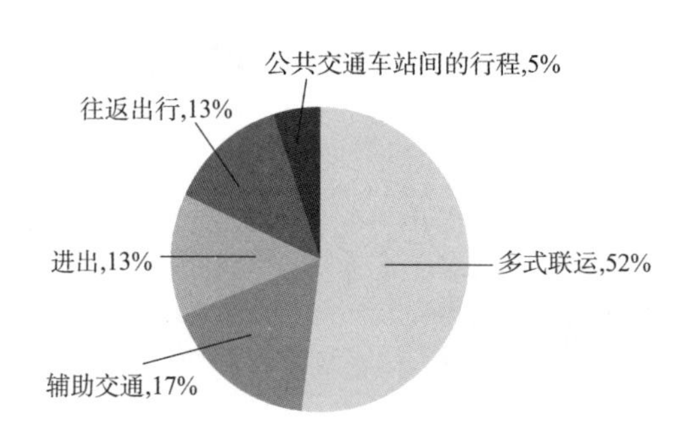

图6-4　Ha:mo的出行类型

6.4　有效指标的定义与案例研究规范

在这一背景下,我们回到评估共享汽车对当地交通改善的状况。我们将分析区域划分为空间网格,并考虑出行时间、预期等待时间、访问时间和票价来定义其可达性指标。对于进入时间,我们考虑的是到达共享汽车的车站和其他交通工具所需的时间。

公式(6-1)定义了场景s中在路径p上,从网格i到网格j的成本,其中第一项表示出行时间,第二项表示等待时间,第三项表示预期成本。如果路径p包括链路1,则$\delta_{l,p}^{S}$为1,否则为0。

第一项是以不同的方式获得步行链路的距离成本。我们在所有网格之间创建步行链路,并认为长距离步行比短距离步行的非线性程度更繁杂。公式(6-2)中所示的距离成本函数考虑了这一点,其中参数来自Nguyen和Yoshikawa(2016)。Nguyen和Yoshikawa测量了步行的能量消耗,并假设每min步行的物理阻力与步行距离相对应。由于人是越走越累的,这就体现在方程中的二阶项。我们用v^k来表示每种不同模式k的恒定行驶速度。

第二项描述了链路频率为f^k的公共交通线路的等待时间。参数α表示与利用飞机出行相比,乘客附加的等待成本。取值2,以Goodwin(1976)和后来的文献为例。

第三项中,参数β描述时间值,以便将票价也转换为时间。这里,我们取29.8日元/min(大致相当于20美元/h)的值,这是Kato和Hashimoto(2008)根据在日本进行的各种研究的荟萃分析计算得出的。

将路径中包含的所有链路的成本相加,即得到路径成本。参数的上标在这里表示选择集中是否包括共享汽车。也就是说,对于 $C_{ij,p}^{+}$,代表使用集合{步行,公共汽车,火车,共享汽车},对于 $C_{ij,p}^{-}$,代表排除共享汽车。我们应用了 Dijkstra 的最短路径算法得到最短路径的成本(包括“步行链路路径”)。我们注意到,对于交通网络相对简单的公共交通路径,可尝试寻找最短的超路径而不是最短路径。

我们进一步简化假设,即所有乘客都使用最短路径,且公共交通和道路上的拥堵忽略不计,以丰田市为例。在这个假设下,定义(逆向)可达性 A_{ij}^{S} 作为最小路径成本,如式(6-3)所示。由于共享汽车的存在,可达性改善为 AI_{ij}^{S},就如式(6-4)和式(6-5)中的比率。式(6-6)和式(6-7)表示式(6-4)的平均值,首先表示某个网格的可达性,然后表示整个交通网络的可达性。

$$C_{ij,p}^{S}=\sum_{l}\sum_{k\in S}\delta_{l,p}^{S}\left[f_k(d_l^k)/v^k+\alpha\frac{60}{2F_l^k}+\frac{1}{\beta}F_l^k\right] \tag{6-1}$$

和

$$f_k(d_l^k)=\begin{cases}0.00489(d_l^k)^2+1.0462(d_l^k),(k=\text{walk})\\ \\ d_l^k,(k=\text{bus},\text{train},CS)\end{cases} \tag{6-2}$$

$$A_{ij}^{S}=\min_{\mathrm{p}}[C_{ij,p}^{S}] \tag{6-3}$$

$$AI_{ij}=A_{ij}^{-}-A_{ij}^{+} \tag{6-4}$$

$$AR_{ij}=(A_{ij}^{-}-A_{ij}^{+})/A_{ij}^{-} \tag{6-5}$$

$$AI_j=\overline{AI_{ij}} \tag{6-6}$$

$$AI=\overline{AI_j} \tag{6-7}$$

下面用一个可以被看作丰田城市网络的抽象图来演示我们的方法,如图 6-5 所示。城市由 20 × 20 的网格组成,每个正方形网格的边长为 500 m(因此面积为 25 万 m^2)。该表显示出了公共汽车站、轨道站和共享汽车停车场。红色和蓝色方块表示两条不同线路的列车,浅绿色网格表示存在共享汽车。这种布局与丰田的实际布局大体一致。可以看到,网格空间的离散化也显著减少了共享汽车停车位的数量,因为正如前面所述,在同一网格中经常有多个站点靠近在一起。在一个网格内,我们将公共交通车站和共享汽车停车设施置于网格的中心,是根据现实情况,代表着通常共享汽车和公共交通之间的步行距离不远。

我们设定了公共交通的速度和等候时间以及人们的步行速度,见表 6-1。公共交通票价是根据日本常用的距离制定法来设定的,每 1.5km 收费 100 日元。首次乘坐轨道的票价定为 200 日元,路程每增加 3km,轨道票价就增加 50 日元。对于公共交通等待时间,可通过线

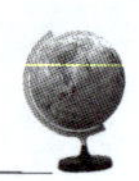

路频次得出,线路频次见表 6-1。如果有几条线路服务于同一个网格,可将频次整合,即隐蔽地假设了服务以相等的间隔时间到达。

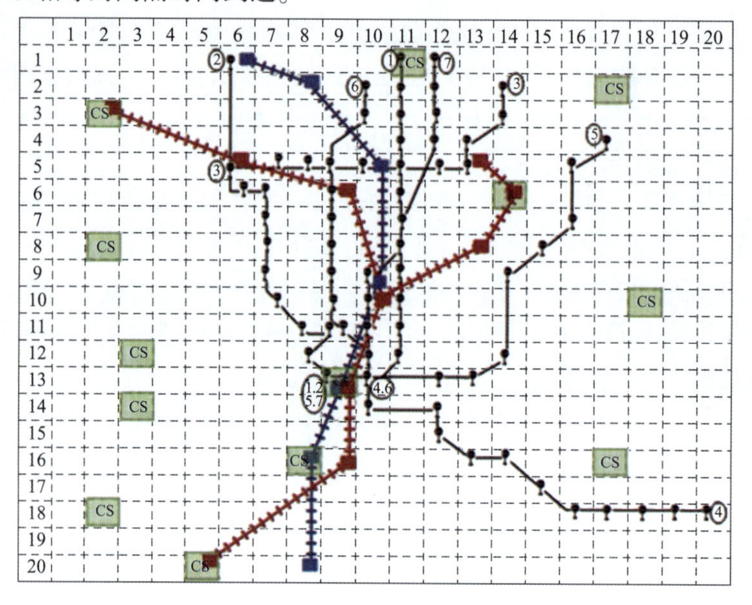

图 6-5 共享汽车站点的示例网格图

参数设置 表 6-1

参数	释义	参数	释义
d_{lm}	距附近网格的距离:500m	$f_{CS\ ij}$	CS 每小时频次:∞(无等待时间)
v^{walk}	步行速度:70m/min(4.2km/h)	$F_{walk\ ij}$	步行费用:0 JPY
v^{bus}	公共汽车行驶速度:300m/min(18km/h)	$F_{bus\ ij}$	公共汽车费用:100JPY/1.5km
v^{train}	轨道速度:1500m/min(90km/h)	$F_{train\ ij}$	轨道费用:3km 以内:200JPY,3～6km:250JPY,6～9km:300JPY,9km 以上:350JPY
v^{CS}	共享汽车速度:500m/min(30km/h)		
$f_{walk\ ij}$	每小时步行频率:∞(无等待时间)	$F_{CS\ ij}$	CS 费用:206JPY/15min(206JPY/7.5km)
$f_{bus\ ij}$	公共汽车每小时频次:1 路:1,2 路:1,3 路:1,4 路:1,5 路:0.5,6 路:0.5,7 路:1	α	等待时间相对于移动时间的时间值:2
		β	时间价值:29.8JPY/min
$f_{train\ ij}$	火车每小时频次:红线路:2,蓝线路:2		

译者注:CS 为共享汽车(Car Sharing 的简称)。

6.5 得出的可达性指数

鉴于图 6-5 所示的共享汽车停车位的布局,下面举例说明可达性的改进。图 6-6 显示了无共享汽车(左)和有共享汽车(中)两种情况下全网可达性值以及具体网格的可达性。为了更好地说明差异,我们添加了右边的数字,其中三个数字存在比例上的差异,如场景 A⁻中的值通常更大,表示在没有共享汽车的情况下,可达性较低。

从引入共享汽车之前的结果来看(图 6-6),总体上,轨道沿线的可达性要好得多。相比之下，只有公交线路服务的地区（或远离公共交通的区域），可达性较差。原因是公共汽车的服务质量较低。在图6-6的左图中可以更清楚地看到轨道线的“影响范围”以及较低程度的公交线路的“影响范围”。以可达性为中心的分析表明，影响范围是由与站点/车站的距离及其和服务质量的相互作用共同决定的。

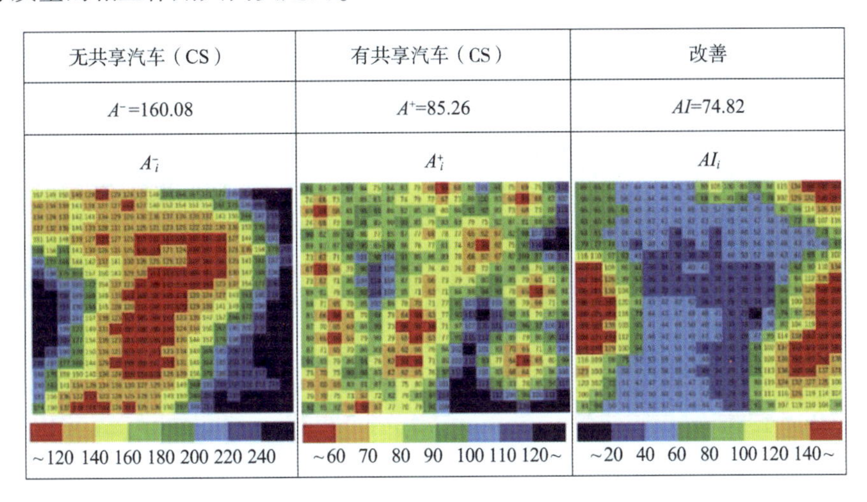

图6-6　得出的可达性指数 A,AI,AI_i

参考目前共享汽车的成果可以看出，在引入共享汽车停车场的地点周围，网格周围良好的可达性得到扩大，并清晰可见。此外，值得注意的是，与靠近公共交通车站的网格相比，外围网格的可达性有了很大提高。

图6-7说明了在始发地到目的地（以下简称OD）之间的最短路径上行驶时使用的“出行方式划分”。左图显示了实行汽车共享之前的出行结构，20%的OD对最佳出行方式是步行，而剩下80%的OD对至少涉及一条公共交通线路。右侧两图显示了共享汽车出现后的出行结构，按OD对划分，其中公共交通（中间）和仅步行是首选模式（右侧）。

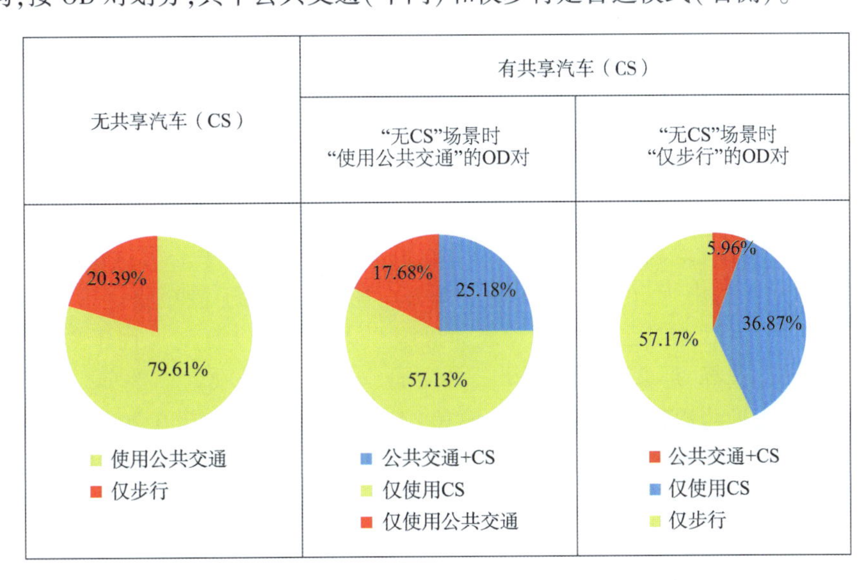

图6-7　引入共享汽车前后，在最短路径上使用某一模式的OD对的百分比（总体）

结果表明,对于大量的 OD 对,全程使用共享汽车是最佳的出行选择。在之前使用公共交通的 OD 对中,大多数也会这样选择(使用共享汽车);在之前仅使用步行的 OD 对中,仍有大约 30% 的 OD 对这样选择。这说明共享汽车有可能取代不便利的公共交通服务。此外,即使在这个相对较小的城市,也有相当大的范围用于共享汽车与公共交通接驳协作。

诱导旅客使用共享汽车而不是公共交通工具可以创造更多的交通流量,但从社会福利的角度来看,这可能并不可取。为了提供有关这种权衡的更多信息,我们绘制了图 6-8,画出“转换”的 OD 对所降低的成本。可以看到,在许多 OD 对中,成本的降低是显著的,即证明了共享汽车的存在是合理的。

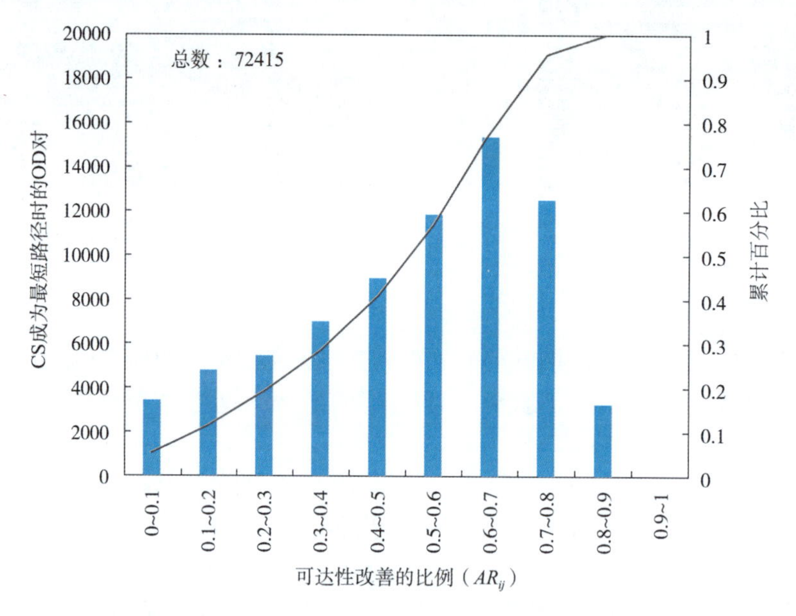

图 6-8 共享汽车成为最短路径时 OD 对的可达性改善情况

最后,为了进一步说明共享汽车和公共交通的协作方式,我们讨论了网格中某一特定区域的情况。为此,我们选取共享汽车出现后开始使用公共交通的人数最多的区域网格 193 为例。

图 6-9 以与图 6-6 相同的方式表述了结果,区域图显示了 $AI_{193,j}$,即其与网络中所有其他网格的可达性的改善情况。这幅图说明,在出现共享汽车之前,来自这一网格地区的旅客到达城市中心和轨道沿线地区已经很方便。因此,共享汽车对城市中心可达性的影响也很小。相反,前往周边地区的出行有了显著改善。如图 6-10 所示,对于最短路径模式发生变化的 OD 对,实际上不存在仅由共享汽车自身成为最吸引人模式的 OD 对。由于邻近公共交通,如果步行不是最佳选择,那么可以先乘坐公共交通,在需要时换乘共享汽车。本案例说明了共享汽车和公共交通可以进行合作而不是竞争。

我们还对等待时间价值(参数 α)和时间价值(参数 β)进行了一系列敏感性分析。如果 α 减少,那么只有公共交通变得更有吸引力;随着 β 的变化,人们可以理解不同时间价值对不同人群的影响。另外,文献中很少讨论的一点是包含非线性步行出行成本的情况。因此,我们也测试了减小这一因素影响的效果。如果步行成本降低,可以认为交通网络更密集,因为共享汽车和公共交通都很容易到达。

无共享汽车(CS)	有共享汽车(CS)	改善
A^-_{193}=120.39	A^+_{193}=87.81	AI_{193}=32.58
A^-_{193i}	A^+_{193i}	AI_{193j}
~20 40 60 80 100 120 140~	~20 40 60 80 100 120 140~	0 ~20 40 60 80 100 120~

图 6-9　OD 对 193 的可达性改善情况

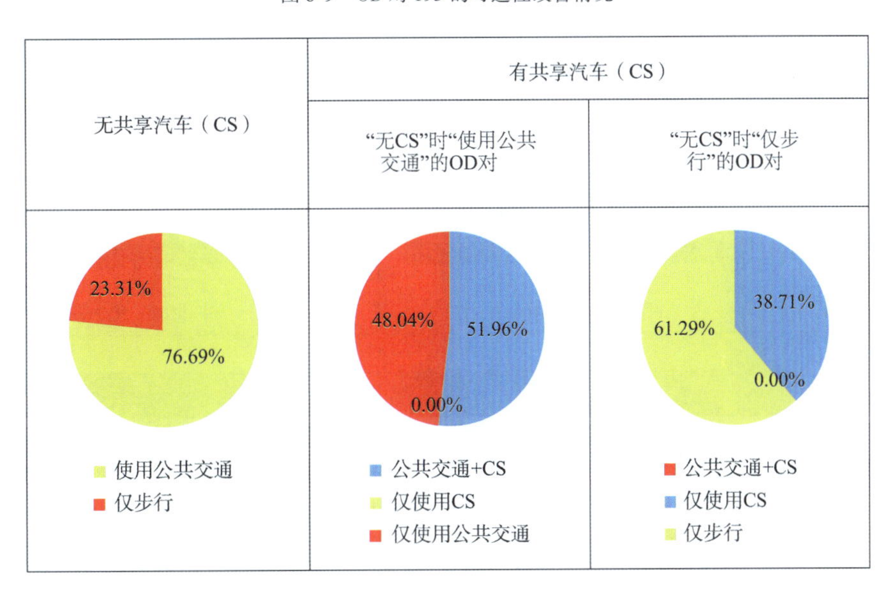

图 6-10　引入共享汽车前后,使用各种交通模式的 OD 对的百分比(网格 193)

图 6-11 显示出等待时间价值的影响会根据是否存在对步行的物理阻力而显著不同。此外,时间价值与可达性改善之间的相关性是反向的。通过图 6-12 进一步调查发现,如果步行成本降低,使用公共交通 + 共享汽车的情况则会少得多。这是合理的,因为共享汽车不需要作为进出公共交通站点的方式,此外,在步行成本较低的情况下,显然有更多的 OD 对会采用全程步行的出行方式,因此,如果加上共享汽车,相对而言,转换的 OD 对更多是来自仅步行的关系池。

我们进一步观察到,随着等候时间的减少,同时使用公共交通和共享汽车的多式联运出行的情况会增加。同样,如果时间价值增加,步行出行将会减少,共享汽车和多式联运出行将增加,因为乘客不太关心票价。

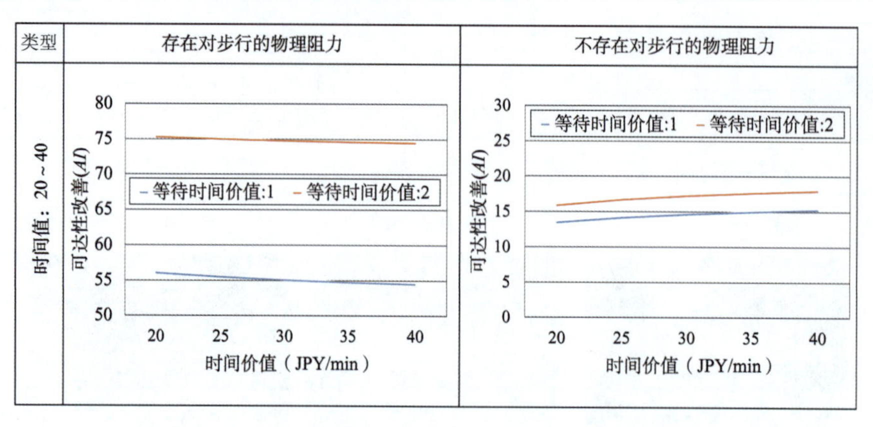

图 6-11 关于 α,β 和步行成本的敏感性

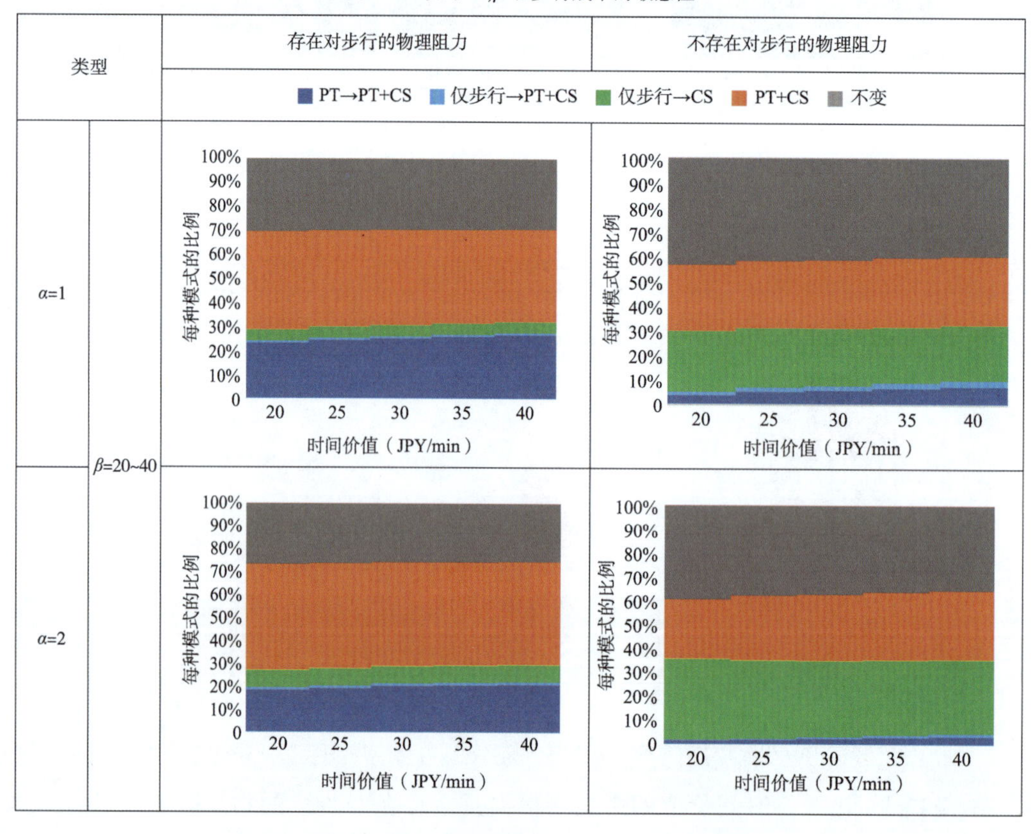

图 6-12 关于 α,β 和步行成本的"模态分析比例"的变化

6.6 最佳停车位布局和停车位数量

通过推导停车场的位置,可最大限度地改善区域的可达性。考虑到与停车位相关的安装和运营成本,有必要进一步探讨停车位的数量问题。因此,我们推导出了在式(6-9)的条件下求解式(6-8)的启发式算法,其中 δ_i^{CS} 表示网格 i 中是否有停车站,ns 表示城市中的停车站总数。

$$\max[AI] \tag{6-8}$$

$$\sum_{i} \delta_i^{CS} = ns \tag{6-9}$$

由于这个组合问题是非确定性多项式困难问题，我们用遗传算法(GA)求解。为了简洁起见，我们省略了遗传算法的细节，但我们找到了一个两步的方法来达到求解的最佳效果。在第一步中，我们从一系列随机起始点中获得五个近似最优解；在第二步中，我们使用这五个解来获得最终解。每个GA“染色体”由一组400个的二进制“基因”组成，这些基因表示该网格是否有共享汽车站。在第一步中，我们只通过突变创造新的基因(保持一项的总数不变)。在第二步中，我们主要利用第一步得到的五个解之间的交叉来进一步改进解。

首先，为了使我们的案例研究具有可比性，我们选择了13个停车站作为案例的最优结果。图6-13将图6-5中给出的解与通过GA方法找到的最优解进行了比较，可以看到优化的主要效果是消除了可达性差的区域(深蓝色)，而在优化之前可达性相当好的区域几乎没有变化。图6-14展示了最终结果的停车场布局，是我们进行GA第一步后找到的五个最优解和第二步后的最终解的结果，第二步的解实际上与上一步相同，这意味着第二步没有进一步改善结果。我们可以观察到，类似的布局在很大程度上导致了相似的可达性。在所有情况下，布局设计都是Ha：mo车站的一种混合，它们处在周边地区以及靠近公共交通车站的地方，因为这样才能进行多式联运的出行。仔细观察结果可以发现，在所有的解决方案中至少存在一个毗邻两个轨道站点的停车场。

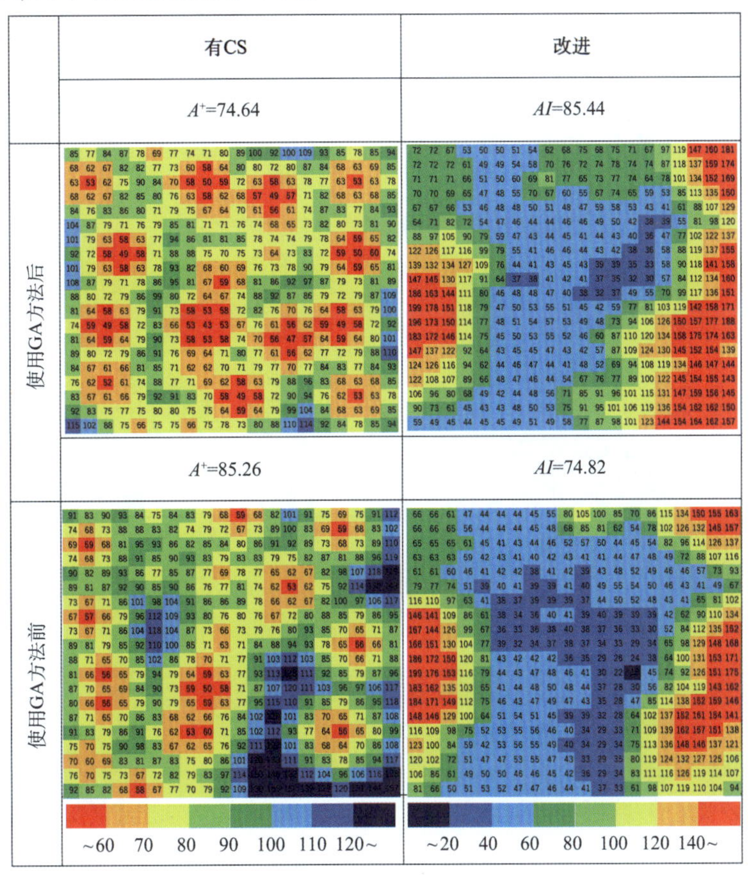

图6-13　使用GA方法前后的可达性对比

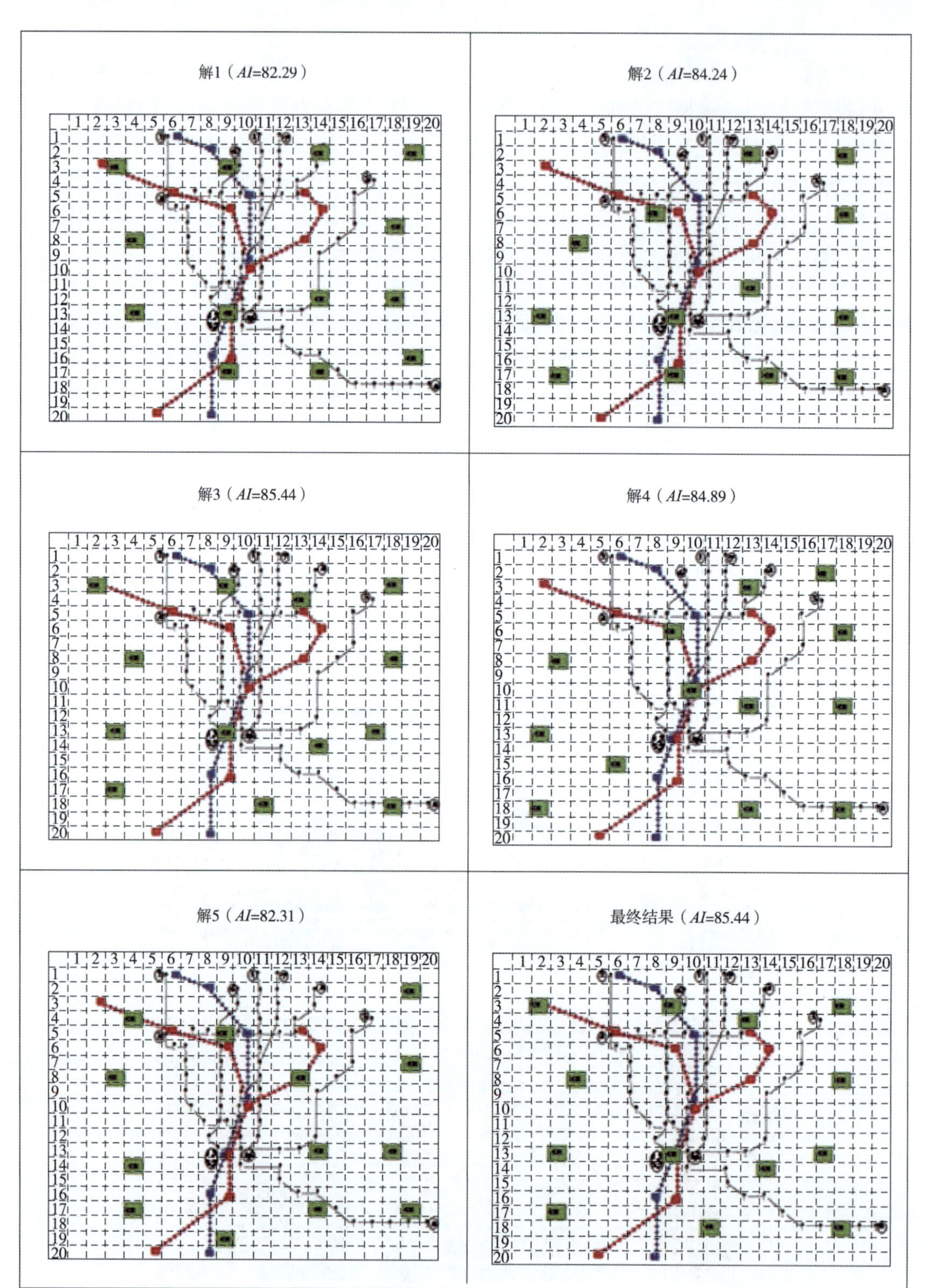

图6-14　经过步骤1优化后，得到13个停车场的5个最佳结果，以及再次运行GA后得到的最终结果

下面通过在优化问题中改变停车场的数量,来观察增加的停车位对可达性的边际影响。显然,对于极少数的停车位,可达性改善很小,但如图6-15所示,在5~25个范围内,每增加一个停车场都会显著提高可达性。如果停车位的数量超过这个数字,由于饱和效应以及多模式出行吸引力减少,边际改进就会减少。

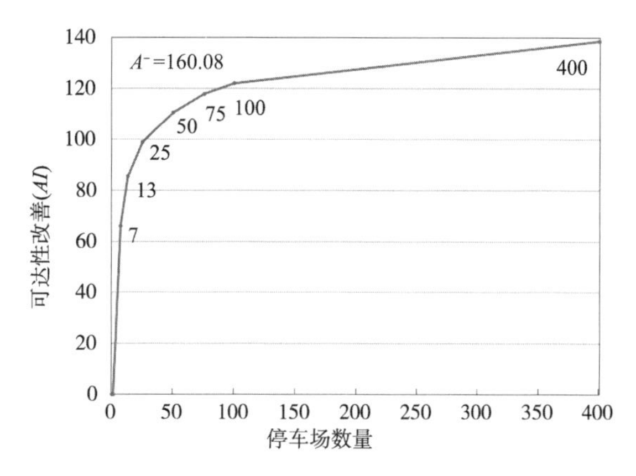

图6-15　停车场数量变化下GA最优解的可达性改善情况

6.7　结论

在这项研究中,我们首先讨论了共享汽车在日本的作用,由于运营和可能的文化原因,共享汽车在日本还处于起步阶段。Ha:mo是正在运营中的少数项目之一,它使用的是单座和双座的电动汽车。在日本推进和支撑城市共享汽车的关键因素是,它在公共交通服务普遍良好的城市中所起的作用。因此,我们基于OD之间的广义成本来分析其影响,并不考虑需求模式来分析其对区域可达性的影响,并避免共享汽车对改变需求模式的影响程度的问题。然而,如果想了解共享汽车运营商的潜在客流量和利润,这一步作为工作方向,也是必需的。如果需求模式已知,则还必须考虑某一特定车站可用车辆的数量。由此,人们不仅可以考虑停车场的数量,还可以考虑给定车辆在这些停车场上的分布情况,从而推进进一步发展。

本章的分析中强调了共享汽车在公共交通中的作用。结果表明,共享汽车可以被视为现有公共交通网络的竞争对手,但也可以是合作者。一方面,共享汽车有可能替代使用公共交通不便的出行;另一方面,我们发现大量OD对中最好的出行服务,是通过同时使用共享汽车和公共交通的多式联运来实现的。且即使没有综合定价概念等票价政策来进一步鼓励此类出行,最终情况也是如此。因此,一个设计良好的共享汽车方案有可能降低公共交通网络的公共成本,当然,共享汽车只能由有驾驶能力的人群使用。同时,上述分析同样可以应用于共享自行车,因为除参数设置需改变外,研究方法基本可以保持不变。

本章的分析中,考虑到步行成本随距离的非线性增加,我们特别关注进出公共交通和共享汽车站点的成本。通过分析发现,一旦忽略这个问题会导致更多的步行情况并高估多模式最短路径的数量。我们还讨论了网络中停车位安排的最佳布局,说明了拥有混合的周边/中央停车场布局的重要性。即在轨道站点附近提供共享汽车服务,对提高点到点的出行服务质量非常重要。我们进一步证明,以可达性为重点的分析可以模拟每个公共交通车站和

共享汽车车站的影响范围。因此,下一步的工作是根据共享汽车站点在整个共享车网络中的重要性对其进行分类。

本章参考文献

Boisjoly,G.,El-Geneidy,A.,2017. How to get there? A critical assessment of accessibility objectives and indicators in metropolitan transportation plans. Transport Policy 55,38-50.

Boyaci,B.,Zografos,K.,Geroliminis,N.,2015. An optimization framework for the development of efficient one-way car-sharing systems. European Journal of Operational Research 240(3),718-733.

Cervero,R.,Tsai,Y.,2004. City CarShare in San Francisco,California:second-year travel demand and car ownership impacts. Transportation Research Record 1887(1),117-127.

Duncan,M.,2011. The cost saving potential of carsharing in a US context. Transportation 38(2),363-382.

Fan,W. D.,Randy,B. M.,Lownes,N. E.,2008. Carsharing:dynamic decisionmaking problem for vehicle allocation. Transportation Research Record:Journal of the Transportation Research Board 2063,97-104.

Goodwin,P. B.,1976. Human effort and the value of travel time. Journal of Transport Economics and Policy 10(1),3-15.

Hara,Y.,Hato,E.,2014. Design of tradeable permit mechanism for mobility-sharing and its solution algorithm. Proceedings of the Japan Society for Comparative Endocrinology(4),198-210.

Kato,H.,Hashimoto,T.,2008. Mata-Analysis on Value of Travel Time Savings in Japan,vol. 38. Japan Society of Civil Engineers(In Japanese).

Kek,A. G. H.,Cheu,R. L.,Meng,Q.,Fung,C. H.,2009. A decision support system for vehicle relocation operations in carsharing systems. Transportation Research Part E:Logistics and Transportation Review 45(1),149-158.

Kumar,V. P.,Bierlaire,M.,2012. Optimizing locations for a vehicle sharing system. In:Swiss Transport Research Conference. Available from No. EPFL-CONF-195890,https://transp-or.epfl.ch/documents/proceedings/Kumar_ STRC_2012.pdf.[Accessed June 2019].

Kuwahara,M.,Yoshioka,A.,Honma,Y.,Uno,N.,Nakamura,T.,Schm öcker,J.-D.,2018. Analysis of trip types when one-way car sharing is used within a trip chain. Japanese society for civil engineering. Journal D3 74(5),I_1187-I_1195. https://doi.org/10.2208/jscejipm.74.I_1187(In Japanese).

Martin,E. W.,Shaheen,S. A.,2011. Greenhouse gas emission impacts of carsharing in North America. IEEE Transactions on Intelligent Transportation Systems 12(4),1074-1086.

MLIT,2006. About The Spread of Carsharing(カーシェアリングの普及について). Available from:http://www.mlit.go.jp/singikai/koutusin/koutu/kankyou/9/shiryou3-3.pdf(In Japanese).

MLIT,2014. About the Handling Pertaining to the Implementation of So-Called One-Way Car Rental Car Sharing. Available from: http://www. mlit. go. jp/report/press/jidosha03 _ hh _ 000176. html(In Japanese).

Nguyen,L. ,Yoshikawa,T. ,2016. A method for quantitative evaluation of urban pedestrians accessibility by public transport. The Architectural Institute of Japan's Journal of Architecture and Planning 81,1579-1588,725.

Páez,A. ,Scott,D. A. ,Morency,C. ,2012. Measuring accessibility:positive and normative implementations of various accessibility indicators. Journal of Transport Geography 25,141-153.

Shaheen,S. A. ,Cohen,A. P. ,2013. Carsharing and personal vehicle services:worldwide market developments and emerging trends. International Journal of Sustainable Transportation 7(1), 5-34.

Shaheen,S. ,Chan,N. D. ,Micheaux,H. ,2015. One-way carsharing's evolution and operator perspectives from the Americas. Transportation 42(4),519-536.

Toyota City,2019. Report of Person Trip Survey Data. Available from. http://www. city. toyota. aichi. jp/_res/projects/default_project/_page_/001/005/143/01pdf(in Japanese).

Wakabayashi,Y. ,Hato,E. ,Saito,I. ,2013. A port location problem in one-way car-sharing systems focused on demand distribution. Papers of Research Meeting on Civil Engineering Planning 48(In Japanese).

Wakabayashi,Y. ,Hato,E. ,Saito,I. ,2014. Optimization pricing of one-way car sharing systems with demand and supply uncertainty. Papers of Research Meeting on Civil Engineering Planning 49.

Weikl,S. ,Bogenberger,K. ,2013. Relocation strategies and algorithms for free-floating car sharing systems. IEEE Intelligent Transportation Systems Magazine 5(4),100-111.

Wielinski,G. ,Tre'panier,M. ,Morency,C. ,2019. Exploring service usage and activity space evolution in a free-floating carsharing service. Transportation Research Record:Journal of the Transportation Research Board 2673(8),36-49.

第7章　从交通智能卡数据中探索时空结构用以个体出行建模

Zhan Zhao[1], Haris N. Koutsopoulos[2], Jinhua Zhao[3]
1. 美国,马萨诸塞州,剑桥市,麻省理工学院,土木与环境工程系;
2. 美国,马萨诸塞州,波士顿东北大学,土木与环境工程系;
3. 美国,马萨诸塞州,剑桥市,麻省理工学院,城市研究与规划系

7.1 引言

随着人们对交通拥堵、车辆排放等城市问题的日益关注,城市交通治理能力对于城市的日常运行和人们的生活质量变得越来越重要。虽然对时空格局的集体分析(即集中于大规模人口的总体统计)揭示了城市出行需求的宝贵属性,但我们也应该关注个体层面。集体属性产生于个体的行为。城市出行本质上是多样性的个体作出的时空选择(例如决定在某个时间去某个地方)的结果,这些个体具有动态偏好和不同的生活方式。更好地理解个体出行的行为机制,有助于设计有效的措施来监管、预测并最终影响出行行为。然而,对个体层面的分析更具挑战性,因为数据更稀疏,且行为变化性的影响更为突出。这就要求开发稳健的统计模型,既能够揭示个体的出行模式,又可使用可用的出行数据源解释行为的可变性。

从个体层面上对人类出行的探究有两个研究领域。出行行为研究,主要以微观经济学理论为基础,侧重于个体出行的决策过程。收集关键决策变量的数据通常是必需的,例如个人社会经济特征,包括年龄、性别、职业和收入。然而,众所周知,出行行为是动态的,随着个体的不同而变化,并且随着时间的推移,同一个人的行为也会发生变化(Huff and Hanson, 1986; Pas and Koppelman, 1987; Schonfelder and Axhausen, 2010)。虽然传统的横断面数据,例如出行日记调查,可以捕捉不同个体之间多样化的出行模式,但它们通常没有足够大的样本量和采样频率来获取大量个体在时空选择中的纵向变化。

城市传感技术的最新发展为大规模和长时间地收集个体出行痕迹提供了机会。新的出行数据源,如蜂窝网络数据和交通智能卡记录,能够对个体出行中的行为动态性进行详细可靠地测量。随着新出行数据的可用性不断增强,个体出行成为一个新兴的研究领域,且该领域重点在于揭示支配人类运动的属性。个体出行研究的一个主要目标是建立能够捕捉个人轨迹的时空模式和规律性的模型,这在城市规划、交通预测、基于位置的服务以及生物和移动性病毒的传播等领域都有重要应用(Barbosa-Filho et al., 2017)。

虽然这两个研究领域有着共同的兴趣点,但他们的研究重点不同,使用的术语和方法也不同。当新的出行数据变得越来越流行时,行为框架在面向用户的应用程序(如用户化的旅游信息和旅游需求管理)中仍然是有用的。将这两个研究领域结合起来的关键,是将出行行为研究中的行为概念与个体出行建模中的分析方法相结合。这就需要新的统计方法,以便能够随时间变化从时空观察中发现行为结构。

出行行为表现出一定程度的规律性,它描述了个体的时空选择随时间重复的程度。根据基于活动的出行理论,出行行为至少在某种程度上是由随时间反复出现的偏好、约束和需求决定的(Kitamura and Hoom,1987)。尽管这种详细的行为解释,例如为什么有人在某个时间去某个地方,通常不能直接观察到,但纵向的时空数据本身通常包含大量的结构特点(Eagle and Pentland,2009)。随着时间的推移,跟踪个体出行的能力使得从数据中提取重复出现的时空结构成为可能,并能够更好地理解潜在的行为机制,即人们的时空选择是如何产生的。

要对个体出行进行建模,关键是要捕捉产生时空选择的行为机制。本章介绍了先进的个体出行模型的最新发展,该模型可以从纵向出行数据中提取出有意义的结构特点,来指导在个人出行活动行为中的时空选择。第7.2节,介绍了个体建模的一般概念框架,第7.3节讨论了新兴的出行数据源的不同类型及其特征,第7.4节描述了基于Zhao等人(2018a,b,c)研究的三个具体的案例分析,第7.5节讨论了方法选择,第7.6节讨论了未来可能的工作。

7.2　个体出行建模的概念框架

我们生活中的时空可以细分为出行和活动参与的事件。出行事件,或旅行,被定义为"为执行某一活动而从出发地到达目的地所需的移动"(McNally,2007),活动事件是指在一个地点的离散的活动(分配给活动的时间)(Bhat and Koppelman,1999)。根据定义,每次出行之后都会有一个活动事件。出行和活动事件都是时空行为的基本组成部分,其特征是由个人选择若干属性。长期以来,人们一直认为活动是出行需求的基本驱动力;出行通常源于在特定时间和地点参加某项活动的需要。因此,捕捉活动事件的能力对于理解个体的出行模式至关重要。随着出行数据的日益丰富,直接观察每个活动事件的时间和位置相对简单。活动的类型还有待推断,如工作、家庭或娱乐消遣。以基于活动的出行行为框架为基础,活动的选择不仅影响活动事件(如持续时间)的时空选择,还会影响前一次出行(如目的地)的时空选择。

出行行为的动态性和稳定性之间存在着一种持续的联系。这种联系可以在不同的层次上加以考察。具体的出行或活动事件每天都在变化,但潜在的行为模式保持不变。在更高的层次上,出行/活动模式描述了一段时间内出行/活动实例的结构特点;每个模式对应于一组指示特定选择的偏好和约束。虽然短期内是稳定的,但这些模式也会在几个月或几年内发生变化,这有助于长期行为动力学的发展。当发生搬家、换工作、轮班、购买新车/自行车或任何其他可能改变其出行和活动惯例的生活事件(例如孩子上学)时,个体出行/活动模式可能会发生变化。从长期来看,一个动态的出行/活动模式是指随时间而变化的出行/活动模式。

总体的概念框架如图7-1所示。出行和活动实例,或者至少是它们的时空属性,可以在

数据中直接观察到。大多数现有的关于个体出行建模的工作,都集中在从这些观测数据中提取短期的出行模式。例如,使用美元钞票追踪(Brockmann et al. ,2006)和手机数据(González et al. ,2008)的研究发现,出行距离和活动持续时间都可以用厚尾分布来表征。另一方面,关于出行需求建模的研究,特别是基于活动的建模,已探讨了活动安排行为背后的决策过程及其对时空选择的影响(Axhausen and Gärling,1992;Bowman and Ben-Akiva,2001;Rasouli and Timmermans,2014)。然而,这些研究依赖于出行和活动调查数据来提供带标记的每日出行/活动路线,因此不能直接应用于只有时空观测的人类出行数据源(即没有关于特定活动类型的信息)。本章旨在展示我们如何通过探索潜在的活动模式和长期行为动力学来扩展个体出行模型的功能。

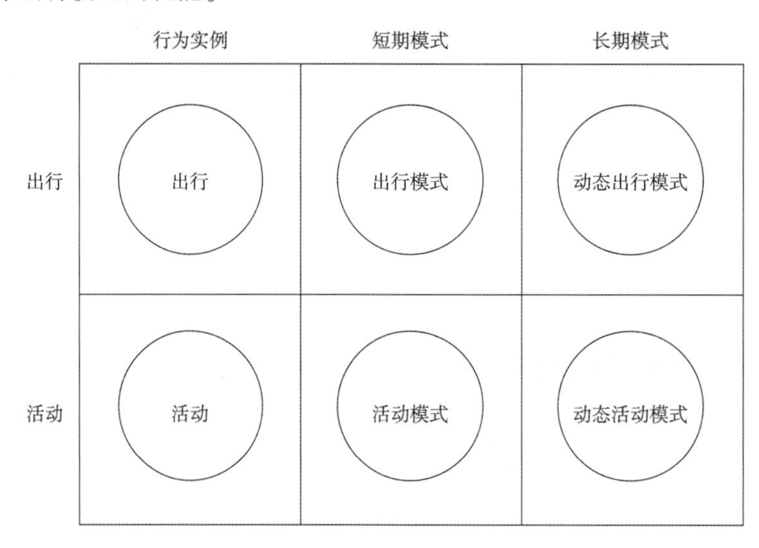

图 7-1 相关概念的总结

7.3 新兴的出行数据

7.3.1 出行数据概述

多年来,经验模型和技术工具都是根据当时可用的数据开发出来的。从传统的四阶段模型(McNally,2007)到最近的基于活动的模型(Axhausen and Gärling,1992;Rasouli and Timmermans,2014),这些经典出行行为模型都是基于主动收集的数据开发的,包括出行调查、与全球定位系统(GPS)记录器相结合的出行调查以及纯全球定位系统(GPS)调查(Chen et al. ,2016)。所有这些调查都依赖于对受试者和他们出行信息的积极招募。因此,这些数据包含了出行以外的更丰富的行为和个人信息,如日常活动和社会经济特征,但在样本量、观察周期和时空信息的精确度方面有一定局限性,这使得研究者很难捕捉到不同个体的不同行为模式,尤其是个体的纵向变异性。

近年来,随着个体交通的大规模数据集的可用性增加,个体出行作为一个研究领域已经成为可能。与出行行为研究不同,出行研究通常侧重于单个轨迹的物理和数学特性,目标应用超出了交通运输领域。最常用的数据源是移动电话网络数据(Pappalardo et al. ,2015;

Schneider et al. ,2013;Song et al. ,2010;Eagle and Pentland,2009;González et al. ,2008)。其他数据源,如GPS(Zhao et al. ,2015)、WiFi(Sapiezynski et al. ,2015)和社交媒体数据(Colombo et al. ,2012;Hasan et al. ,2013),也可以通过带有各种传感器和应用程序的移动电话进行收集。这些数据源的一个共同特点是,它们是由非运输活动生成的,不能直接解释为出行行为。例如,移动电话网络数据由蜂窝网络活动生成,包括语音呼叫、文本消息、蜂窝数据活动及蜂窝塔台切换。因此,在电信和出行行为之间搭桥需要一个关键的映射。这并不简单,因为这两种类型的行为都是由相互关联但又不同的个人偏好驱动的(Zhao et al. ,2016)。在本章中,我们将这类数据称为外部出行数据。外部出行数据通过对一个人随时间变化的位置信息进行抽样来捕捉个人的流动性。对于一个给定数据源,其特定采样过程由其数据生成事件决定。在这种数据收集机制下,个体的出行被表示为一系列的目击事件;每个事件都与特定的位置和时间戳相关联。目击事件没有任何明显的与出行相关的意义,可能发生在一次行程(即通过点)或活动事件(即停留点)期间。人们就从这些目击事件推断活动/出行已经进行了许多研究(Ahas et al. ,2010;Candia et al. ,2008;Calabrese et al. ,2011;Iqbal et al. ,2014;Alexander et al. ,2015)。但是,除非采样频率很高[例如全球定位系统(GPS)数据],重现一次出行(或活动事件)的方方面面,尤其是它的开始和结束时间,将非常具有挑战性。

另一方面,内部出行数据,例如交通智能卡数据(Goulet-Langlois et al. ,2016;Zhong et al. ,2015;Hasan et al. ,2012)和共享自行车数据(Purnama et al. ,2015),可以直接从城市交通运输系统中收集。与外部出行数据不同,内部出行数据是由出行事件生成的,每个事件都带有记录,通常指示行程(或行程段)的开始或结束。因此,内部出行数据作为出行(或行程段)的集合提供了关于个体出行的直接信息,这种表示方式与出行行为研究中使用的更相容。这就有可能将出行行为分析领域的概念和问题与个体出行领域的术语和方法整合到一个单一的框架中。其结果对这两个领域都是有价值的。对于出行行为研究而言,内部出行数据的特性,使得长期大规模地研究出行行为的多样性和动态性成为可能。对于个体出行研究,综合框架可以提供更深入的行为洞察力,以解释随时间和空间观察到的物理运动。此外,由于高质量的外部出行数据[例如全球定位系统(GPS)数据]通常对他们不可用(至少不是实时的),运输服务提供商只能依赖于可用的内部出行数据,尤其是对于实时应用。

7.3.2　伦敦轨道客运网络中的交通智能卡数据

在本章中,我们将重点介绍一类内部出行数据,即交通智能卡。它在研究和实践中都被广泛应用,主要用以了解乘客如何使用公共交通运输系统在城市中移动。由于每个交通运输系统都有所不同,我们以在伦敦轨道客运网络收集的使用匿名的数据为例进行深入研究。交通智能卡,被称为牡蛎卡,是大伦敦地区公共交通中使用的一种电子车票形式。它由伦敦交通局(TfL)发布和管理,适用于整个伦敦的公共交通方式。一个人可能拥有多张卡,而一张卡片也可能由多人共享,但是这种情况不易辨别。通常我们假设每个智能卡对应一个单独的个体。伦敦的公共交通运输系统由几种交通方式组成。由于票价结构的不同,我们的重点仅限于轨道系统,包括伦敦地铁、地上铁路、码头区轻轨(DLR)以及大伦敦地区的部分国家铁路。伦敦轨道服务的票价结构是一体化的,按区段定价。出行的价格取决于起讫区。因此,出行者在进入网络时会生成一个交易,当他们离开时产生另一个交易。

这些数据可以直接获取每次出行的始发站、出发时间、目的站和到达时间。如图 7-2 所示,是从数据中获取的一个人在一周内的出行路线图。每个彩色矩形代表唯一的站点,它们之间的箭头表示一次出行。请注意,在某些情况下,一次出行的出发地可能与前一次旅行的目的地不同,例如星期五的第一次出行。

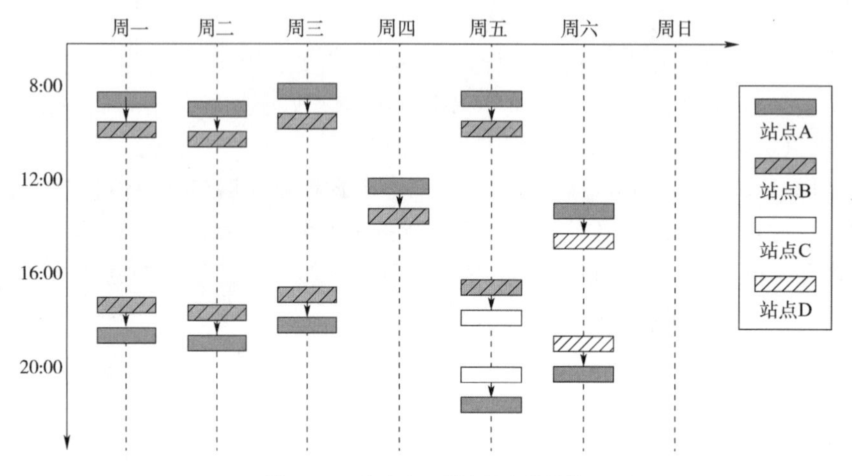

图 7-2　一个人在一周内的出行路线

由于起点和终点记录的是车站,因此位置变量只能采用离散值,例如车站 ID。相反,时间变量可以被视为连续的,因为它是以秒为单位测量的。然而,根据问题和模型假设,将时间视为离散变量可能更灵活且计算方便。通过将时间离散成一系列间隔(例如 24h 的间隔),可能得到任意形状的近似分布。或者,我们可以考虑使用多个正态分布的混合模型来模拟时间分布。根据问题的不同,人们的时间行为可以用不同的方式表现出来。

不过,交通智能卡的数据只能捕获到轨道交通网络中个体出行的一部分。基于其他模式(包括公共汽车)的行程或行程段不能被直接观察到。这是该特定数据集的一个基础性缺陷,它凸显了许多其他内部出行数据源所共有的一个普遍问题。内部出行数据通常是模式特定的或网络特定的,因此只能获取个体总体出行模式的子集。然而,只要子集是一致的,它仍然可以提供一个窗口,通过这个窗口,可以观测个体出行模式。

7.4　新的研究机会

虽然被动收集的人类移动数据,如交通智能卡数据,现在已经很容易获得,但我们仍然需要新一代的统计模型或数据挖掘工具,以充分利用这些数据的潜力,揭示以物理时空观测为基础的动态和可解释的行为模式。关键是要在模型中反映数据的特征,包括突出它们的优势(例如长观察期)以及管理它们的局限性(例如缺乏活动信息)。

本节阐述了作者在开发统计方法方面的研究,包括从个体层面的纵向出行记录中提取有意义的出行/活动模式和行为见解。具体来说,我们着重研究了与个体出行中时空行为结构相关的三个问题:下一次出行预测、潜在活动的推断和模式变化探测。该研究旨在更好地理解以下问题:

(1)下次出行预测。我们能预测个体未来的时空选择吗?

(2)潜在活动的推断。从对个体运动的观察中,我们能从个体活动模式(如家庭、工作或其他)中学到什么?

(3)模式变化探测。个体出行模式如何随时间变化?我们怎样才能发现这种变化?

这三个研究问题直接对应于图7-1所示的概念框架。从数据中可以直接观察到行程。虽然数据中没有直接捕捉到活动事件,但可以从行程中构建。下一次出行预测的目标是推断出行模式,捕捉出行之间的序列依赖性。潜在活动推断旨在从观察到的出行或活动事件中发现潜在的活动模式。假设一个动态的出行模式是一个带有一系列变化点的短期出行模式链,模式变化探测的目的是找到这些变化点。

7.4.1　下次出行预测

出行通常不会孤立地发生;相反,每个行程都是较大行程序列的一部分。这是研究出行链行为的基础,例如Primerano等人(2008),以及基于活动的模型,例如Bowman和Ben-Akiva(2001)。研究表明,出行选择(例如位置选择)的大部分可变性可以通过考虑这些选择的顺序来解释(Goulet-Langlois et al.,2017)。出行之间的序列依赖性可以用于基于前一次出行预测个体的下一次出行,且预测性能是序列依赖性强度的指标。

预测个体出行的能力是支持智能城市交通运输系统的各种应用的关键推动器,例如个性化的乘客信息、有针对性的需求管理和动态系统操作。尽管文献中已经提出了许多下次出行预测的算法(Hawelka et al.,2017;Alhasoun et al.,2015;Lu et al.,2013;Gambs et al.,2012;Mathew et al.,2012;Noulas et al.,2012;Calabrese et al.,2010),但没有下次出行预测模型。与带有时间戳的地点不同,出行反映关键的出行决策,从而与个体的实际行为过程相匹配。然而,要预测一次出行,我们需要预测它的多个时空属性,包括但不限于出发地、目的地和开始时间。

赵等人(2018c)首次提出如图7-3所示的下次出行预测的潜在预测机制。我们将下次出行预测问题分为两个子问题——出行预测和出行属性预测。出行预测询问用户是否会在一天内出行。在用户将要出行的情况下,在出行属性预测任务中,对下一次出行的属性进行预测。两个子问题都可以由用户的新一天或新行程的观察触发。因此,在每天开始时,系统预测用户是否会在一天内出行。如果是,它会预测该次出行的时间和地点。每次我们观察一个新的出行,预测都会更新,直到那天结束。第二天,这个过程会重复进行。

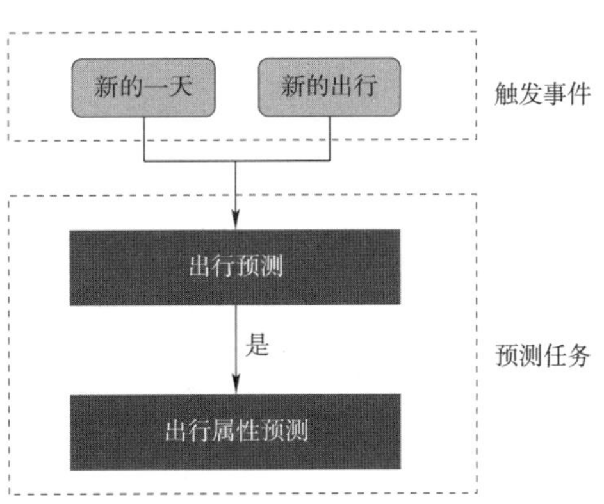

图7-3　供选择的个体出行预测机制
(Zhao et al.,2018c)

在这种方法中,个体的日常出行被表示为一系列的出行,每一个都被定义为三个属性的组合—开始时间t(聚合为h的间隔)、起点o和目的地d。我们假设这些变量捕获了用户在出行时做出的最基本的决策。需要考虑起点o是因为内部出行数据通常只获取与某一模式相关的出行子集。如果所有出行的完整信息可用,o将始终与最后一次出行的d相同。

由于数据的关系,o和d是离散变量。我们还假设变量t是离散的,这样我们就可以方

便地计算这些变量的联合概率。具体来说,t 被聚合到一些预先指定的间隔中,并且需要根据问题和应用的环境选择间隔长度。较短的间隔(例如,15min)可获得更高的精度,其对高度动态和时效性的应用程序(例如,实时信息)也更好。然而,随着数据稀疏性和行为变异性的影响越来越突出,这可能导致预测精度较低。

出行预测可以建模成一个二元分类问题(即是否出行)。基于我们的检验结果,我们发现个体层面的正则化逻辑回归模型的中值预测精度可以达到80%以上。在出行属性预测方面开发一个新模型,它可以基于语言学建模中使用的分层 Dirichlet N-gram 模型,来估计下一次出行的属性。总的来说,平均个体对 t 的预测准确率在40%左右,o 在70% ~80%,d 在60% ~70%,组合(t,o,d)的预测精度为20% ~30%。此外,研究结果揭示了几个重要的发现:

t 的可预测性比 o 和 d 低。一个可能的原因是时间离散化(即24h 间隔)引起的"边界效应"。然而,即使将预测的时间间隔延长到2h,其预测精度(55% ~60%)仍低于 o 和 d,这意味着人们的时间选择本质上比空间选择更具变数。

一天中的第一次出行通常很难预测。然而,一旦我们观察到第一次出行,那么一天之内接下来出行的可预测性就会增加。这表明了一天内连续的出行之间强烈的序列依赖性。

不同个体之间预测精度差异很大,这意味着个体具有高度的异质性。有些人比其他人更容易被预测。此外,出行属性间的正相关性表明,在一个属性中具有较高可预测性的个体,在其他属性中也会表现出更高的可预测性。

考虑到个体之间预测精度的巨大差异,了解一些关于哪些类型的个体比其他类型更可预测是有用的。图7-4 显示了两个具有不同可预测性的匿名个体的时空侧写。在图7-4a)中,个体的起点—终点矩阵可视为一个和弦图。每个站用一个弧表示,站之间的行程用和弦表示。每个弧的角度与从车站开始的总行程数成比例,并且弧的颜色与指定给车站的唯一颜色相匹配。每个弧旁边的数字表示基于使用频率的排名。每个和弦表示两个站之间的流动。在观察期间,图中所示的两个人在相似的天数内进行了相似数量的出行。然而,访问了137 个站点的个体1,其始发地—目的地预测准确率(30% ~50%)显著低于仅访问了15 个站点的个体2(接近100%)。请注意,个体2 的大部分行程是在两个车站之间。图7-4b)显示了相同两个人的行程开始时间的分布。个体1的出行开始时间服从钟形分布,个体2 的出行开始时间集中在2h,1h 在早晨,另1h 在下午。结果表明,个体1 的时间预测精度在30%左右,个体2 的时间预测精度接近100%。总体而言,个体1 的时空选择比个体2 表现出更高水平的纵向变异性。个体2 可能是一个规律的上班族,在伦敦几乎完全是为了上下班而使用轨道交通。这意味着较高的可变性通常会导致较低的可预测性,而有规律的通勤模式的人通常更容易被预测。

由于个体下一次出行的全部属性构成了一个多维分布,(t,o,d)组合的预测将更具挑战性。然而,某些个体和出行行为的某些方面比其他人或方面更容易预测。在实践中,可以针对可预测的个人和行为方面设计策略。提出的方法提供了一次出行所有可能结果的概率分布。对于某些应用,基于整个概率分布,我们可能需要考虑一系列可能性。例如,可以通过开发出乘客信息系统,来通知乘客在特定时间段内某些区域的服务延迟。这将使人们能够做出明智的出行选择,可能有助于重新平衡出行需求和供给之间的不匹配。下一次出行的预测可根据个体在受影响时间段内前往受影响区域的估计概率,将相关信息与个体动态地匹配起来。

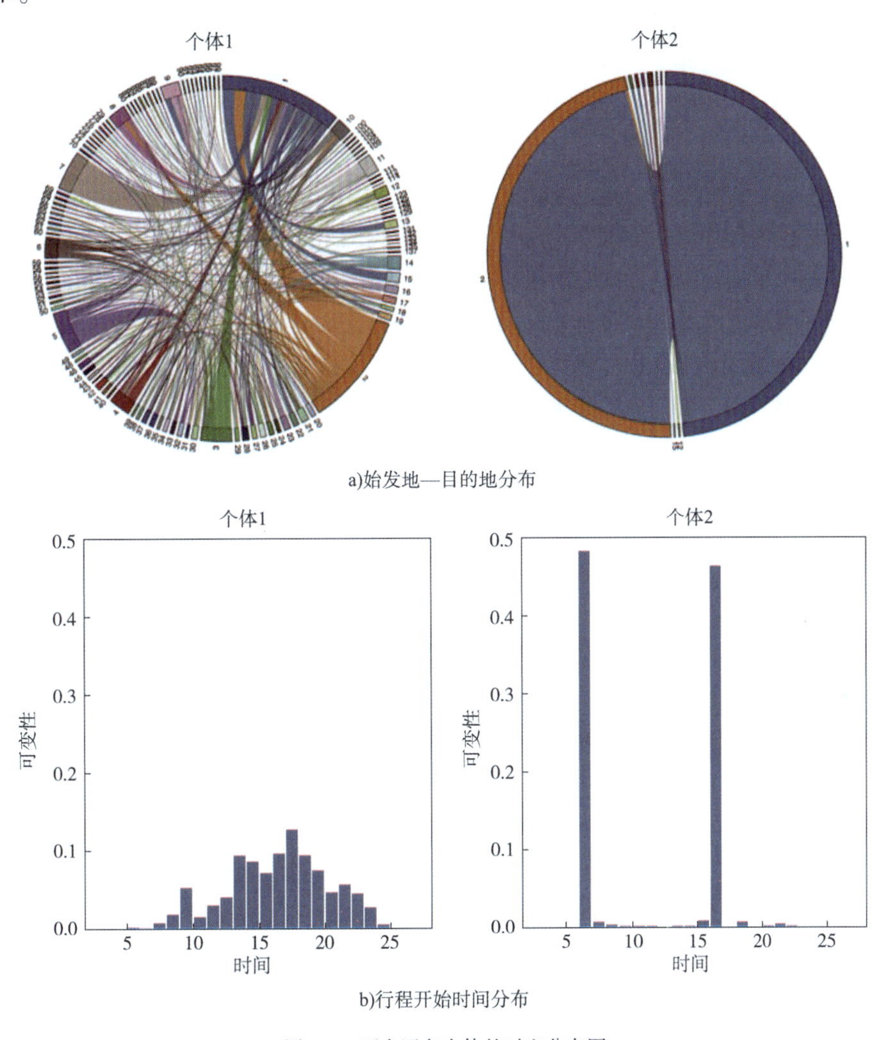

a)始发地—目的地分布

b)行程开始时间分布

图7-4　两个匿名个体的时空分布图

7.4.2　潜在活动的推断

个体出行与活动参与密切相关。在以活动为基础的出行需求分析中，出行通常被视为来自在空间中进行活动的需要（Axhausen and Gärling，1992；Bhat and Koppelman，1999；Bowman and Ben-Akiva，2001）。了解活动模式在城市和交通规划、基于位置的服务、公共卫生和安全以及应急响应方面都有着重要的应用。

虽然自动化的数据源，如交通智能卡数据，可以准确地捕捉到一些人类出行的时间和地点并且细节比较精确，但它们并没有明确地提供任何行为解释，例如为什么人们在某个时间去某个地方。传统上，收集这类信息最常见的方法是对个体活动参与情况进行人工调查，这类调查费用高昂，规模也不够大。由于样本量和观察期有限，这些数据可能无法捕捉到活动模式的多样性和动态性。此外，在这些调查中，活动通常是被预定义的（例如家庭、工作、学校、娱乐消遣）。这种分类是否完整或详细到足以代表人类活动的丰富性和多样性仍待考

究。然而,即使没有来自其他数据源的明确的活动信息,纵向的时空数据本身通常包含大量的结构特点(Eagle and Pentland,2009)。假设人们对每一个活动事件的时空选择都是基于他们打算参与的特定活动而产生的,那么就有可能推断出人类出行背后的潜在活动模式。这就需要一种新的方法来从大规模的人类出行数据集中发现潜在的活动模式。

自动地发现活动是一项具有挑战性的任务,因为人们的时空选择每天都在变化,且每个人的也在变化。一个合适的方法应该能筛选出大量的噪声数据并找到有意义的潜在活动。与基于活动的模型类似,有监督的学习方法需要先验知识,这种知识的形式是预定义的活动类别和标记数据(Liao et al.,2005;Allahviranloo and Recker,2013)。相比之下,无监督的学习方法不需要训练数据,并且它有自动发现新出现的活动模式的潜力(Farrahi and Gatica-Perez,2011;Hasan and Ukkusuri,2014)。可以通过扩展 LDA 文档主题生成模型(LDA)来发展这种方法,LDA 是由 Blei 等人首次引入的一种著名的概率主题模型(2003)。

主题模型是生成模型,它将文档表示为主题的集合,并将主题分配给文档中的每个单词。由于这种表现形式与个体的出行有一些相似之处,因此它可以适用于潜在活动的探索。在 Zhao 等人(2018b)首次提出的模型中,我们把每个个体的出行活动历史作为一个文档,把每个活动事件作为一个多维词。该模型融合了多种异质行为维度,并可以推断出与每个活动事件相关的潜在活动和每个个体的活动混合。由此推断出的活动模式可用于理解时间分配行为、预测人类流动性并描述城市土地利用。

假设对于每个单独的 $m(m=1,\cdots,M)$,我们观察到一组 N_m 行程,每个行程之后都有一个活动事件,并且个体 m 的第 n 次行程(或活动事件)与潜在活动 z_{mn} 相关。只有活动事件的时空属性是可观测的。目标是找到最能解释数据的 z_{mn}。

为了反映个体的异质性,假设 z_{mn} 遵循以 π_m 为参数的个体特定的分类分布。换句话说,不同个体可能由不同的活动组成。例如,有些人出行主要是为了上班,而另一些人则主要是为了消遣。π_m 可以用来描述个体 m 的活动模式。

每一个活动事件都有一组时空属性来表征,这些属性应该根据问题和可用的数据源进行选择。为了举例说明,我们考虑了四个属性:位置 x_{mn},到达时间 t_{mn},星期几 d_{mn} 和持续时间 r_{mn}(即活动事件持续的时间)。d_{mn} 和 x_{mn} 都是离散变量,而 t_{mn} 和 r_{mn} 是连续变量。以基于活动的分析框架为基础,这些变量的分布依赖于 z_{mn}。对于这个问题,假设条件为 z_{mn} 的 x_{mn} 和 d_{mn},分别遵循以 θ_z 和 φ_z 为参数的分类分布。假设 t_{mn} 遵循一个正态分布,该分布由平均值 μ_z 和精度 τ_z 为参数。与到达时间不同,持续时间的分布在左侧有界(即非负),右侧是厚尾分布。因此,假设 r_{mn} 遵循由 η_z 和 λ_z 为参数的对数正态分布。

贝叶斯推论和共轭先验是从数据中估计分布参数的常用方法。基于贝叶斯推论,我们可以通过合并新的观测值来更新我们对参数的知识。使用共轭先验可以使所有的结果都以封闭形式导出。在这个模型中,π_m、θ_z 和 φ_z 的先验分布被假定为狄利克雷分布,即分类分布的共轭先验分布。假设 (μ_z,τ_z) 和 (η_z,λ_z) 都是从正态伽马分布中采样的,正态伽马分布是正态分布的共轭先验,具有未知的平均值和精度。这些先验分布具有超参数,需要研究人员从中选择。

具体而言,提出的模型假设数据是按照以下过程生成的:

(1)对于每个活动 $z=1,2,\cdots,Z$:

(a)样本位置分布 $\theta_z \sim \text{Dirichlet}(\beta)$。

(b)样本星期分布 $\varphi_z \sim \text{Dirichlet}(\gamma)$。

(c)样本当日时间分布 $\mu_z, \tau_z \sim$ 正态伽马分布$(\mu_0, \kappa_0, \varepsilon_0, \tau_0)$。

(d)样本持续时间分布 $\eta_z, \lambda_z \sim$ 正态伽马分布$(\eta_0, \upsilon_0, \omega_0, \lambda_0)$。

(2)对于每个个体 $m = 1, 2, \cdots, M$:

(a)样本活动分布:$\pi_m \sim \text{Dirichlet}(\alpha)$。

(b)对于个体的每个活动事件,$n = 1, 2, \cdots, N_m$。

i. 样本活动 $z_{mn} \sim$ 分类分布(π_m)。

ii. 样本位置 $x_{mn} \sim$ 分类分布$(\theta_{z\,mn})$。

iii. 样本星期 $d_{mn} \sim$ 分类分布$(\varphi_{z\,mn})$。

iv. 样本当日时间 $t_{mn} \sim$ 正态分布$(\mu_{z\,mn}, \tau_{z\,mn})$。

v. 样本持续时间 $r_{mn} \sim$ 正态分布$(\eta_{z\,mn}, \lambda_{z\,mn})$。

在文献中,有两种类型的近似技术被用来估计 LDA 模型—变分推断(Blei et al.,2003)和 Gibbs 抽样(Griffths and Steyvers,2004)。在本章中我们使用后者,因为它更灵活、更易实现。Gibbs 抽样是马尔科夫链蒙特卡洛方法(MCMC)的一个特例,它可以通过马尔科夫链的平稳行为来模拟目标的后验分布。在高维情况下,Gibbs 抽样的工作原理是迭代地对每个维度进行采样,以所有其他维度的值为条件。

模型的应用需要选择活动数量 Z。通过选择不同的活动数 Z 对模型进行测试。结果表明随着 Z 的增加,可能会出现新的模式。当 Z 较小时,时间模式在区分活动中起着更重要的作用。随着 Z 的增加,位置变得更加重要。这些已探索的活动揭示了不同的时空模式,并且大多是可解释的。和工作相关的活动与工作日时在家过夜的活动之间存在正相关。这些发现为丰富人类活动信息的移动数据提供了可能,并为表征个体的时空行为和衡量个体之间的相似性提供了新的途径。

7.4.3　模式变化探测

在最基本的层面上,出行行为是由一系列与个体相关的出行选择来描述的,例如,从早上8点开始,从A点开车到B点。出行选择每天都在变化,但潜在的行为模式是较为一致的。在更高的层次上,出行模式描述了一段时间内出行选择的机制;每个模式对应一组控制特定选择的偏好和约束。虽然不能直接观察到,但出行模式可以用观察到的出行选择的分布来表示。现有的出行行为建模研究往往隐含一个假设,假设一个人的出行模式是稳定的,即过去观察到的出行选择分布在未来不会改变。虽然在短期内是正确的,但这种假设在较长时间内不太可能成立。在同一模式下的短期内(如几天或几周),出行行为的动态性仅能通过出行选择的变化来反映。这是许多关于个体内部变异性(Hanson and Huff,1988;Pas and Koppelman,1987)和规律性(Williams et al.,2012;Goulet-Langlois et al.,2017)研究的重点。然而,从长期来看(例如几个月或几年),出行模式也会发生变化,从而导致长期的行为动力问题。例如,当人们从郊区搬到中心城市时,他们可能会有计划地增加总体出行频率,缩短出行距离,改变通勤时间,增加到访地点的数量,并减少汽车使用量。有关这种变化背后的机制研究较少。

以往对出行模式变化的研究主要集中在社会、经济、环境和态度因素的影响上(Arentze and Timmermans,2008;Albert and Mahalel,2006;Cao et al.,2007;Verplanken et al.,2008),以及如何利用这些因素诱导出行模式的变化(Meyer,1999;Bamberg,2006)。在文献中,面板调查数据经常被用来模拟个体出行行为随时间的变化(Goulias,1999)。但是,Kitamura 等人(2003)表明离散时间的面板调查不是观察动态行为过程的可靠工具,这表明需要连续的数据。随着城市传感技术在交通和其他城市系统中的日益普及,各种长期、大规模的数据源可以连续地捕获个体的出行选择。一个基本问题是如何从这些数据中识别模式变化。出行模式及其变化不能直接观察到,它们是潜在的,必须加以推断。无论出行模式的变化如何,出行选择往往表现出实质性的变化,这使得从嘈杂的个体出行记录流中推断模式变化是一项非常重要的任务。此外,还必须考虑多个行为维度,因为一个人可能会在某些维度上改变出行模式,而其他维度则不会。从个体层面的纵向出行记录中自动检测出行模式的变化,这一能力可以为深入了解个体出行需求的动态性提供重要的见解,对于开发随时间变化而自适应的行为模型也至关重要。

为了检测个体出行模式的变化,赵等人(2018a)提出了一个可能的解决方案,并将其描述为时间序列分析中的变化检测问题。在该问题中,我们的目标是确定个体时空选择的概率分布发生变化的时间。问题涉及检测模式是否发生了变化,如果发生了,则确定这种变化的时间点,并称其为变异点。整个方法包括两个步骤。第一步,出行选择的分布被指定为出行行为的三个不同维度——出行频率、出行时间和出发地/目的地。该模型假定只要模式发生变化,分布的参数就会发生变化。在第二步中,采用先前提出的在线贝叶斯检测变化框架(Adams and MacKay,2007)来计算模式在任何时间步长(例如一周)发生变化的概率。

对于行为维度,个体随时间变化的出行发生率可以用一系列观察值 $X=\{x_1,x_2,\cdots\}$ 来测量,其中 x_1 表示个体在从数据观察到的时间间隔 t 期间的出行实例。时间单位 t 决定了时间序列分析中考虑的时间步长,它取决于可用的数据源和目标。一天和一周都是自然的选择,因为它们是人类活动的自然周期(Kim and Kotz,2007)。选择一周更方便建模,因为工作日的出行模式可能与周末不同。较大的时间单位(例如一个月)可用于权衡;它可以提高检测结果的稳健性,但代价是检测延迟更长,并且对变异点的可检测粒度更差。在不损失一般性的情况下,假定时间单位为 Q 天;建议将 Q 设置为一周的倍数,即 $Q=7,14,21,\cdots$,以便每个时间步长包含一个固定的工作日和周末的混合。作为演示,我们设置 $Q=7$,但是它可以容易地根据具体的应用案例进行调整。

随着时间的推移,当出行模式发生变化时,我们假设分布 $P(x_1\mid\theta)$ 的结构保持不变,但分布参数 θ 的值发生变化。让我们用一个二元变量 y_u 来表示 u 处是否发生了变化。然后问题是计算 y_u 的概率分布,给定到目前为止看到的数据 $x_{1:t}$,或 $P(y_u=1\mid x_{1:t})(u\leqslant \mathrm{t})$。为此,我们首先基于在线贝叶斯框架估计 c_t,即从时间 t 处的最后一个变异点开始的时间。

由于所提出的变化检测方法是在个体层面上运行的,因此可以对少数个体的结果进行检查。图 7-5 显示了一个匿名个体的变化检测结果。为了可视化各个级别的结果,我们为每个个体展示九个子图,以 3×3 的网格组织呈现。所有的子图共享同一个 x 轴,代表个体的活跃周序列。假设序列中总共有 T 周。第一行显示三个维度中的输入数据,即 $x_{1:T}$。对于频率的维度,它是长度为 T 的一维频率阵列,以条形图表示。对于时间和空间维度,它是一

个 $M \times T$ 的稀疏矩阵，其中每个单元格代表第 t 周的第 m 个结果的频率，或表示为 $x_{(m)t}$。对于时间维度，y 轴表示一天中的小时；对于空间维度，它只是站点的索引（顺序没有意义）。矩阵显示为热力图，单元格的暗度与频率值成比例。网格图的第二行显示了 $P(c_t | x_{1:t})$，作为每个维度的 $T \times T$ 矩阵，随时间变化的估计。每个单元格代表 c_t 和 t 的组合，因为 c_t 不能大于 t，所以只有一半的单元格具有有意义的概率值。我们再一次使用热力图来可视化矩阵。因为在大多数情况下，概率值往往很小，所以我们使用概率的对数。因此，矩阵中一个单元格的暗度与 $\log(P(c_t | x_{1:t}))$ 成比例。从热力图中确定一个变异点并不简单。注意，时间和空间维度中的白色条带表示 $\log(P(c_t | x_{1:t})) \to \infty$ 或 $P(c_t | x_{1:t}) \to 0$，当在 x 轴的相应一周内没有观察到出行时，会出现这种情况。基本上，如果没有新的观察，我们假设没有模式变化。网格图的第三行显示了 $P(y_u = 1 | x_{1:T})$ 的估计值，其中 $u \leqslant T$。由于 $P(y_u = 1 | x_{1:t})$ 随着新观测而更新，我们只显示最后一个时间步长的估计结果，即 $t = T$。从这些图中，我们可以精确地指出出行模式可能发生变化的确切星期（如果有的话）。图中所描绘的个体似乎在三个维度上都改变了他/她的出行模式。有趣的是，在时间和空间维度上似乎有同步的变化。

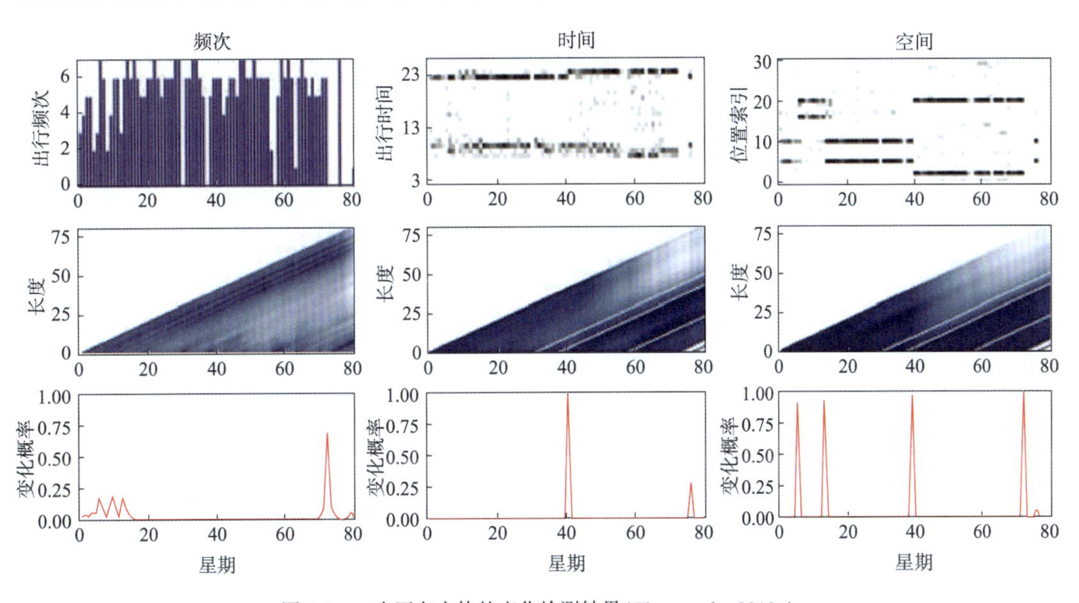

图7-5　一个匿名个体的变化检测结果（Zhao et al.，2018a）

虽然模型的输出是有概率性的，但我们可以通过使用概率阈值0.5来获得最大后验概率（MAP）估计。在分析的3210个个体中，所提出的贝叶斯方法检测到293个频率维度上的出行模式变化，影响了279个个体（8.7%），1309个时间维度上的变化，影响了923个个体（28.8%），2133个空间维度上的变化，影响了1435个个体（44.7%）。总体而言，出行模式的变化是罕见的事件；在频率、时间和空间维度上，任何个体在任何一周内的平均变化概率分别为0.11%、0.49%和0.80%。这种改进在空间维度上尤为明显。在时间和空间维度上，变化概率之间存在着一定的正相关关系。

提出的模型提供了一种数据驱动的方法来检测个体出行模式的统计变化，但它没有将这种变化归因于特定的原因。未来的研究方向是找出出行模式变化的原因。例如，一些模式的变化是由家庭搬迁引起的，而另一些则是由工作变化引起的。找到行为变化的原因可

以更好地理解城市流动性与土地利用模式之间的关系。未来的研究应该探索新方法去推断模式变化的原因。

7.5 讨论

7.5.1 其他数据源的应用

本章中描述的方法是可归纳的,并且可以适用于其他数据源和环境之中。虽然本研究以伦敦轨道为例,但使用的方法对于特定模式的适用性是未知的。唯一需要的信息是对个体出行历史的纵向观察,包括每次出行的开始/结束时间、起点、目的地和个人标识。这种出行信息通常可以在大多数的内部出行数据源中获得。新的出行服务提供商,如共享乘车、叫车服务、共享自行车计划、共享汽车服务以及按需"弹出式"公共汽车服务,也会收集个体层面的出行记录,类似于交通智能卡数据。该方法的重要特点是数据序列不需要完整。虽然对一个人出行活动行为的全面观察有助于提供个体出行的一个整体画像,但是这些方法可以适用于一个人出行序列的任何一个一致的子集,例如所有的自行车出行、所有的出租汽车出行和所有的轨道出行等。

可以对从中收集数据的两种交通运输系统进一步区分。有些交通运输系统是以车站为基础的,如地铁、公共汽车和有桩的共享自行车,而其他交通运输系统则不受车站的限制,可以提供"门到门"的服务,如出租汽车、网约车公司(TNCs)和无桩共享自行车。从后者收集的数据提供了更精确、更细致的空间模式测量。例如,从出租汽车全球定位系统(GPS)数据的经纬度中可以观察到一次出行的实际出发地和目的地。在这种情况下,由于人们的位置选择被假定为离散的,因此需要将空间坐标聚合为区域。空间聚合可以基于定制空间网格的普查区域、邮政编码、交通分析区(TAZ)来完成。与时间离散化一样,空间离散单元的选择对分析结果有重要影响。

对于外部出行数据,所提出方法的应用取决于具体的数据特征。总的来说,外部出行数据有利于跨模式地捕捉个体的出行模式。然而,在时间维度上,外部出行数据在获取出行/活动行为中的关键决策点上有限制,即出行(或活动事件)的开始和结束时间。从采样频率较高的数据[如智能手机全球定位系统(GPS)数据]中提取行程开始/结束时间更容易。另一方面,呼叫详细记录(CDR)数据是由电信活动(例如电话呼叫)生成的,所以它会显示出更高级别的稀疏性。因此,所提出的方法只能应用于非稀疏的数据源。随着可穿戴设备和位置感知应用的日益普及,这些数据源在未来应该会变得更加普遍。然而,这些类型的数据都是敏感的,需要小心处理,并且要考虑到隐私问题。

7.5.2 分析单元

对于本章介绍的所有方法,都需要选择一个分析单元。分析单元是需要根据应用程序、数据和模型假设来指定的设计参数。一般来说,分析单元不应小于数据单元,也不应大于行为单元。数据单元是给定的,但行为单元通常是未知的。在某些情况下,它是明确的,例如模式选择,但在其他情况下则是模棱两可的,特别是对于时空行为。例如,对于下一次出行预测和模式变化探测,时间行为的分析单元被指定为1h,但分析单元可以调整,即使数据单元是1s。基本假设是时间行为的单元至少是1h。较小的单元(例如1min)增加了分析的颗粒度,但可能导致更高水平的数据稀疏性,从而降低分析的可靠性。这种关系如图7-6所示。

图7-6　行为分析的颗粒度

同样的讨论也适用于潜在活动推断。传统的活动调查是基于预先确定的活动颗粒度级别(例如家庭、工作和其他),但本章所提出的模型可用于探索不同级别的颗粒度。从本质上说,Z控制着活动颗粒度的级别。随着Z的增加,已探索活动的颗粒度也会增加,并且会出现更具体的活动模式。根据目标应用程序,可以调整所需的颗粒度。对于活动理解,较小的Z(和较低的颗粒度)就足够了;对于出行预测,需要更大的Z(和更高的颗粒度)。

7.5.3　连续空间的表示

和时间一样,空间可以被看作离散的或连续的。在本章中,考虑到交通智能卡数据的性质,空间被表示为一组离散的位置(或火车站)。空间的离散表示在计算上很方便,也常用在现有的出行模型中。然而,它忽略了位置之间的地理临近性。由于出行距离和时间是影响人们出行决策的重要因素,未来的个体出行模型应该捕捉到地点之间的空间临近性。基本的假设是,通常相隔较近的地点往往更相似。然而,这可能会限制我们识别远距离地区(例如同一城市相对的两个机场)共有的模式。

对连续空间建模的一个简单方法是假设每个位置的选择遵循二元正态分布。如果我们将其与相应的时间选择相结合,时空观测就可以表示为从三元正态分布中采样的三维点(x,y,t),其中x和y是位置的坐标,t是时间戳。一次出行可以表示为这个三维空间中的有向线段,有起点和终点。同样,需要选择适当的测量尺度,以便空间和时间属性相对平衡。

除地理距离外,还应考虑网络距离。地铁等交通网络的存在,可能会扭曲地理位置之间实际的临近程度。例如,在有地铁线路连接的两个地点之间出行,其所花费的时间可能比实际距离所显示的要少。这两种类型的距离用于不同的场景。特别是对于下一次出行预测,地理距离可用于起点预测,而网络距离更适合于目的地预测。未来的研究需要探索不同的空间表征在个体出行建模中的影响。

7.6　工作展望

本章讨论的三个研究问题是相互联系的。基于活动的出行预测可以获得更好的性能。检测到的模式变化可以并入下次出行预测模型中,以使模型随时间自适应。类似的模式变化检测方法可以应用于检测活动模式的变化。例如,图7-7显示了基于活动的个体出行建模的可能框架,其中时空选择依赖于序列相关的潜在活动。在观察到个人的一次出行后,知

道当前活动的位置和到达时间，但需要估计持续时间，这相当于预测下一次出行的开始时间。这可以通过总结所有可能的潜在活动来完成。由于假定持续时间变量遵循某种活动条件下的连续分布，例如对数正态分布，因此可以更精确地预测出行开始时间，并有可能获得更好的预测性能。

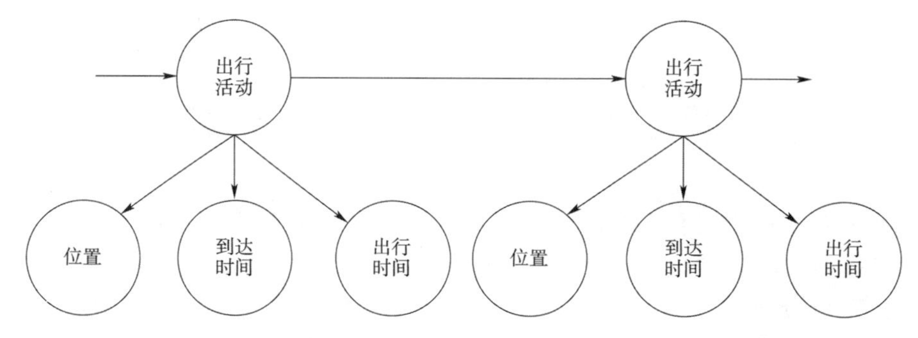

图 7-7　基于活动出行预测的框架

在本章的范围之外，在未来的研究中还应探讨其他一些重要的研究方向。特别是，需要进一步研究来解决个体出行建模中的几个技术挑战。首先，由于时空选择的高维性，预估出行模式的概率分布是一项难度很大的任务。为了解决这个问题，未来的研究应该尝试新的相似性度量、维度缩减技术和分层模型。第二，个体出行涉及多个异质维度，尤其是空间和时间维度。控制不同维度随时间变化的动态机制尚未被很好地掌握。需要开发新的方法来挖掘并最终预测跨行为维度的时间序列数据。最后，由于缺乏地面真实观测，从时空数据推断潜在的人类出行模式仍待考究。无监督学习方法（如主题模型）有助于将数据分解为潜在的组件（即活动）。未来的工作还应通过交叉引用其他数据源，如土地利用、兴趣点（POIs）、事件和社交媒体帖子，来探索数据融合的可能性。这将会使我们开发一个概率模型，以推断特定个体在特定时间段内出现在特定位置所进行的活动类型。

如果我们把焦点从个体的非聚集层面的出行模式，转移到城市规模的聚集层面的出行模式，另一个有趣的研究方向就出现了。通过将城市层面的个体时空选择聚集起来，可以更深入地了解城市动态机制—城市交通流的规律、人口流动与经济活动分布的关系、城市内不同区域/社区之间的相互作用等。在城市尺度上研究人类流动性的另一个重要原因，是城市通常存在高度的社会经济不平等和居民之间的隔离。通过将人们的流动性特征与他们的社会经济状况联系起来，我们可以量化社会问题的严重性，或许最终会为不平等和种族隔离等社会问题制定解决方案。

人类是社会性动物，因此，人类出行与社会网络是相互联系的。人们经常因为社会原因出行，他们的时空行为很可能受到朋友的时空行为的影响。未来的研究可能会调查社会关系和出行模式之间的相互作用。主要目标是了解社会关系在人类流动中的作用，并最终利用社会网络影响人们的出行选择，以促进可持续交通文化发展。对于这个问题，手机网络数据是有优势的，因为它揭示了个体之间的通信频率，是社会关系强度的一个代表（Xu et al.，2017）。在不了解个体之间实际社交网络的情况下，我们还可以研究一些社会现象，比如熟悉的陌生人，即那些暂时在同一空间生活但可能彼此不认识的人（Sun et al.，2013）。这可能有助于鼓励社会融合并减轻居民之间的隔阂。

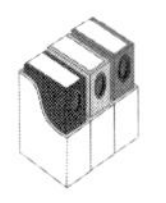

鸣谢

作者要感谢伦敦交通局为这项研究提供的资金和数据支持。

本章参考文献

Adams, R. P., MacKay, D. J. C., 2007. Bayesian Online C hangepoint Detection arXiv:0710.3742 [stat]. http://arxiv.org/abs/0710.3742.

Ahas, R., Silm, S., Järv, O., Saluveer, E., Tiru, M., 2010. Using mobile positioning data to model locations meaningful to users of mobile phones. Journal of Urban Technology 17, 3-27. https://doi.org/10.1080/10630731003597306.

Albert, G., Mahalel, D., 2006. Congestion tolls and parking fees: a comparison of the potential effect on travel behavior. Transport Policy 13, 496-502. https://doi.org/10.1016/j.tran-pol.2006.05.007. http://www.sciencedirect.com/science/article/pii/S0967070X06000461.

Alexander, L., Jiang, S., Murga, M., González, M. C., 2015. Origin-destination trips by purpose and time of day inferred from mobile phone data. Transportation Research Part C: Emerging Technologies 58, 240-250. https://doi.org/10.1016/j.trc.2015.02.018. http://www.sciencedirect.com/science/article/pii/S0968090X1500073X.

Alhasoun, F., Alhazzani, M., Aleissa, F., Alnasser, R., González, M. C., August 14, 2017. City scale next place prediction from sparse data through similar strangers. In: Proceedings of ACM KDD Workshop, Halifax, Canada, pp. 1e8 (UrbComp'17).

Allahviranloo, M., Recker, W., 2013. Daily activity pattern recognition by using support vector machines with multiple classes. Transportation Research Part B: Methodological 58, 16-43. https://doi.org/10.1016/j.trb.2013.09.008.

Arentze, T., Timmermans, H., 2008. Social networks, social interactions, and activity-travel behavior: a framework for microsimulation. Environment and Planning B: Planning and Design 35, 1012-1027. https://doi.org/10.1068/b3319t. doi:10.1068/b3319t.

Axhausen, K. W., Gärling, T., 1992. Activity-based approaches to travel analysis: conceptual frameworks, models, and research problems. Transport Reviews 12, 323-341. https://doi.org/10.1080/01441649208716826.

Bamberg, S., 2006. Is a residential relocation a good opportunity to change people's travel behavior? Results from a theory-driven intervention study. Environment and Behavior 38, 820-840. https://doi.org/10.1177/0013916505285091.

Barbosa-Filho, H., Barthelemy, M., Ghoshal, G., James, C. R., Lenormand, M., Louail, T., Menezes, R., Ramasco, J. J., Simini, F., Tomasini, M., 2017. Human Mobility: Models and Applications arXiv:1710.00004 [physics]. http://arxiv.org/abs/1710.00004.

Bhat, C. R., Koppelman, F. S., 1999. Activity-based modeling of travel demand. In: Handbook of Transportation Science International Series in Operations Research & Management Science. Springer, Boston, MA, pp. 35-61. https://doi.org/10.1007/978-1-4615-5203-1-3. https://link.springer.com/chapter/10.1007/978-1-4615-5203-1_3.

Blei, D. M., Ng, A. Y., Jordan, M. I., 2003. Latent dirichlet allocation. Journal of Machine Learning Research 3, 993-1022. http: www.jmlr.org/papers/v3/blei03a.html.

Bowman, J. L., Ben-Akiva, M. E., 2001. Activity-based disaggregate travel demand model system with activity schedules. Transportation Research Part A: Policy and Practice 35, 1-28. https://doi.org/10.1016/S0965-8564(99)00043-9. http: www.sciencedirect.com/science/article/pii/S0965856499000439.

Brockmann, D., Hufnagel, L., Geisel, T., 2006. The scaling laws of human travel. Nature 439, 462-465. https://doi.org/10.1038/nature04292. http: www.nature.com/nature/journal/v439/n7075/full/nature04292.html.

Calabrese, F., Di Lorenzo, G., Liu, L., Ratti, C., 2011. Estimating origin-destination flows using mobile phone location data. IEEE Pervasive Computing 10, 36-44. https://doi.org/10.1109/MPRV.2011.41. http://ieeexplore.ieee.org/lpdocs/epic03/wrapper.htm? arnumber =5871578.

Calabrese, F., Lorenzo, G. D., Ratti, C., 2010. Human mobility prediction based on individual and collective geographical preferences. In: 2010 13th International IEEE Conference on Intelligent Transportation Systems (ITSC), pp. 312-317. https://doi.org/10.1109/ITSC.2010.5625119.

Candia, J., González, M. C., Wang, P., Schoenharl, T., Madey, G., Barabási, A.-L., 2008. Uncovering individual and collective human dynamics from mobile phone records. Journal of Physics A: Mathematical and Theoretical 41, 224015. https://doi.org/10.1088/1751-8113/41/22/224015. http://arxiv.org/abs/0710.2939.

Cao, X., Mokhtarian, P. L., Handy, S. L., 2007. Do changes in neighborhood characteristics lead to changes in travel behavior? A structural equations modeling approach. Transportation 34, 535-556. https://doi.org/10.1007/s11116-007-9132-x. https://link.springer.com/article/10.1007/s11116-007-9132-x.

Chen, C., Ma, J., Susilo, Y., Liu, Y., Wang, M., 2016. The promises of big data and small data for travel behavior (aka human mobility) analysis. Transportation Research Part C: Emerging Technologies 68, 285-299. https://doi.org/10.1016/j.trc.2016.04.005. http://www.sciencedirect.com/science/article/pii/S0968090X16300092.

Colombo, G. B., Chorley, M. J., Williams, M. J., Allen, S. M., Whitaker, R. M., 2012. You are where you eat: foursquare checkins as indicators of human mobility and behaviour. In: 2012 IEEE International Conference on Pervasive Computing and Communications Workshops, pp. 217-222. https://doi.org/10.1109/PerComW.2012.6197483.

Eagle, N., Pentland, A. S., 2009. Eigenbehaviors: identifying structure in routine. Behavioral Ecology and Sociobiology 63, 1057-1066. https://doi.org/10.1007/s00265-009-0739-0. http://

link. springer. com/article/10. 1007/s00265-009-0739-0.

Farrahi, K. , Gatica-Perez, D. , 2011. Discovering routines from large-scale human locations using probabilistic topic models. ACM Transactions on Intelligent Systems and Technology 2(3), 1-3. https://doi. org/10. 1145/1889681. 1889684. http://doi. acm. org/10. 1145/1889681. 1889684.

Gambs, S. , Killijian, M. -O. , del Prado Cortez, M. N. , 2012. Next place prediction using mobility Markov chains. In: Proceedings of the First Workshop on Measurement, Privacy, and Mobility MPM' 12. ACM, New York, NY, USA, pp. 3: 1-3: 6. https://doi. org/10. 1145/2181196. 2181199. http://doi. acm. org/10. 1145/2181196. 2181199.

González, M. C. , Hidalgo, C. A. , Barabási, A. -L. , 2008. Understanding individual human mobility patterns. Nature 453, 779-782. https://doi. org/10. 1038/nature06958. http://www. nature. com/doifinder/10. 1038/nature06958e.

Goulet-Langlois, G. , Koutsopoulos, H. N. , Zhao, J. , 2016. Inferring patterns in the multi-week activity sequences of public transport users. Transportation Research Part C: Emerging Technologies 64, 1-16. https://doi. org/10. 1016/j. trc. 2015. 12. 012. http://www. sciencedirect. com/science/article/pii/S0968090X15004283.

Goulet-Langlois, G. , Koutsopoulos, H. N. , Zhao, Z. , Zhao, Z. , 2017. Measuring regularity of individual travel patterns. IEEE Transactions on Intelligent Transportation Systems 19(5), 1583-1592. https://doi. org/10. 1109/TITS. 2017. 2728704.

Goulias, K. G. , 1999. Longitudinal analysis of activity and travel pattern dynamics using generalized mixed Markov latent class models. Transportation Research Part B: Methodological 33, 535-558. https://doi. org/10. 1016/S0191-2615(99)00005-3. http://www. sciencedirect. com/science/article/pii/S0191261599000053.

Griffiths, T. L. , Steyvers, M. , 2004. Finding scientific topics. Proceedings of the National Academy of Sciences 101, 5228-5235. https://doi. org/10. 1073/pnas. 0307752101. http://www. pnas. org/content/101/suppl_1/5228.

Hanson, S. , Huff, O. J. , 1988. Systematic variability in repetitious travel. Transportation 15, 111-135. https://doi. org/10. 1007/BF00167983. https://link. springer. com/article/10. 1007/BF00167983.

Hasan, S. , Schneider, C. M. , Ukkusuri, S. V. , González, M. C. , 2012. Spatiotemporal patterns of urban human mobility. Journal of Statistical Physics 151, 304-318. https://doi. org/10. 1007/s10955-012-0645-0. http://link. springer. com/article/10. 1007/s10955-012-0645-0.

Hasan, S. , Ukkusuri, S. V. , 2014. Urban activity pattern classification using topic models from online geo-location data. Transportation Research Part C: Emerging Technologies 44, 363-381. https://doi. org/10. 1016/j. trc. 2014. 04. 003. http://www. sciencedirect. com/science/article/pii/S0968090X14000928.

Hasan, S. , Zhan, X. , Ukkusuri, S. V. , 2013. Understanding urban human activity and mobility patterns using large-scale location-based data from online social media. In: Proceedings of the 2nd ACM SIGKDD International Workshop on Urban Computing UrbComp' 13. ACM, New York,

NY, USA, pp. 6:1-6:8. https://doi.org/10.1145/2505821.2505823. http://doi.acm.org/10.1145/2505821.2505823.

Hawelka, B., Sitko, I., Kazakopoulos, P., Beinat, E., 2017. Collective prediction of individual mobility traces for users with short data history. PLoS One 12, e0170907. https://doi.org/10.1371/journal.pone.0170907. http://journals.plos.org/plosone/article?id=10.1371/journal.pone.0170907.

Huff, J. O., Hanson, S., 1986. Repetition and variability in urban travel. Geographical Analysis 18, 97-114. https://doi.org/10.1111/j.1538-4632.1986.tb00085.x. http://onlinelibrary.wiley.com/doi/10.1111/j.1538-4632.1986.tb00085.x/abstract.

Iqbal, M. S., Choudhury, C. F., Wang, P., González, M. C., 2014. Development of origin-destination matrices using mobile phone call data. Transportation Research Part C: Emerging Technologies 40, 63-74. https://doi.org/10.1016/j.trc.2014.01.002. http://www.sciencedirect.com/science/article/pii/S0968090X14000059.

Kim, M., Kotz, D., 2007. Periodic properties of user mobility and access-point popularity. Personal and Ubiquitous Computing 11, 465-479. https://doi.org/10.1007/s00779-006-0093-4. https://link.springer.com/article/10.1007/s00779-006-0093-4.

Kitamura, R., Hoorn, T. V. D., 1987. Regularity and irreversibility of weekly travel behavior. Transportation 14, 227-251. https://doi.org/10.1007/BF00837531. https://link.springer.com/article/10.1007/BF00837531.

Kitamura, R., Yamamoto, T., Fujii, S., 2003. The effectiveness of panels in detecting changes in discrete travel behavior. Transportation Research Part B: Methodological 37, 191-206. https://doi.org/10.1016/S0965-8564(01)00036-2. http://www.sciencedirect.com/science/article/pii/S0965856401000362.

Liao, L., Fox, D., Kautz, H., 2005. Location-based activity recognition using relational Markov networks. In: Proceedings of the 19th International Joint Conference on Artificial Intelligence IJCAI'05. Morgan Kaufmann Publishers Inc, San Francisco, CA, USA, pp. 773-778. http://dl.acm.org/citation.cfm?id=1642293.1642417.

Lu, X., Wetter, E., Bharti, N., Tatem, A. J., Bengtsson, L., 2013. Approaching the limit of predictability in human mobility. Scientific Reports 3. https://doi.org/10.1038/srep02923. http://www.nature.com/articles/srep02923.

Mathew, W., Raposo, R., Martins, B., 2012. Predicting future locations with hidden Markov models. In: Proceedings of the 2012 ACM Conference on Ubiquitous Computing UbiComp'12. ACM, New York, NY, USA, pp. 911-918. https://doi.org/10.1145/2370216.2370421. http://doi.acm.org/10.1145/2370216.2370421.

McNally, M. G., 2007. The four-step model. In: Handbook of Transport Modelling. Emerald Group Publishing Limited volume 1 of Handbooks in Transport, pp. 35-53. https://doi.org/10.1108/9780857245670-003. http://www.emeraldinsight.com/doi/abs/10.1108/9780857245670-003.

Meyer, M. D., 1999. Demand management as an element of transportation policy: using carrots and sticks to influence travel behavior. Transportation Research Part A: Policy and Practice 33, 575-599. https://doi.org/10.1016/S0965-8564(99)00008-7. http://www.sciencedirect.com/science/article/pii/S0965856499000087.

Noulas, A., Scellato, S., Lathia, N., Mascolo, C., 2012. Mining user mobility features for next place prediction in location-based services. In: International Conference on Data Mining. IEEE.

Pappalardo, L., Simini, F., Rinzivillo, S., Pedreschi, D., Giannotti, F., Barabási, A.-L., 2015. Returners and explorers dichotomy in human mobility. Nature Communications 6, 8166. https://doi.org/10.1038/ncomms9166. http://www.nature.com/ncomms/2015/150908/ncomms9166/full/ncomms9166.html.

Pas, E. I., Koppelman, F. S., 1987. An examination of the determinants of day-to-day variability in individuals' urban travel behavior. Transportation 14, 3-20. https://doi.org/10.1007/BF00172463. https://link.springer.com/article/10.1007/BF00172463.

Primerano, F., Taylor, M. A. P., Pitaksringkarn, L., Tisato, P., 2008. Defining and understanding trip chaining behaviour. Transportation 35. https://doi.org/10.1007/s11116-007-9134-8.

Purnama, I. B. I., Bergmann, N., Jurdak, R., Zhao, K., 2015. Characterising and predicting urban mobility dynamics by mining bike sharing system data. In: 2015 IEEE 12th Intl Conf on Ubiquitous Intelligence and Computing and 2015 IEEE 12th Intl Conf on Autonomic and Trusted Computing and 2015 IEEE 15th Intl Conf on Scalable Computing and Communications and its Associated Workshops (UIC-ATC-ScalCom), pp. 159-167.

Rasouli, S., Timmermans, H., 2014. Activity-based models of travel demand: promises, progress and prospects. International Journal of Urban Sciences 18, 31-60. https://doi.org/10.1080/12265934.2013.835118.

Sapiezynski, P., Stopczynski, A., Gatej, R., Lehmann, S., 2015. Tracking human mobility using WiFi signals. PLoS One 10. https://doi.org/10.1371/journal.pone.0130824. http://www.ncbi.nlm.nih.gov/pmc/articles/PMC4489206/.

Schneider, C. M., Belik, V., Couronne, T., Smoreda, Z., Gonzalez, M. C., 2013. Unravelling daily human mobility motifs. Journal of the Royal Society Interface 10, 20130246. https://doi.org/10.1098/rsif.2013.0246. http://rsif.royalsocietypublishing.org/cgi/doi/10.1098/rsif.2013.0246.

Sch önfelder, D. S., Axhausen, P. D. K. W., 2010. Urban Rhythms and Travel Behaviour: Spatial and Temporal Phenomena of Daily Travel. Ashgate Publishing, Ltd.. Google-Books-ID: W8SsCc0cReEC.

Song, C., Qu, Z., Blumm, N., Barabási, A.-L., 2010. Limits of predictability in human mobility. Science 327, 1018-1021. https://doi.org/10.1126/science.1177170. http://www.sciencemag.org/content/327/5968/1018.

Sun, L., Axhausen, K. W., Lee, D.-H., Huang, X., 2013. Understanding metropolitan patterns of daily encounters. Proceedings of the National Academy of Sciences 110, 13774-13779. https://doi.org/10.1073/pnas.1306440110. http://www.pnas.org/content/110/34/13774.

Verplanken, B. , Walker, I. , Davis, A. , Jurasek, M. , 2008. Context change and travel mode choice: combining the habit discontinuity and self-activation hypotheses. Journal of Environmental Psychology 28, 121-127. https://doi.org/10.1016/j.jenvp.2007.10.005. http://www.sciencedirect.com/science/article/pii/S0272494407000898.

Williams, M. , Whitaker, R. , Allen, S. , 2012. Measuring individual regularity in human visiting patterns. In: Privacy, Security, Risk and Trust (PASSAT), 2012 International Conference on and 2012 International Confernece on Social Computing (SocialCom), pp. 117-122. https://doi.org/10.1109/SocialCom-PASSAT.2012.93.

Xu, Y. , Belyi, A. , Bojic, I. , Ratti, C. , 2017. How friends share urban space: an exploratory spatiotemporal analysis using mobile phone data. Transactions in GIS 21, 468-487. https://doi.org/10.1111/tgis.12285. https://onlinelibrary.wiley.com/doi/abs/10.1111/tgis.12285.

Zhao, K. , Musolesi, M. , Hui, P. , Rao, W. , Tarkoma, S. , 2015. Explaining the power-law distribution of human mobility through transportation modality decomposition. Scientific Reports 5, 9136. https://doi.org/10.1038/srep09136. http://www.nature.com/srep/2015/150316/srep09136/full/srep09136.html.

Zhao, Z. , Koutsopoulos, H. N. , Zhao, J. , 2018a. Detecting pattern changes in individual travel behavior: a Bayesian approach. Transportation Research Part B: Methodological 112, 73-88. https://doi.org/10.1016/j.trb.2018.03.017. http://www.sciencedirect.com/science/article/pii/S0191261518300651.

Zhao, Z. , Koutsopoulos, H. N. , Zhao, J. , 2018b. Discovering latent activity patterns from human mobility. In: Proceedings of the 7th ACM SIGKDD International Workshop on Urban Computing (UrbComp'18). London, UK.

Zhao, Z. , Koutsopoulos, H. N. , Zhao, J. , 2018c. Individual mobility prediction using transit smart card data. Transportation Research Part C: Emerging Technologies 89, 19-34. https://doi.org/10.1016/j.trc.2018.01.022. http://www.sciencedirect.com/science/article/pii/S0968090X18300676.

Zhao, Z. , Zhao, J. , Koutsopoulos, H. N. , 2016. Individual-level Trip Detection Using Sparse Call Detail Record Data Based on Supervised Statistical Learning. https://trid.trb.org/view.aspx?id=1393647.

Zhong, C. , Manley, E. , Müller Arisona, S. , Batty, M. , Schmitt, G. , 2015. Measuring variability of mobility patterns from multiday smart-card data. Journal of Computational Science 9, 125-130. https://doi.org/10.1016/j.jocs.2015.04.021. http:www.sciencedirect.com/science/article/pii/S1877750315000599.

第8章　共享自动驾驶车队的规划:解决该问题特定的建模需求与概念

Francesco Ciari[1],Maxim Janzen[2],Cezary Ziemlicki[3]
1.加拿大,魁北克省,蒙特利尔理工学院;
2.瑞士,苏黎世联邦理工学院,运输规划和运输系统;
3.法国,巴黎,法国电信研发中心,SENSE

8.1　引言

除了一些国家的试验批次以及一些商业项目,共享自动驾驶汽车(AVs)还没有上路行驶(SAE International,2014)。近年来,多个学科(交通运输、经济学、社会学、运筹学)的研究人员一直致力于了解"共享自动驾驶汽车"世界,以及对个人、经济、社会和环境有什么影响。交通运输科学家们在这一过程中一直都扮演着重要的角色。他们中的许多人开始减少在其他更具有直接应用潜力的研究课题上的时间,直至完全接受这一新的研究课题。随着研究人员意识到持续的技术进步所具有的巨大潜力,这样的主题转变几乎即时发生。高度的关注无疑是个好消息,尤其是有人认为,在汽车行业日渐式微,交通规划并没有以我们今天所知的形式存在,且只有少数乌托邦式的科学家思考了私家车快速发展带来的影响。甚至可以说,规划或者规划形式的缺乏(没有考虑到出行的负外部性),导致了我们今天在交通科学中所面临的许多问题。在过去的几十年里,交通规划的范式从"预测和提供"转向一个更全面的视角,对交通负外部性的认识和限制负外部性的必要性是其中的重点之一。

自动驾驶汽车研究中有这样一种认识:自动驾驶汽车在未来成为交通运输系统的骨干、降低交通外部性的潜力已经是一个热点研究课题。在这一研究潮流中,一个常见的假设是,为了最大化自动化的好处,自动驾驶车辆应该是共享的(SAV),任何其他应用程序都可能产生一个强烈的反应。所应用的建模技术,基本上涵盖了从聚合模型到基于主体仿真的整个战略规划工具,但有时为了描述自动驾驶汽车出行会被修改,例如,用来表示车辆自动的重新定位。然而,据作者所知,现有的研究尚未集中在基于共享自动驾驶汽车的交通运输系统的建模意义上。

本章背后的假设是,共享出行的普遍使用需要修改当前的建模方法,甚至可能采取全新的方法。为了验证假设的有效性,本章阐述了以往研究中未考虑的与大型共享自动驾驶汽车系统建模相关的问题,讨论了它们的建模含义,并提出了实现需求(源于它们)的方法。在这一点上,值得强调的是,这些问题与自动驾驶汽车本身没有直接关系,但自动驾驶汽车技术适合在非常大的范围内实现共享系统。又一个值得注意的是,本章中有关建模需求的想法是概念性的,而不是指建模的技术细节。不过为了适应这种需求,未来可能会出现技术创新。

本章的结构如下:在8.2节中,简要回顾了相关文献,重点介绍了大型共享自动驾驶汽车车队的建模,尤其是作为规划问题示例的车队规模问题。第8.3节中,基于一些著名论文的假设和结果,重点讨论了共享自动驾驶汽车的普遍存在对当前建模方法时间范围的影响。研究认为多日模型是必要的,并通过对一组法国大城市(巴黎、马赛、里昂、尼斯和图卢兹)的纵向数据进行简单分析,举例说明。第8.4节讨论了与大型共享自动驾驶汽车系统相关的其他建模问题,并举例说明。第8.5节总结了前面几节中描述的建模挑战,并提出了在现有的多主体仿真框架中解决这些问题可能的方法。第8.6节总结了本章的工作,并描述了今后工作的展望。

8.2 自动驾驶汽车建模

如上所述,我们在这里要单独指出的影响与大型共享车辆系统有关,对共享自动驾驶汽车的关注是合理的,因为几乎没有文献是关于非自动车辆的大规模共享系统的建模。这一问题在本章的其余部分将不再提及。

还必须指出的是,我们正在通过不同的建模工具来处理战略规划问题,其目的是阐述对未来的设想及其定量评估。我们还假设,所使用的工具应量化除了交通运输工具之外的维度(即出行时间),并且至少应为这些术语(即不完全是货币术语)在较一般意义上的成本和收益计算提供基础。

在科学文献中已经发现了一些关于自动驾驶汽车建模的内容。在本节中,主要基于先前未发表的文献综述(Hörl et al.,2016),对这些方法进行简要讨论。

建模方法包括基于网络的定性分析(Gruel and Stanford,2016)、系统优化技术(Kang et al.,2015)和基于主体的交通模型(Fagnant and Kockelman,2014,Hörl,2016,Bischoff and Maciejewski,2016,Boesch et al.,2016,2018)。在这些研究中,一个反复出现的假设是,大部分现有的出行需求,如果不是全部的话,是由自动驾驶汽车满足的。人们预计,与现有的出行模式相比,自动驾驶汽车将变得极具吸引力,并且会打乱交通运输市场(Maunsel et al.,2014)。竞争力强的价格(Chen,2015),舒适度提高,以及在出行时进行有益活动的可能性(Litman,2014),是这一根本变化的重要因素。事实上,大多数研究都设想,不同形式的自主出行将向按需的自动驾驶汽车服务的通用出行模式靠拢(Enoch,2015),这可以看作一种全新的交通方式(Skinner and Bidwell,2016)。

一项特定的研究一直在分析当前大型共享自动驾驶车队需要的车辆数量。尽管他们通常没有考虑到降低(普遍)成本和增加某些类别人(残疾人、儿童、老年人)的可达性可能造成的反弹效应(Litman,2016),但他们的目标是提供未来道路上汽车数量的数量级。经合组织(OECD/ITF,2015)的一项研究得出,目前还需要10%的车辆来满足葡萄牙里斯本的现有需求。最近的一项研究(OECD/ITF,2017)发现,芬兰赫尔辛基也有类似的结果,广泛应用共享乘车甚至会进一步减少这一数据。

同样,Bischoff和Maciejewski(2016)估算,在柏林10辆车可以被一辆共享自动驾驶汽车替代,Fagnant等人(2015)估算得克萨斯州奥斯汀的比例为9∶1。同一城市最近的一项研究认为,自动驾驶汽车将采用电动形式,并考虑了必要的充电基础设施,也估算出6.8辆私家车可以被一辆自动驾驶汽车取代(Chen,2015)。Boesch 等人(2016)发现,目前由私人拥有汽车所满足的出行需求,可以由约目前规模的10%全自动车队来满足。另一个以新加坡为重点的研究,得出了具体的数字,即需要现有车队规模的30%才可满足相应需求(Spieser et al.,2014)。一个可能的原因是出租汽车的出行分担率很高,在某种程度上已经实现了车辆共享,这意味着与其他地区相比,私家车被替代的可能性更低。

总之,可以观察到以下几点:

(1)自动驾驶汽车有望推动共享系统的普及,并出现一种替代目前主要基于私家车的交通运输系统。

(2)尽管这些研究的假设有所不同,而且案例研究区域的特征也有所不同(社会人口统计、发展风格等),但在城市地区,每10辆车可由1辆自动驾驶汽车替代的比例是一个通常性的结果。

(3)这些研究通常没有明确考虑长途旅行。

以上基于简短的文献回顾,将为本章后续研究奠定基础。

8.3 大规模自动驾驶车队的规划:超越一天的视角

在过去的几十年里,交通规划经历了重大变化。长期以来,规划者们把重点放在基础设施的需求和交通流量的速度上,主要任务是确定道路基础设施的规模。为此,规划者着眼于“高峰时段”的交通。如今,人们普遍认为应对日常模式对于深入了解交通运输系统和考虑外部性都是必要的。因此,目前的运输模式的运营周期通常以天为单位。这也意味着,我们认为有可能只看一天(平均)就能回答手头大部分的计划问题。在某些情况下,可能需要查看不同的日期(例如,一个工作日和一个非工作日),但是很少会查看连续的多天。这种方法的一个关键隐含假设是,可以将日期视为相互独立的。例如,第1天的需求模式不会影响系统适应第2天需求的能力。在我们当前的交通运输系统中,这个假设似乎是合理的。私人拥有的车辆由个人车主管理,或者最多在一个家庭内管理。因此,个人通常可以使用他们自己选择的交通工具,其中包括他们自己的交通工具。

对于共享汽车,现有文献(Weikl and Bogenberger,2015)表明,自由浮动模式中的车辆重新分配会受前一天的出行需求影响。但考虑到共享汽车的整体出行分担率较低,这一问题可以用特别的模型来解决,并不会影响交通运输系统以天为运营周期这一特性。我们这里的论点是基于自动驾驶汽车的交通运输系统可能会发生变化,但是,据作者所知,目前自动驾驶领域的建模工作从未质疑过所用模型的时间范围。虽然这是影响研究的关键点之一,但以天为基本单位的方法是被科学界默认使用的。

8.3.1 假设:如果车队逃跑了怎么办

我们来关注一个特定的城市区域。如果私家车普遍存在,那么在给定的某天中,大多数汽车出发和结束的地点将是相同的,无论是车主的家,还是与工作活动有关的任何设施或其他地点。如果有人某一天在该地区以外过夜,这只会在非常有限的范围内对该系统产生影响。系统中少一辆车可能意味着在限定区域内对道路空间的竞争将降低。例如,如果许多

人在某一天离开，例如节假日，剩下的人可能会体验到更好的服务（即减少出行时间）。从建模的角度来看，这仅仅意味着这样的一天可能不是最具代表性的一天。一个被普遍接受的观点是，规划所针对的情况对系统来说应该是具有挑战性的，而不是过于极端的（为了有效地规划，这种情况应该足够频繁地出现，而不是非常罕见的事件）。

如果我们假设交通运输系统是基于共享自动驾驶汽车，那么同样的情况则完全不同。在超过一天的时间里，一辆共享的车应该比一辆私家车能多满足几个人的需求。我们此处回顾一下，根据现有文献，我们假设车辆替代率为 1：10。这意味着系统中少一辆车会产生更大的后果。从系统中移除的每辆车对交通边际的可能有积极影响，也可能对共享自动驾驶车队能够提供的服务水平会产生负面影响。如果很多人都使用共享自动驾驶车辆出行，那么在某个城市地区就可能没有更多的共享自动驾驶汽车。显然，共享自动驾驶汽车的使用可以通过限制在某个区域以避免这种情况发生，或者可以通过车辆重新分配来缓解这个问题。我们稍后将会讨论这些要点。然而，就目前而言，在不考虑这些可能行动的情况下，进一步进行论证是有益的。将很多车都被从系统中“移走”的某日，作为共享自动驾驶汽车规划的参考日，是一个合乎逻辑的选择吗？与私家车不同，这种情况不能简单地被忽视。这种情况下，交通运输系统的服务水平将非常低，甚至不存在，用户很可能不接受，一天之内，甚至几个小时内都不会接受。

为了避免这种情况，人们应该调整系统的规模，以便保证有一定的最低服务水平，即使预计有大量来自该地区的人将离开。也因此，似乎可以安全地假设先前研究的替代率总体上是可行的。如果考虑到私人车辆当前的所有用途（即包括长途、多日出行），较低的替代率似乎更符合现实。

为了解决这个问题，我们应该观察一段时间内（例如 1 年）的所有天数，在这段时间内，研究区域的大部分人口（与共享自动驾驶汽车车队规模相比）将使用汽车出行。更精确的定义（例如，人口的百分之几，这种情况发生的频率等）超出了本章的范围，但这里可以提出两个观察结果：

（1）自由浮动共享系统在车辆位置方面自然是不稳定的，车辆在空间和时间上的可用性取决于先前的出行需求。

（2）由于存在系统部署区域以外的长途旅行，共享自动驾驶汽车可用性较低的日子似乎不太可能连续出现（即在暑假期间，也包括周末）。

这些观察结果具有以下含义：

（1）如果连续几天，共享自动驾驶汽车的可用性较低，那么对于共享自动驾驶汽车系统规划来说，超过一天时间的建模似乎是不可避免的。

（2）即使我们假设这样的日子不会连续出现，以一个较长的周期建模也是可取的，因为它可以很好地处理对出行路径的依赖。因此，如果试图确定我们应该以哪一天为基础来制订计划，那么最好考虑更长的时间跨度。

因此，基于共享自动驾驶汽车的交通运输系统规划应该使用比一天时间范围更长的规划工具来执行，这样更加合理。

8.3.2 举例说明：法国的一个夏季

前文关于自动驾驶车队规划采用多日模式的论证是基于这样的假设：一辆共享的自动

车辆将取代10辆私家车，在节假日和其他日子（周末）有超过10%的现有车队离开了我们关注的城市地区。虽然这听起来有道理，但这并非基于经验观察。我们提供了一个简单的例子来加强这种推理。

为此，我们使用了Orange France记录的一组手机数据。它由呼叫详细记录（CDR）组成，记录了法国Orange TM网络在连续154天内（2007年5月13日至2007年10月14日）约2300万用户的手机使用情况。第一步，推断出这些人的居住地。这是通过确定人们经常过夜的地点来实现的。之后，我们选择了所有在法国最大的五个城市（巴黎、马赛、里昂、尼斯、图卢兹）居住的人。对这五个城市计算了在观察期内离开家乡不超过50km的人口比例。其中巴黎为58.4%，马赛为50.8%，里昂为67.8%，尼斯为43.2%，图卢兹为70.9%。为了进一步分析，我们从巴黎选取了5000人，从其他四个城市选取了2000人来作为样本。这个样本只包括那些离开他们的家至少超过50km的人，即所谓的（长途）流动人口。对于观察期内的每一天，计算一整天不在其居住地50km半径范围内的人数。结果如图8-1所示，包括流动人口的比例。

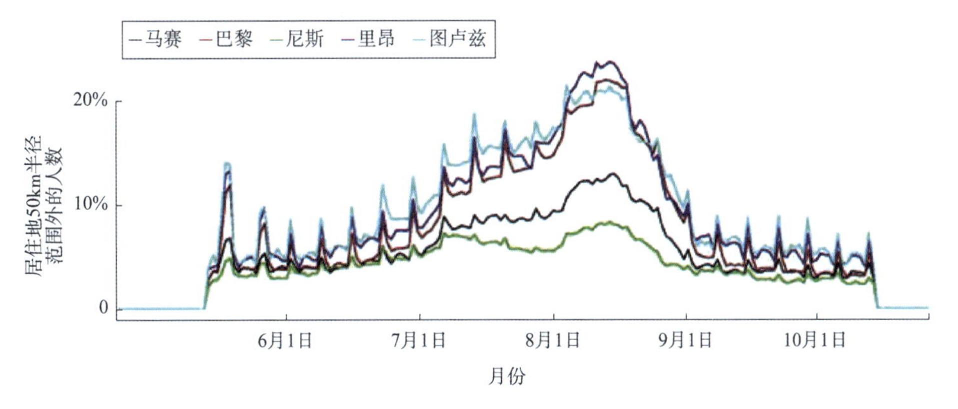

图8-1　进行长途多日旅行的居民（%）

例如，8月13日在里昂可以发现在50km以外的人数最多（即23%），因为里昂67.8%的人口是流动人口，所以样本的2000人中有686人在这一天出行。

图8-1清楚地显示了周末的高峰，表明了大城市的居民在周末会选择外出。尽管如此，在学校主要的放假期间，当达到整体的峰值时，高峰会逐渐模糊。有趣的是，蔚蓝海岸（尼斯和马赛）的居民喜欢在夏天待在家的周围。尽管如此，其他3个城市在假期高峰期时减少了约1/5的人口。为了进一步验证上述讨论，有必要证明大部分共享车辆在某个时刻至少会消失一天。我们发现，在这些城市中，超过20%的居民在8月外出几天，超过10%的居民在整个夏天（周末）有1~2天不在家。考虑在法国，大约80%的度假旅行者是开车出行的，而平均家庭规模约为2.2人（www.observationsociete.fr，2017；https://fr.statista.com，2017），似乎证实了前面讨论的一般有效性。事实上，一个基于一天模式的自动车辆系统是不够的，这在一年中的某些时期是相当普遍的。

8.4　与共享自动驾驶车队普及相关的其他建模问题

在本章作者看来，有关运输模型时间范围的新要求，似乎是共享自动驾驶车队普及所暗

含的建模问题。本节将讨论另外两个重要问题。

8.4.1 公务车、手艺人用车和其他不可共享的车辆

观察某个地区(例如,一个城市,甚至整个国家)的车辆总况,会发现,有许多车辆不容易共享,甚至是内在地“不可共享”。很难找到具体的统计数据,但作为第一个指标,我们可以使用一个法人实体拥有的汽车数量。例如,在瑞典,2016 年,大约 20% 的乘用车由一家公司或另一类法人所拥有(www. trafa. se,2017)。大多数提供公共服务的车辆(即警车、邮递车、救护车等)由于其独特的形式和性质,以及在某些情况下具有的特殊性,是不能共享的。其他例如手艺人的车辆,因为其中通常包含专业工具,很难共享。目前尚不清楚企业车队的共享性,因为它们通常更像普通车辆,不会有物理障碍。

在瑞士微型普查(Are and BFS,2017)中,有两类出行,“与工作有关的出行”和“服务”,与上述不可共享车辆进行的出行相对应。虽然我们不知道其中哪一类出行是使用不可共享的车辆进行的,但这些数据可以为这种现象提供进一步的线索。从图 8-2 中可以看到,对于工作日(Mo-Fr),在上午(除了中午的一个低点,假设是午休时间)和下午直到 17 点,8% ~ 14% 的出行是这两种类型。还需要注意的是,在 7 点到 16 点,通常会进行很多次出行(如青色线所示),这与一天中自动驾驶车队的高峰时段相对应。因此,存在这种数量级的不可共享车辆,迄今为止,这项研究都隐含地假设是可共享的,这很可能是相关的。

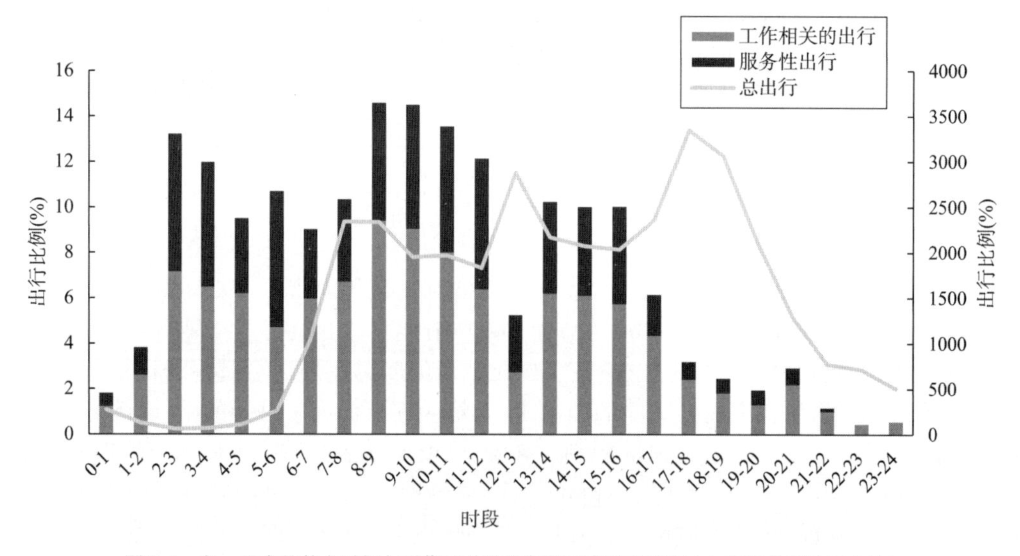

图 8-2 在一天中的某个时间与工作相关的出行和服务性的出行(占出行总量的百分比)(周一至周五接受调查的个人)

对作者来说,目前还没有明确地模拟所有此类出行和车辆的交通模型。事实上,如果模型的主要目标是再现交通流量,这不会产生影响。如果想要深入了解出行模式(即基于活动的模型),就需要重视这类出行,但还不至于对此类出行/车辆进行显式建模。然而,数据表明,在基于共享自动驾驶汽车的交通运输系统建模中,以及在预测替代率(AV/CV)约为 1/10 的情况下,这需要充分考虑此类出行。如果基于自动驾驶汽车系统的车队规模与所有不可共享车辆的车队规模相同,那么这类出行就必须考虑。

8.4.2　车队规模和外部性

在一个以私人车辆所有权为基础的体系中,车队规模至少部分地取决于交通基础设施和交通政策。文化和其他环境因素也起着重要作用。但考虑到与运输相关的外部性,车辆足迹是次要影响,因为车队不是一种规划维度,它取决于个人选择。在基于大型共享自动驾驶汽车车队的系统中,车队规模本身就是规划的一部分,例如,满足预期需求和期望的服务水平。因此,有关运输外部性的观点发生了变化。车队规模影响服务水平,规模越大,服务水平通常会更好,而这又可能会导致出行距离的增加。车队规模也会影响重新分配,在目标服务水平下,较小车队意味着需要更多的重新分配,因此会增加行驶距离(尤其是空车出行)。一些研究人员(Chen and Kockelman,2016)已经探讨了这一概念。如果这些模型不能直接提供分析这一权衡取舍的展示,至少应该提供定量评估权衡取舍的工具。

请注意,在这种情况下,不应忽视车队的转变速度可能会更快,因为汽车的使用会更加密集。

8.5　讨论

前面讨论中对每一个问题的具体模型要求,已给出了简短建议。在本节中,我们将尝试为大型共享自动驾驶汽车系统的规划创建一个连贯的图像。需求和可能的解决方案不一定是严格的技术意义上的建模要求。讨论会更具概念性,并解决如何应用模型,最终与其他建模工具相结合。

8.5.1　建模需求

本章前面没有直接讨论一个通用需求,但一般认为共享出行建模所必需的是:

(1)该模型应具有较高的时间和空间分辨率,以便在表示共享出行系统运行时有意义(因为在精确的时间和空间点上的有效性至关重要),并单独表示用户和车辆(Ciari et al.,2014)。

大型共享自动驾驶汽车系统建模固有的要求是:

(2)模型的时间范围需要超过1天。即使严格来说,可能没有必要使用一个交通模型来详细描述几天内的交通流量,但仍有必要了解需要将哪些天数的序列作为规划的基础。

(3)有几种类型的车辆因其自身的特性而无法共享。目前在大多数交通模型中并没有明确地表现此类车辆,目前这是可以接受的,因为他们数量较少。如果将整个车队缩减到与此类特殊车辆相同的规模,则有必要对其进行更深入的分析,也可能需要对其进行显式建模。

(4)一个用于规划系统,同时也用于评估包括可能的外部性在内的成本和收益的模型,就像越来越多的交通模型所做的那样,应该能够捕捉到一级影响因素。随着车辆成为规划的一部分,该模型至少应支持与在系统中引入额外车辆相关的外部性评估。

8.5.2　解决需求:基于 MATSim 的示例

在下面的段落中,我们将提出满足上面所列建模需求的方法。为了进行更具体的讨论,

我们以现有的模拟工具 MATSim 为基础(Horni et al.,2016),该工具已被广泛用于共享出行系统建模,包括自动驾驶汽车系统(Ciari et al.,2016;Bischoff and Maciejewski,2016;Hörl,2016,Liu et al.,2017)。本章讨论的思想不仅适用于 MATSim,而且适用于符合上述 8.5.1 a 要求的任何模型。

模型的时间范围有三个问题需要解决。交通模拟需要能够模拟多天的情况。MATSim 可以将模拟时间延长到 1 天以上。例如,在 Ordóñez Medina(2016)的研究中,模拟的时间周期为一周。一般来说,即使在其他建模框架中,技术能力也不应成为主要问题,因为模拟多天并不需要对模型本身进行根本性地更改,但模型的计算时间可能会成为问题。第二个方面是数据。我们需要纵向数据来观察时间序列。上一节分析的就是一个很好的例子。但是,手机数据的可用性并不总是有保障的。在一些国家,即使是出于研究目的,数据保护法可能会阻止或限制这类数据的使用,尤其是在附有社会人口信息的情况下。为了更深入地了解决策背后的机制,人们也可以考虑使用跟踪应用程序进行具体的调查(Becker et al.,2017)。最终,全国出行数据调查可能需要演变为连续多日的跟踪调查,并辅以社会人口的统计信息。

如果一个模型可以处理多天和纵向出行需求数据,那么原则上已经可以解决面临的问题了。在这种情况下,计划所依据的天数的序列是模型的外生变量,因为它们来自经验数据。

另一种更为激进的可能性是,使出行者的长期行为成为模型内生变量。也就是说,使行动者能够根据自己的需要完全自由地组织他们的计划。这个机制还没有在 MATSim 中创建,尤其是在多日的模型中。此外,这种方法计算成本很高。尽管如此,使这种方法是可取的,因为它可以直接表示出自动驾驶车辆系统和个人出行行为之间的相互影响。例如,它将使我们能够深入了解该系统的弹性,如果该系统基于自动驾驶车队,这一话题将变得更重要。在过去,基于多天活动的模型很少被实施。然而,这类工具将是对 MATSim 或其他类似性质模型的理想补充,从而更深入地了解上述问题。Janzen 和 Axhausen(2017)提供了此类工具的一个例子。

在这一点上,有必要将解决服务区域限制和车辆重新分配问题。前者可能会限制分析区域以外的出行,而后者可能会减少这种出行对共享自动驾驶汽车服务水平的影响。这些可能是反对扩展模型的时间范围的论据。但是,我们应该考虑,如果在某个服务区域之外禁止自动驾驶车辆出行,那么应该提出其他解决方案来满足出行需求。如果没有明确考虑此类解决方案,则任何自动驾驶汽车车队的交通运输系统与当前交通运输系统(或基于私家车的交通运输系统)的比较都将无效。我们会将目前的交通运输系统与目前已满足但不能完全满足出行需求的交通运输系统进行比较。这对所有的出行都有影响,但可能更突出的是如何解释外部性。例如,由于共享自动驾驶车队规模减少,将对长途出行造成额外的成本(可能非常高)。我们已经看到,如果采取多日的方法,就可以对隐含的权衡取舍进行正确的评估。同样,如果使用(自动)重新分配将车辆带回原始区域,则应考虑产生的车辆额外行驶里程(VMT),并与其他可能的负面因素(即车队规模)进行权衡,并且有必要对一个多天的时间跨度进行评估,因为这种权衡取舍与该地区边界内人员出行的时间模式有关。更一般地说,把仅仅存在这种可操作的解决方案作为坚持选择单日模型的理由,意味着明确地避免考虑某一解决方案所隐含的所有外部效应。

在建模方面,不可共享车辆的问题似乎很容易处理,因为主体的行为不需要在细节层面上模仿使用这些车辆的个人行为。事实上,如果相关数据是在基于主体的群体所建立的数据集中捕获的,那么通常是出行数据调查;提供此类车辆如何行驶的合理图片应该不是问题。在出行调查中,受访者的职业获取不一定有较多的细节,但调查数据提供了一些线索,表明哪些人可能会驾驶不可共享的车辆。就活动类型而言,通常将其作为出行目的,它常被报道为不是一项常规的工作活动,而是一项服务(如图8-2所示,瑞士微型普查就是如此)。如果没有明确报告这一点,它可能有助于检测此类活动,即这种类型的出行链在一天的时间段内也会有许多此类行程,而其间的工作活动(或服务)将在不同的地点进行。从建模的角度来看,这个问题可以通过处理这些个体对应的主体来解决。对他们来说,应该调整活动地点选择的标准,因为这不是固定的,也不是出于方便或吸引力的考虑。例如,在作者看来,更详细的报告,如果一个主体应该满足的需求被明确地揭示出来,那么将不会增加足够有价值的见解,从而值得付出大量额外的努力。还应该提到的是,上述推理并没有考虑到电子购物的增长。一方面,这将增加不可共享车辆对整体交通流量的影响。另一方面,这种文化变化对个人出行模式的影响(即替代效应)仍然不确定。目前关于这一主题的研究尚未就其影响找到最终答案。因此,这个问题被特意排除在讨论之外。

在交通规划中,关于外部性的论述通常仅限于与车辆使用相关的外部性。VMT是整个外部性计算数组的关键值。如果还需要考虑与车辆生产相关的外部性,如本章前面所述,生命周期评估法(LCA)是最成熟的技术之一。LCA的理念是通过量化所有物质流的所有输入和输出,并评估这些物质流对环境的影响,来分析产品和服务所产生的所有环境影响。LCA在车辆和燃料方面的应用被称为从油井到车轮的评估。然而,它在交通规划中的应用是有限的,LCA更常用于比较单一的产品(即新车辆技术的影响)。据作者所知,LCA并未应用于自动驾驶汽车系统评估。我们提到一些学者(Chen and Kockelman,2016)已经指出了在共享自动驾驶汽车系统中车辆行驶里程和车辆数量之间的权衡关系,但在未来,这应该被定量评估。LCA将是此类评估的基础。这一点对于任何车型都是如此,其中单个车辆,可能还有车辆类型,将被明确地表示出来。在MATSim中,已经存在将软件输出用作LCA输入的应用程序(Bauer et al.,2016)。

8.6　总结与展望

本章讨论了大型共享自动驾驶汽车系统的战略规划问题,并指出基于此类车队的交通运输系统将产生新的建模要求。事实上,整个讨论都是基于相当简单的观察。然而,它的主要贡献之一是认识到,在规划共享自动驾驶汽车系统所需的工具需求方面,此类观测可能具有深远的影响。

到目前为止,有关共享自动驾驶汽车的现有文献并未认识到这些方面的重要性。充其量,考虑了某些自动驾驶汽车的特性,但基本上依赖共享出行的交通运输系统的规划影响并未得到考虑(Bischoff and Maciejewski,2016;Boesch et al.,2016;Spieser et al.,2014;Fagnant and Kockelman,2015)。我们发现,以前的研究结果,在1辆自动驾驶汽车替代大约10辆传

统汽车的数值上有某种收敛性,可能与通常发生的情况不相容。最重要的是所有这些情况下,大部分自动驾驶汽车将离开研究区域,并将服务水平降低到非常低的水平。我们注意到,为了适当地解决这个规划问题,模型的时间范围应该延长到1天以上。一个基于法国五个城市的经验数据的例子证实,如果计划只考虑一天,基于共享自动驾驶车队的系统确实会遇到关键性问题。事实上,我们不仅发现只有一天的视角是不够的,还发现对于共享系统的性质而言,拟建自动驾驶车队所需的天数或连续天数,未必与私人拥有自动驾驶车队所考虑的天数相同。

我们证明了,重新分配是一种可行的策略,与自由浮动系统相比,重新分配的成本更低,因为不需要驱动程序,但这不会改变规划需要多日视角的事实。这同样适用于在特定区域外可能限制使用车辆的情况。此外,后者似乎与当前的发展不协调,因为交通运输似乎趋向多式联运的解决方案和综合系统,几乎具有无限的灵活性。至少在今天看来,为这种进化引入人为的障碍似乎是不太可能的。相反,如果共享出行确实是一种新的模式,那么应该承认,将我们的建模工作局限于特定区域将越来越困难。

其他问题,与出行模式向共享系统的转变有关的,也很快就被讨论了,即我们所说的不可共享的车辆以及考虑生命周期影响的必要性。本章还讨论了它们建模的含义。

本章还提出了解决这些问题的办法。解决方案不是技术性的,而是关于如何应用和组合可用的建模工具来规划大型共享自动驾驶车队。从这个意义上说,讨论提供了关于如何开展这种规划活动的指南,而不是介绍一种具体的新方法。然而,为了使讨论更切合实际,MATSim可以作为一个假设的建模系统的基础解决所有提到的问题。框架中最重要的整合将是一个模型,该模型将处理长期的出行需求,并能够提供关于自动驾驶车队规划应考虑的系列天数(Janzen and Axhausen,2017)。

我们还观察到,与目前交通研究中普遍使用的数据集不同,需要另外的数据集来了解自动驾驶汽车系统的规划应基于哪一天的顺序(连同或代替上述模型)。这也提出了一个不同的问题,自动驾驶汽车不仅会影响模型,而且会影响数据采集。纵向数据不仅具有吸引力,而且对于正确处理此类规划问题是必要的。可能有必要重新考虑全国性的出行调查,更多地依赖创新的调查解决方案,但也需要重新发现一些不常用的数据集(例如交通量统计)。

必须强调的是,只有当人们假设自动驾驶汽车系统可能成为新的运输支柱时,上述要求才是不相关的。事实上,如果有充分的理由相信共享自动驾驶系统不会在未来的交通运输系统中流行起来,而我们也不需要为它们做规划,那么唯一的情况就是它们不相关。由于技术进步使这种系统成为可能,在规划工作中考虑这些情况似乎是合理的,并应将其与其他自动驾驶汽车不会发挥如此重要作用的情况进行比较。这也将有助于在“天堂或地狱”的观点之外,引发对未来交通运输和自动驾驶车辆影响的讨论,这些观点当然吸引了人们的注意,但并没有得到充分证实。

向共享出行的模式转变可能意味着模型需要涵盖更多的复杂性。当然是另一种复杂性。共享交通的本质是提供“随机”供给。供给依赖于出行路径,预计会出现复杂的时空模式,并应进行建模。将模型的时间范围扩展到1天以上将有助于获取这些方面的信息。但另一方面,本章中提到的要求以及其他可能存在但未在此处考虑的要求,在将来可能会被考虑,至少在某些特定情况下是这样的。根据现实生活中的经验,可能会出现一些经验法则。

但是现在,由于大型共享自动驾驶汽车系统还不存在,因此在此处进行的简单观察,当前评估方法的隐含局限性以及随之而来的建模要求(看起来可能很愚蠢),在未来可能出现的许多基于共享自动驾驶汽车的交通运输系统中,可能对规划一个良好的交通运输系统至关重要,并且应该加以考虑。

这项研究将在两个层面继续进行。一方面,我们将探讨自动驾驶车队的广泛使用所隐含的其他可能的需求,并讨论由此产生的建模需求。这些,连同本章已经讨论过的,将以一种正式的方式来进行阐述,并用更多的实证例子来支持讨论。另一方面,我们将尝试根据建议的标准对选定案例研究的自动驾驶车队进行评估。如果理论工作和具体应用能够进一步验证本文提出的定性讨论,在更远的将来,这项工作将集中于对建模工具的进一步完善,最终目标是创建一个建模工具集,以恰当地应对许多人想象的未来:一个共享自动驾驶车队将成为运输支柱的世界。

本章参考文献

Are and BFS,2017. Mikrozensus Mobilität und Verkehr. Neuchâel,CH.

Bauer,C. ,Cox,B. ,Heck,T. ,Hirschberg,S. ,Hofer,J. ,Schenler,W. ,Simons,A. ,Del Duce,A. ,Althaus,H. -J. ,Georges,G. ,Krause,T. ,González Vayá,M. ,Ciari,F. ,Waraich,R. A. ,Jäggi,B. ,Stahel,A. ,Froemelt,A. ,Saner,D. ,2016. Opportunities and Challenges for Electric Mobility:an Interdisciplinary Assessment of Passenger Vehicles. Final Report,THELMA(Technologycentered Electric Mobility Assessment),PSI,EMPA and ETH Zurich,Villigen,Dubendorf and Zurich.

Becker,H. ,Ciari,F. ,Axhausen,K. W. ,2017. Measuring the travel behaviour impact of freefloating car-sharing. In:Paper Presented at 96th Annual Meeting of the Transportation Research Board,Washington,D. C. January 2017.

Bischoff,J. ,Maciejewski,M. ,2016. Simulation of city-wide replacement of private cars with autonomous taxis in Berlin. Procedia Computer Science 83,237-244.

Boesch,P. M. ,Ciari,F. ,Axhausen,K. W. ,2016. Required autonomous vehicle fleet sizes to serve different levels of demand. Transportation Research Record 2542(4),111-119.

Boesch,P. M. ,Ciari,F. ,Axhausen,K. W. ,2018. Transport policy optimization with autonomous vehicles. Transportation Research Record 2672(8),698-707.

Chen,T. D. ,2015. Management of a Shared,Autonomous,Electric Vehicle Fleet:Vehicle Choice,Charging Infrastructure & Pricing Strategies(Ph. D. Dissertation). University of Texas at Austin.

Chen,T. D. ,Kockelman,K. M. ,2016. Management of a shared,autonomous,electric vehicle fleet:implications of pricing schemes. In:Paper Presented at the 95th Annual Meeting of the Transportation Research Board,Washington DC,January 2016.

Ciari,F. ,Bock,B. ,Balmer,M. ,2014. Modeling station-based and free-floating carsharing demand:a test case study for Berlin,Germany. Transportation Research Record 2416(2),37-47.

Ciari, F., Balac, M., Axhausen, K. W., 2016. Modeling carsharing with the agent-based simulation MATSim: state of the art, applications and future developments. Transportation Research Record 2564, 14-20.

Enoch, M. P., 2015. How a rapid modal convergence into a universal automated taxi service could be the future for local passenger transport. Technology Analysis and Strategic Management 27 (8), 910-924.

Fagnant, D. J., Kockelman, K. M., 2014. The travel and environmental implications of shared autonomous vehicles, using agent-based model scenarios. Transportation Research Part C: Emerging Technologies 40(1-13). ISSN 0968090X.

Fagnant, D. J., Kockelman, K., 2015. Preparing a nation for autonomous vehicles: opportunities, barriers and policy recommendations. Transportation Research Part A: Policy and Practice 77, 167-181.

Fagnant, D. J., Kockelman, K. M., Bansal, P., 2015. Operations of shared autonomous vehicle fleet for Austin, Texas. Transportation Research Record: Journal of the Transportation Research Board 2536, 98-106.

Gruel, W., Stanford, J. M., 2016. Assessing the long-term effects of autonomous vehicles: a speculative approach. Transportation Research Procedia 13, 18-29.

Hörl,., 2016. Implementation of an Autonomous Taxi Service in a Multi-Modal Traffic Simulation Using MATSim. Master thesis. Chalmers University of Technology.

Hörl, S., Ciari, F., Axhausen, K. W., 2016. Recent Perspectives on the Impact of Autonomous Vehicles, Arbeitsberichte Verkehrs-und Raumplanung, vol. 1216. IVT, ETH Zurich, Zurich.

Horni, A., Nagel, K., Axhausen, K. W. (Eds.), 2016. The Multi-Agent Transport Simulation MATSim. Ubiquity, London.

Janzen, M., Axhausen, K. W., 2017. Destination and mode choice in an agent-based simulation of long-distance travel demand. In: Paper Presented at the 17th Swiss Transport Research Conference, Ascona, May 2017.

Kang, N., Feinberg, F. M., Papalambros, P. Y., 2015. Autonomous electric vehicle sharing system design. In: Paper Presented at the ASME 2015 International Design Engineering Technical Conferences and Computers and Information in Engineering Conference, Boston, January 2015.

Litman, T., 2014. Autonomous Vehicle Implementation Predictions: Implications for Transport Planning. Victoria Transport Policy Institute.

Litman, T., 2016. Generated Traffic and Induced Travel. Victoria Transport Policy Institute.

Liu, J., Kockelman, K. M., Boesch, P. M., Ciari, F., 2017. Tracking a system of shared autonomous vehicles across the Austin, Texas network using agent-based simulation. Transportation 44 (6), 1261-1278.

Maunsell, D., Tanguturi, P., Hogarth, J., 2014. Realising the benefits of autonomous vehicles in Australia. Accenture. http://www. observationsociete. fr/structures-familiales/taille-des-menages-vers-une-stabilisation). html" \o. http://www. observationsociete. fr/structures-familiales/

taille-des-menages-vers-une-stabilisation). html.

OECD/ITF,2015. Urban Mobility System Upgrade: How Shared Self-Driving Cars Could Change City Traffic. OECD Publishing/ITF, Paris.

OECD/ITF,2017. Shared Mobility Simulations for Helsinki. OECD Publishing/ITF, Paris.

Ordóñez Medina, S. A. ,2016. Simulating Work-Leisure Cycles in Large Scale Scenarios: Models and Implementation. PhD Dissertation, ETH Zurich, Zurich.

SAE International,2014. Taxonomy and Definitions for Terms Related to On-Road Motor Vehicle Automated Driving Systems, j3016 ed. Warrendale, PA. http://standards. sae. org/j3016_201401/.

Skinner, R. , Bidwell, N. ,2016. Making Better Places: Autonomous Vehicles and Future Opportunities. Parsons Brinckerhoff, WSP.

Spieser, K. , Ballantyne, K. , Treleaven, R. Z. , Frazzoli, E. , Morton, D. , Pavone, M. ,2014. Systematic approach to the design and evaluation of automated mobility-on-demand systems a case study in Singapore. In: Meyer, G. , Beiker, S. (Eds.), Road Vehicle Automation (Lecture Notes in Mobility). Springer International Publishing, pp. 229-245. Available at. http://www. trafa. se/en/road-traffic/vehicle-statistics/.

Weikl, S. , Bogenberger, K. ,2015. A practice-ready relocation model for free-floating carsharing systems with electric vehicles-mesoscopic approach and field trial results. Transportation Research Part C: Emerging Technologies 57,206-223.

第4部分　应　　用

第9章　公共交通

Yannis Tyrinopoulos
希腊,雅典,西阿提卡大学,土木工程学院

9.1　引言

研究发现,几十年来,公共交通一直是最受欢迎的交通工具之一。它的社会重要性、方式多样性以及快速的技术进步,都鼓励着科学家研究各种各样的公共交通问题。为了从不同的角度研究公共交通,并得出对决策者有用的结果,以便改善公共交通基础设施和服务,研究人员采用了不同的分析方法。

本章概述了许多研究人员和科学家在公共交通领域广泛应用的方法。更具体地说,它提供了一些分析方法应用实例,如因子分析、主成分分析、离散选择分析和结构方程建模。这些方法已被用于研究和科学分析,旨在揭示影响公共交通需求的因素,并确定用户对服务质量的满意度。这一章还包括指导性建议,帮助研究人员更好地使用他们的分析方法,并就如何帮助政策制定者和决策者有效地利用这些研究成果提出建议,以便改善公共交通服务。

对公共交通需求、用户满意度等的分析,可采用多种方法进行,如从简单的描述性统计分析到更复杂和更先进的结构方程建模等方法。这些方法的应用取决于多个因素,如调查的主题和数据的可用性。表9-1列出了研究人员和科学家分析的具有代表性的公共交通问题,以及对应的常见分析方法。

公共交通问题和分析方法　　表9-1

方法	主题			
	需求	用户满意度	模式选择	行为意图
描述性统计	√	√	√	√
象限分析		√		
影响评分分析		√		
因子分析	√	√		
主成分分析	√	√		
离散选择分析	√	√	√	√
结构方程建模	√		√	

9.2 应用

9.2.1 应用 A:使用结构方程模型,评估影响城市出行方式选择的因素

结构方程模型(SEM)是一种数学建模技术和统计方法,常用于估算和评估不可观测变量,是“潜在的”。SEM 包含一个测量模型,该测量模型使用一个或多个观测变量来定义潜在变量;还包含一个在潜在变量之间建立关系的结构模型。SEM 因为能够在观测变量与潜在变量之间建立联系,在社会科学中被广泛使用。在城市交通中,SEM 是一种很好的统计方法,可以说明影响交通方式选择的因素。

Tyrinopoulos 和 Antoniou(2013)搭建了结构方程模型,以更好地了解影响上班族选择城市交通方式的因素。研究区域是 Kalamaria 市(希腊的塞萨洛尼基),研究时间是 2008 年 3 月。600 名成年公民对这项调查作出了答复。通过问卷调查,研究人员了解到研究区域的出行特征、居民的需求和要求、影响出行方式选择的因素、居民对交通中心提供的服务的偏好以及其他出行方式的意愿。

Tyrinopoulos 和 Antoniou(2013)开发的结构方程模型如图 9-1 所示。潜在变量反映了受访者的潜在出行行为,基于 5 个指标,即停车位、良好的交通衔接、拥堵度、出行距离和时间以及出行费用。除潜在变量外,性别和年龄也起一定作用。

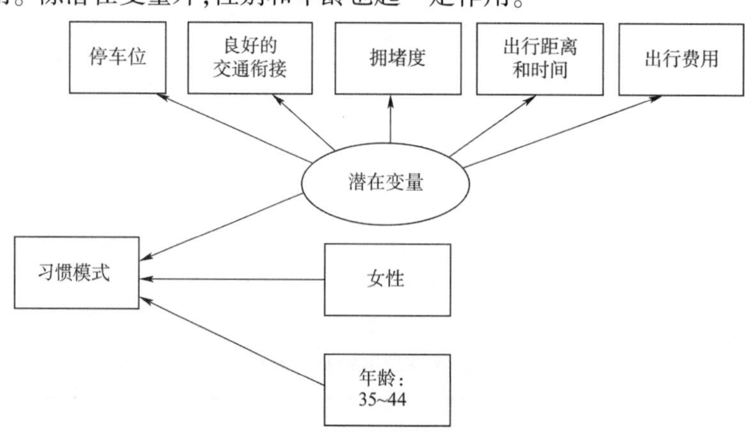

图 9-1 结构方程模型的路径

来源:Tyrinopoulos, Y., Antoniou, C., 2013. Factors affecting modal choice in Urban Mobility. European Transport Research Review 5(1), 27-39.

估算结果见表 9-2,其顶部显示了回归方程的估计结果。

结构方程模型的估计结果 表 9-2

指标	估计	标准误差	z 值
回归			
习惯模式	~		
潜在变量	-0.123	0.051	-2.408
女性	0.198	0.043	4.620

续上表

指标	估计	标准误差	z 值
36～44岁年龄组	-0.196	0.048	-4.129
潜在变量			
停车位	1		
良好的交通衔接	1.084	0.215	5.051
拥堵度	1.569	0.276	5.679
出行距离和时间	1.768	0.311	5.683
出行费用	0.936	0.196	4.775
差异			
停车位	2.119	0.142	
良好的交通衔接	1.543	0.108	
拥堵度	1.047	0.104	
出行距离和时间	1.068	0.121	
出行费用	1.536	0.105	
习惯模式	0.209	0.013	
潜在变量	0.275	0.087	
观察值的数量	511		
对数似然值与信息准则			
对数似然用户模型(H_0)			-5304.78
对数似然无约束模型(H_1)			-5263.70
可用参数的数量			14
赤池(AIC)			10637.56
贝叶斯定理(BIC)			10696.87
样本大小调整的贝叶斯定理(BIC)			10652.43
标准化残差均方根(SRMR)			0.060
渐近误差均方根(RMSEA)			0.081
比较拟合指数(CFI)			0.811
Tyrinopoulos, Y., Antoniou, C., 2013. Factors affecting modal choice in Urban Mobility. European Transport Research Review 5(1), 27-39.			

女性受访者更倾向于乘坐公共汽车。此外,36～44岁的受访者更倾向于汽车。这是一个直观的发现,因为这些受访者正处于职业生涯的黄金时期,他们受益于私家车带来的更大的流动性。本章报告了三种拟合优度的度量方法:标准化残差均方根(SRMR)、渐近误差均方根(RMSEA)和比较拟合指数(CFI)。SRMR的值在0到1之间,拟合良好的模型值小于0.06。因小于0.08的值被认为是可接受的,故该模型的获得值(0.06)是可接受的。RM-

SEA 可接受的值一直是被争论的话题,但一般来说,是在0.06到0.08之间,而0.07是普遍接受的。因此,该模型的获得值(0.081)是不可以接受的。第三个拟合优度的度量,比较拟合指数(CFI)因为模型的获得值是0.811,低于建议的值(大于0.90甚至达到0.95),拟合度较差。

与许多其他模型的应用比较表明,结构方程模型是一种很好的方法,可以将出行者的反应作为指标,来分析潜在出行行为的影响。在应用结构方程模型方法时,最关键的步骤是选择潜在变量和建立结构模型。

9.2.2 应用B:使用象限分析,确定需要改进的公共交通特性

象限分析法是一种简单的方法,主要用于质量特征分析。象限分析法的原始数据是通过问卷调查收集的;分析的目的是根据受访者的意见,确定公共交通运营组织需要改进的质量特征;分析的核心是每个特征重要性和满意度的平均得分之间的相关性。

象限分析法被广泛应用于评估出行和公共交通服务的质量。2005年,Tyrinopoulos等人(2006年)发表了象限分析法在公共交通业务中的应用结果。这是在希腊塞萨洛尼基进行的一次广泛调查,目的是确定公民的需求和优先事项,并评估当地交通组织提供的公共交通服务。根据调查的需要,研究人员编制了一份问卷,并由400名乘客填写。乘客对问卷中的23个特征指标,使用从1(最不重要和最不满意)到5(最重要和最满意)的量表,进行重要性和满意度评分。调查采用李克特量表(Likert,1932)记录。针对所有特征指标,计算得出的重要性和满意度的平均得分见表9-3。

质量特征指标的重要性和满意度的平均得分　　表9-3

序号	质量特征指标	重要性	满意度
1	行程频率	4.7	3.0
2	排班遵守程度	4.5	3.0
3	公交运营时间	4.1	3.6
4	公交线路覆盖率	4.6	3.5
5	有关行程、线路、票和卡的一般信息的提供	3.6	3.2
6	各种票证	3.4	3.7
7	票证费	4.4	3.3
8	售票网络	3.9	3.6
9	驾驶员礼貌程度	4.2	3.2
10	公交专用道的存在	4.5	3.4
11	减少空气污染的措施	4.3	2.8
12	到公共汽车站的距离	4.2	3.4
13	在公共汽车站提供有关路线和线路的资料	3.8	3.3
14	公共汽车站的等候条件	4.4	3.0
15	车站候车安全	4.3	3.0

续上表

序号	质量特征指标	重要性	满意度
16	车载条件	4.7	2.6
17	公共汽车的清洁度	4.6	2.8
18	驾驶行为	4.4	3.3
19	车载信息的提供	3.4	2.7
20	公共汽车对行动不便人士的可达性	4.6	2.2
21	换乘站间距	3.8	3.5
22	在换乘站的等候时间	4.2	3.0
23	促进换乘的信息提供	3.6	3.0
转载自 Tyrinopoulos, Y., Aifadopoulou, G., Papayannakis, A., Toscas, J., May 19-20, 2006. An Integrated Quality Control System for the Transit services of Thessaloniki. 3rd International Congress on Transportation Research. Thessaloniki, pp. 273-283。			

根据表9-3创建的散点图,如图9-2所示。

图9-2分为4个象限。根据重要性和满意度平均得分,23个质量特征指标被分配到这4个象限中。需要特别注意象限D,其包含了重要性得分高、满意度得分低的特征指标。即该部分体现了重要但乘客不满意的公交特性,公共交通运营组织应特别注意并加以改进。在该调查中,这些质量特征指标是车载条件、公共汽车对行动不便人员的可达性、公共汽车的清洁度、车载信息的提供、减少空气污染的措施。

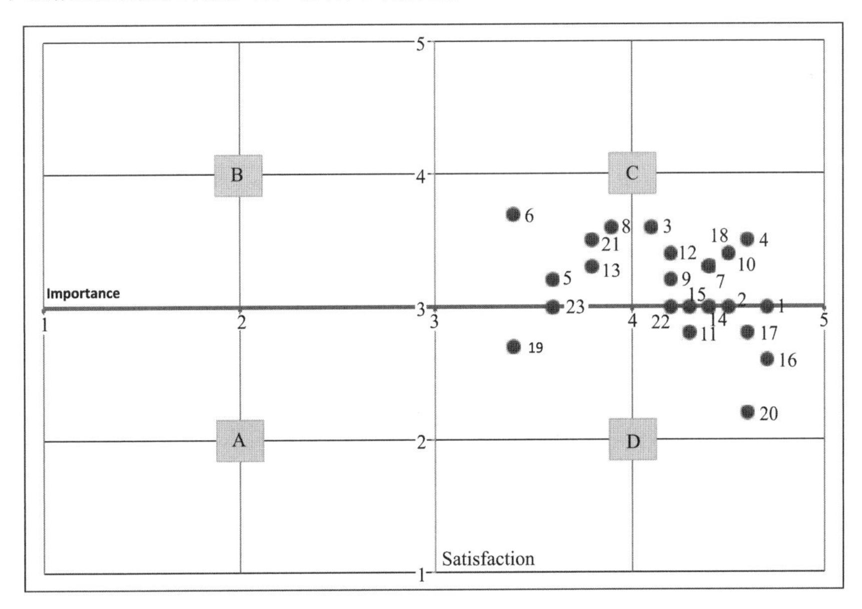

图9-2 象限分析结果

来源:Tyrinopoulos, Y., Aifadopoulou, G., Papayannakis, A., Toscas, J., May 19-20, 2006. An Integrated Quality Control System for the Transit services of Thessaloniki. 3rd International Congress on Transportation Research. Thessaloniki, pp. 273-283。

象限分析法还揭示了重要且乘客满意的质量特征指标(象限C)。这是另一个重要的结

果,因为这些特点为当地的运输组织带来竞争优势,应该保持在较高的水平上。

在应用象限分析法时,研究者应注意重要性和满意度的量表,也应注意量表中区分低重要性/满意度和高重要性/满意度的节点。在上述例子中,李克特量表的中间值为3。例如,如果公共交通组织希望受访者对服务满意度更严格,可以将分离点降低到2。在这种情况下,结果将大不相同,需要改进的质量特征指标也将更多。

象限分析法虽然是一种被普遍接受的,用于调查质量特征的重要性与满意度相关性的方法,但无法确定这些质量特征对乘客总体满意度的影响。影响评分分析法是实现这一目的的最合适方法(TCRP,1999)。

9.2.3 应用C:使用因子分析,评估使用者感知满意度对公共交通品质的影响

因子分析法是一种常用的统计方法,被广泛应用于分析交通问题,以揭示一组变量之间相关性的潜在因素。因子分析需基于特定的统计模型(Washington et al.,2003)。

Tyrinopoulos 和 Antoniou(2008)分析了质量控制项目中收集的大量数据。这些质量控制项目应用于希腊的两个主要城市,雅典和塞萨洛尼基的5个不同的公共交通运输系统。这些系统是:

(1)Attiko 地铁(AMEL),由雅典的地铁运营商运营;

(2)雅典热力巴士(ETHEL),由雅典的公共汽车运营商运营;

(3)雅典—比雷埃夫斯无轨电车(ILPAP),由雅典的无轨电车运营商运营;

(4)雅典—比雷埃夫斯电力铁路(ISAP),由雅典的电力铁路运营商运营;

(5)塞萨洛尼基的城市交通组织(OASTH),由塞萨洛尼基的公共汽车运营商负责。

在涉及乘客满意度的项目中,这些乘客被要求从重要性和满意度的角度,来评估这5个系统的某些属性。乘客满意/不满意调查涉及23项质量和运营服务指标。

该项目研究者运用因子分析法,对所收集的资料进行分析,以辨别受访者所感知的潜在因素,并依据用户来评估每项质量特征指标的重要性。因子分析法得出了每个公共交通运营商所含有的3个主要因素,见表9-4最后一行。这些因素的描述如下:

(1)服务质量,包括与价格、信息提供、人员行为、等候和车内状况以及可达性有关的指标;

(2)运输质量,包括与运输协调相关的指标(距离、等待时间和信息提供);

(3)服务成果,反映服务频率和可靠性;

(4)信息/礼仪,包括与信息提供和人员行为有关的指标。

使用因子分析法得出的一些有趣结果是:对于公共汽车和无轨电车运营公司,服务质量和换乘质量似乎是乘客的头等大事。这些与质量指标相关,包括价格、信息提供、等待和车内条件、可达性和换乘协调性。对于唯一的地铁系营公司,服务质量排名第三。因为高质量的服务被认为是理所当然的,所以乘客会强调其他的质量指标,例如与其他交通方式的换乘协调性和信息提供。总的来说,与预期的一样,因为在雅典,居民有许多交通运营商提供服务(目前共有6家,其中电车服务和郊区铁路服务是在数据收集后开始提供的),所以表达了对良好的协调性和可靠的交通环境的强烈偏好。在塞萨洛尼基,因为乘客除了公共汽车,别无选择,所以情况有所不同。

表 9-4

按运营商划分的所有受访者的因子分析结果

载荷	OASTH			AMEL			ILPAP			ISAP			ETHEL		
	因素1	因素2	因素3	因素1	因素2	因素3	因素1	因素2	因素3	因素1	因素2	因素3	因素1	因素2	因素3
服务频率			0.864	0.921					0.877		0.965				0.763
准时表现			0.684	0.875					0.829		0.833				0.739
服务时长			0.350	0.447					0.330		0.370				
时刻表信息	0.614					0.361	0.602			0.740			0.608		
价格					0.467		0.567			0.375			0.444		
人员行为(除驾驶员)	0.491					0.542	0.854			0.677			0.783		
公交专用道			0.303		0.469		0.508			0.332					
到站距离与时间			0.325		0.412			0.426			0.419			0.354	
在车站的时刻表信息	0.864					0.611	0.683			0.471			0.569		
在车站的等待状况	0.553				0.724		0.739		0.314		0.422		0.468		
车内状况	0.553				0.990		0.661				0.594		0.578		0.380
驾驶员行为	0.472					0.426	0.667			0.799			0.771		
车内信息	0.828					1.065	0.574			0.880			0.454		
可达性(关于残疾人士)	0.410			0.351			0.519			0.368			0.460		
换乘距离		0.948		0.575				0.744				0.808		0.920	
换乘等待时间		0.733		0.599				0.868				0.769		0.822	
换乘有关信息	0.504	0.476				0.524		0.815				0.809		0.553	
荷载的平方和	3.504	1.863	1.778	2.861	2.336	2.630	4.236	2.418	1.805	3.373	2.794	2.186	3.357	2.298	1.597
比例方差	0.206	0.110	0.105	0.168	0.137	0.155	0.249	0.142	0.106	0.198	0.164	0.129	0.197	0.135	0.094
因素描述	服务质量	换乘质量	服务成果	服务成果/换乘质量	服务质量	信息/礼仪	服务质量	换乘质量	服务成果	服务质量	服务成果	换乘质量	服务质量	换乘质量	服务成果

转载自 Tyrinopoulos Y., Antoniou C., 2008. Public transit user satisfaction: variability and policy implications. Transport Policy 15(4), 260-272。

综上所述，因子分析法在具体研究中，被证明是非常有用和合适的，因为它有效地检测到了受访者在5种交通运输系统的使用中所感知到的潜在的因素。总的来说，这种分析方法不应盲目地应用于具有多个变量的数据集，以期望能够发现一些潜在的模式；相反，理论动机应该驱动因子分析的应用。

9.2.4 应用D：使用有序回归模型，预测公共交通乘客的行为意向

数十年来，科学界认识到，线性回归不适用于分类问题和定性变量。有序回归建模是分析变量分类变化的一种合适方法。通常根据统计误差分布，将这些模型分为有序probit模型和有序logit模型。这两个模型都会估计自变量的参数系数，并给出参与调查的受访者选择之间的截距（或阈值）。有序probit模型最初由McKelvey和Zavoina（1975）提出。

De Oña等人（2016）提出了一种方法，用于分析服务质量因素，即影响乘客使用公交服务意愿的因素。他们在塞维利亚（西班牙）的轻轨交通（LRT）中，收集了乘客对所用轻轨系统的意见，并通过专项调查，提出了一个有序probit模型，来解释这些因素如何影响他们是否使用轻轨。

乘客必须就轻轨服务的37个质量指标发表意见，例如服务的可用性、可达性、信息、及时性、对客户的关注、舒适性、安全性和环境污染，以及对整体服务的感知，具体是使用从0到10共11个数字来标度。他们分析了在轻轨站收集到的3211份有效回复。

该项目研究者开发的有序probit模型，通过改变模型中考虑的任何服务质量因素的满意度水平，在3个层次（低、中、高）中估计乘客继续使用轻轨的行为意向。该模型结果见表9-5。

有序probit模型结果 表9-5

服务质量因子	变量	系数估计	Wald检验	*P*值	概率估计		
					0	1	2
参考案例					0.0036	0.0452	0.9512
每天列车数							
[V1 = 0]		-0.243	3.680	0.055	0.0403	0.1836	0.7761
[V2 = 1]		-0.260	8.500	0.004	0.0281	0.1494	0.8225
[V3 = 2]		0	—	—	0.0029	0.0412	0.9559
服务的规律性							
[V4 = 0]		-0.316	5.080	0.024	0.0490	0.1939	0.7571
[V5 = 1]		-0.339	14.082	0.000	0.0339	0.1758	0.7903
[V6 = 2]		0	—	—	0.0033	0.0441	0.9526
从街道进入车站和平台的容易程度							
[V7 = 0]		-0.246	1.225	0.268	0.0645	0.2266	0.7060
[V8 = 1]		-0.250	6.261	0.012	0.0454	0.2035	0.7511
[V9 = 2]		0	—	—	0.0044	0.0506	0.9450

续上表

服务质量因子	变量	系数估计	Wald 检验	*P* 值	概率估计		
					0	1	2
电梯、自动扶梯等设施的运营							
[V10 =0]		0.058	0.083	0.773	0.0451	0.1841	0.7709
[V11 =1]		-0.177	3.092	0.079	0.0436	0.1923	0.7641
[V12 =2]		0	—	—	0.0051	0.0537	0.9412
车站更新的、精确的和可信赖的信息							
[V13 =0]		-0.302	3.653	0.056	0.0610	0.2246	0.7145
[V14 =1]		-0.236	6.871	0.009	0.0326	0.1679	0.7995
[V15 =2]		0	—	—	0.0037	0.0461	0.9503
行车速度							
[V16 =0]		-0.721	20.913	0.000	0.0893	0.2810	0.6297
[V17 =1]		-0.392	17.753	0.000	0.0408	0.2014	0.7578
[V18 =2]		0	—	—	0.0038	0.0483	0.9479
乘客服务的表现							
[V19 =0]		-0.208	2.486	0.115	0.0428	0.1779	0.7793
[V20 =1]		-0.177	4.536	0.033	0.0206	0.1227	0.8567
[V21 =2]		0	—	—	0.0030	0.0410	0.9560
车辆的舒适水平							
[V22 =0]		-0.282	7.588	0.006	0.0331	0.1556	0.8113
[V23 =1]		-0.042	0.225	0.635	0.0141	0.0962	0.8896
[V24 =2]		0	—	—	0.0029	0.0394	0.9577
在车站和车辆上防盗和防侵犯的安全感							
[V25 =0]		-0.271	4.768	0.029	0.0354	0.1648	0.7998
[V26 =1]		-0.296	12.838	0.000	0.0249	0.1377	0.8374
[V27 =2]		0	—	—	0.0034	0.0427	0.9539
观察值的数量		3211					
K_1(阈值)		-3.322					
K_2(阈值)		-2.129					
P^2(cox and snell)		0.126					
P^2(nagelkerke)		0.268					
P^2(McFadden)		0.212					
对数似然值		547.609					

转载自 De Oña, J., De Oña, R., Eboli, L., Forciniti, C., Mazzulla, G., 2016. An Ordered Regression Model to Predict Transit Passengers' Behavioural Intentions. CIT2016-XII Congreso de Ingeniería del Transporte, Universitat Politècnica de València, València.

根据模型结果发现,对乘客使用轻轨意愿影响较大的关键因素是“行车速度”。根据表9-5,并考虑作者采用的方法(3个满意度水平)来计算,如果乘客的满意度较低,那么其使用轻轨系统意愿较低的概率为8.93%,高于参考案例(0.36%)。同时,高满意度的概率降低到62.97%左右,低于参考案例(95.12%)。关于其他因素,如“服务的规律性”和“车站最新、准确和可靠的信息”,表明了乘客使用轻轨的意愿很高。最后,就中等满意度而言,“易于从街道进入车站和站台”因素对使用轻轨系统意愿的影响最大。

有序probit模型是一种非常有用和流行的有序回归分析方法,用于对分类反应数据进行建模。在有序probit模型中,概率的逆标准正态分布被建模为预测因子的线性组合。

9.3 结论

本章介绍了在公共交通专题分析中,4种常用的统计方法及其应用。这些和其他方法,已经被交通研究人员和科学家用来揭示公共交通需求的影响因素,并确定用户对服务质量的满意度。特别是乘客对公交服务质量满意度的影响因素分析,一直是国内外研究的热点。

由于推广公共交通仍然是许多大型城市群和大都市地区面临的一个重大挑战,因此,许多城市将分析公共交通作为出行研究和项目的一部分。在这一背景下,许多研究者使用不同的分析方法,旨在更深入地了解公共交通如何在城市环境中发挥更大的作用。本章介绍的应用综述,揭示了公共交通相较私家车,具备强大竞争优势的许多因素,如车辆速度、为行动不便者提供的基础设施的可达性、规则、换乘协调性等。

可选择的研究方法有很多,且在理论背景和用法方面有很大的不同。本文给出了一些提示,以供研究者在今后的应用中得到帮助。此外,并非所有的方法都适用于分析所有的交通问题;表9-1列出了科学家和研究人员分析的代表性问题,以及每个问题使用的最常见分析方法。最重要的是,有很多种方法可以满足研究人员的分析需要。

本章参考文献

De Oña, J., De Oña, R., Eboli, L., Forciniti, C., Mazzulla, G., 2016. An Ordered Regression Model to Predict Transit Passengers' Behavioural Intentions. CIT2016-Ⅻ Congreso de Ingeniería del Transporte. Universitat Politècnica de València, València. https://doi.org/10.4995/CIT2016.2016.3199.

Likert, R., 1932. A technique for the measurement of attitudes. Arch. Psychol. (Frankf) 140, 55.

McKelvey, R. D., Zavoina, W., 1975. A statistical model for the analysis of ordinal level dependent variables. Journal of Mathematical Sociology 4, 103-120.

Transit Cooperative Research Program (TRCP), 1999. Report 47: A Handbook for Measuring Customer Satisfaction and Service Quality. US.

Tyrinopoulos, Y., Aifadopoulou, G., Papayannakis, A., Toscas, J., May 19-20, 2006. An Integrated Quality Control System for the Transit Services of Thessaloniki, 3rd International Congress on

Transportation Research, pp. 273-283. Thessaloniki.

Tyrinopoulos, Y., Antoniou, C., 2008. Public transit user satisfaction: variability and policy implications. Transport Policy 15(4), 260-272.

Tyrinopoulos, Y., Antoniou, C., 2013. Factors affecting modal choice in Urban Mobility. European Transport Research Review 5(1), 27-39.

Washington, S. P., Karlaftis, M. G., Mannering, F. L., 2003. Statistical and Econometric Methods for Transportation Data Analysis. Chapman & Hall/CRC, London.

第10章　影响车辆共享系统接受度的因素

Dimitris Efthymiou[1],Emmanouil Chaniotakis[2],Constantinos Antoniou[1]
1.德国,慕尼黑,慕尼黑工业大学土木与环境工程学院交通运输工程系主席;
2.英国,伦敦,伦敦大学学院(UCL)巴特莱特环境能源资源学院

10.1　引言

在过去的几年里,人们对城市出行偏好进行了广泛的重新考量。购买和维护汽车的成本、不断变化的燃油价格、城市地区有限的可用停车位,以及通过建立环境立法框架提高的个人和国家的环境意识,都促使人们寻找其他出行方式。当拥有汽车成为一种奢侈,公共交通限制了出行的自由和质量时,共享车辆计划似乎是一个中等、可行的解决方案(介于个人拥有汽车和公共交通之间)。为了达到全球环境目标(温室气体,GHG)(Walsh,1990;EEA,2010;EEA,2014),各国政府采取激励措施,鼓励对可替代、可持续的城市交通计划进行投资,例如传统或电气化的共享汽车和传统或电动共享自行车(Millard-Ball et al.,2005;Shaheen and Cohen,2007;Barth and Shaheen,2002;Shaheen et al.,2010a,2010b,2010c)。这些车辆共享计划正在兴起,要么是得到政府资助,要么是由有雄心的企业家或老牌跨国公司推动。相关的计划,如Getaround(www.getaround.com),提供点对点解决方案,车主可以在不使用车辆的时候出租车辆,例如,DriveNow(www.drive-now.com)还有car2go(www.car2go.com),最近合并为Share-Now(https://www.your-now.com/our-solutions/share-now),运营自己的车队。

共享出行可分为七类:①共享汽车:往返、单程、点对点(P2P);②共享自行车:公共的共享自行车、P2P、校园共享自行车;③共享滑板车;④共享乘车:拼车;⑤其他交通服务;班车;⑥快递网络服务:P2P交付服务;⑦按需乘车服务:网约车、合乘(Shaheen et al.,2015)。

本章的目的是就关于影响车辆共享系统接受度的因素提供一些看法,重点是共享汽车和共享自行车。这些因素与系统(例如车站之间的距离、预约方式、车辆类型、使用和成本的限制)、用户(例如年龄、收入、前往不同目的地的现有模式、环境意识)、环境(如天气)、地理(例如靠近纪念碑、绿地)有关。本章将介绍车辆共享系统的特性,分析影响共享自行车和共享汽车使用的因素。

10.2　车辆共享系统

10.2.1　共享汽车

共享汽车是一种可供选择的交通方式,用户无须购买汽车即可享受汽车的私密性。用户需要支付注册费,还需支付每次使用(使用时间或行驶距离)的成本。维护费、保险费、停车费和通常由拥堵产生的成本费用都包含在价格中。用户往往会错误地评估出行的实际成本,因为他们通常会低估可变的出行成本(Shaheen and Cohen,2007;Walsh,1990;Shaheen et al.,2009;Cohen et al.,2008;Morency et al.,2008)。

第一个共享汽车系统早在1948年就引入了苏黎世,但在20世纪90年代才变得流行起来(Shaheen and Cohen,2007)。欧洲最早的实验项目包括Procotip(法国,1971)、Witkar(阿姆斯特丹,1974)、Green Cars(Giesel and Nobis,2016)、Bilpoolen、Vivallabil和Bilkooperativ(瑞典,1979、93、85),以及美国的STAR(加利福尼亚,1983—1985)和Mobility Enterprise(普渡大学在1983年至1986年的一个研究项目)(Shaheen and Cohen,2007)。最早成功的系统是在20世纪80年代末的苏黎世和柏林。如今,共享汽车计划在五大洲和大多数主要城市运营(Shaheen and Cohen,2012)。新技术使新的运营模式发展成为可能,例如自由浮动共享汽车(FFCS)。与基于车站的共享汽车不同,自由浮动共享汽车,用户可以在运营商预先划定的“业务区”边界内的任何位置归还汽车,通常是市中心区,而不是固定的位置。移动电话的应用程序可以让用户查看车辆位置、车辆类型、汽车清洁度和燃油油位(Firnkorn and Mueller,2011)。世界上第一个自由浮动系统由car2go(戴姆勒的共享汽车系统)于2009年4月在德国乌尔姆运营,2012年5月也在美国运营(Firnkorn,2012)。

共享汽车用户的主要出行目的是休闲和购物(Kopp et al.,2015)。自由浮动共享汽车出行的起点是难以估计的,但出行目的地多的地区也具有很多的起点(Willing et al.,2017)。自由浮动共享汽车系统的主要缺点是车辆空间分布不平衡。车辆集中度低但需求量大的地区(热点)和可用性高但需求量低(冷点)的地区很常见(Weikl and Bogenberger,2013)。

10.2.2 共享自行车

共享自行车的特点是结合了自行车使用的最重要优势,如低成本、灵活性、自主性、益于环境和健康,以及租赁,即零购买和维护成本,这些使得它们的需求在过去几年不断增加。1965年,阿姆斯特丹推出了第一个共享自行车计划,名为“白色单车计划”。它以散落在城市四周的53辆自行车为基础。但因为自行车被损坏或被盗,该计划很快被暂停了(Shaheen et al.,2010a)。自那时以来,人们在这项服务中获得了重要的经验,即安全、保险和赔偿责任、自行车的最佳配置和再分配、信息技术应用、系统管理和运作、定价以及问世前的考虑事项等。继“白色单车计划”之后,还有其他革命性计划,如在法国拉罗谢尔(1974)和英国剑桥(1993)开展的共享自行车项目。第二个共享自行车计划是以投币单车为基础的,而信息技术(IT)是在最新一代中才引入的,这也使这一前景广阔的出行系统更接近当前的运营模式。系统设计基于三个主要支柱:①自行车必须是可识别的;②自行车或自动停靠站(如果有),必须分散在城市周围;③要在安全保障(如锁、全球定位系统追踪)、用户注册和支付上应用先进的信息技术。第四代共享自行车系统最近有了新的、有前景的改进,包括电动自行车、无车桩的独立运行自行车以及与公共交通的协调性(Shaheen et al.,2012)。

自由浮动共享自行车系统(FFBS)与基于站点的系统(SBBS)不同,它允许自行车被锁定在一个普通的自行车车架上,而不需要车站。到FFBS自行车的平均步行距离比SBBS短,而用户无须担心要将自行车返回到车站的车桩上(Pal and Zhang,2017)。自由浮动运营

的一个缺点是,自行车的空间分配可能在高峰时段出现不平衡,从而导致客户体验很糟糕。为了最大限度地减少 FFBS 的不平衡分布,通常运营企业会在一夜之间进行平衡调度操作,其财务和环境成本可能高于 SBBS,其中再分配的逻辑更简单(即自行车从有盈余的站点转移到其他不饱和的站点)(Pal and Zhang,2017)。

目前,世界上几乎所有主要城市都开展了共享自行车项目,共有 800 个,包含 90 万辆自行车,其中规模最大的是杭州、巴黎、伦敦和华盛顿特区(ITDP,2013)。共享自行车系统在全球范围内不断发展,而欧洲和亚洲最先发展(Meddin and DeMaio,2015)。2015 年,中国拥有了世界上最大的车队,包含 753508 辆自行车,其次是法国的 42930 辆,接着是西班牙的 25084 辆(Meddin and DeMaio,2015)。

10.2.3 共享汽车和共享自行车对所有权利益的影响

共享汽车和共享自行车有社会、经济和环境效益。共享汽车减少了私家车的拥有量,人们在加入计划后要么出售自己的汽车,要么避免购买(Shaheen and Cohen,2012)。Millard-Ball 等人(2006)发现,根据城市的特点,每辆共享汽车可替代 4 ~ 23 辆汽车。Martin 等人(2010)指出,在北美,60% 的共享汽车系统中的成员没有汽车;该系统已将 75000 ~ 94000 辆汽车从道路上移除;每个家庭平均减少的车辆数量在 0.24 ~ 0.47。在德国,Giesel 和 Nobis(2016)分析了 DriveNow 和 Flinkster 的 FFCC 系统用户的汽车拥有模式。他们发现,43% 的 DriveNow 用户和 72% 的 Flinkster 用户没有汽车,这主要是考虑汽车拥有成本,即如果共享汽车总是可用的话,他们会将自己的汽车赠送出去。车辆保有量的减少意味着空气污染、交通拥堵、车辆行驶里程/千米数(VMT/VKT)等问题的减少,以及停车场的可用性和公共交通使用的增加(Rodier and Shaheen,2004;Rodier,2009;Shaheen and Cohen,2012)。

共享汽车的使用会导致车辆行驶里程/千米数(VMT/VKT)减少。Shaheen 和 Cohen(2012)估计,平均而言,每个共享汽车用户的 VMT 减少了 44%。共享汽车系统 Commonauto 测量到每个用户减少了 2900km(Shaheen et al. ,2010c)。总体而言,共享汽车每年可使车辆运输行驶量减少 23% ~45%(Shaheen and Chan,2015)。正如 Lane(2005)所述,共享汽车的用户表示自身环境意识有所提高。此外,家庭也为个人发展节省了更多的资金(Ciari et al. ,2009)。Fishman 等人(2014)估计,2012 年,墨尔本、华盛顿和伦敦的共享自行车分别贡献了 11.5 万 km、24.3 万 km 和 6.3 万 km 的机动车行驶里程减少量。

衡量共享自行车环境效益的一个指标是将每年自行车行驶的总里程与机动车的平均排放量相乘。例如,巴黎 Velib 的自行车每天行驶 31.2 万 km。如果这些公里数是由机动车辆制造的,则会释放出 57620kg 的二氧化碳。更重要的是,共享自行车系统有时会伴随着基础设施的改进。引入 Velib 后,巴黎的自行车骑行总量增加了 70%(Shaheen et al. ,2010a)。

共享汽车每年可减少 109000 ~ 155000t 的温室气体(Martin and Shaheen et al. ,2011)。Shaheen 和 Chan(2015)发现,这些系统使得每家每年可减少 0.58 ~ 0.83t,或每家每年可减少 34% ~ 41% 的温室气体。Shaheen 等人(2012)发现,在杭州,共享汽车每天可减少 191000kg 的二氧化碳。

共享汽车和共享自行车增加了公共交通的使用。Kent(2014)发现,没有汽车的用户选择公共交通、自行车或步行与共享汽车搭配使用的可能性很大。Shaheen 等人(2009)发现,在北美,95%的受访者认为骑自行车会增加公共交通的使用率。这两个系统都能减少交通拥堵,缓解停车不足的问题,还利于更好地城市设计。用户可以节省时间和金钱,也可以在骑车时享受健康福利。这两个系统的最新一代模式关于基础设施的要求更为灵活,因为站点的运行不是强制性的。然而,共享自行车的先决条件是有自行车道,而共享汽车的主要诉求是保留停车位(Shaheen et al.,2010b,2010c)。Cheng(2016)提出车辆共享系统将支持个人增加经济储蓄。根据Shaheen和Chan(2015)的研究,在美国,共享汽车用户成为会员后,每月可为家庭节省154~435欧元。

10.3　影响车辆共享系统接受度的因素

车辆共享系统的使用程度取决于系统运行城市的人口特征。Burkhardt和Millard-Ball(2006)发现,在北美,共享汽车的用户通常在25~35岁,受过良好教育,并且有环保意识。21岁以下的用户数量有限,他们将此归因于保险限制。大多数用户(72%)是没有其他汽车的家庭成员,他们的平均家庭规模为2.02人,其中一半人的年均收入高于6万美元。Shaheen和Cohen(2007)指出,对于学生和低收入家庭以及每年最多驾驶1万~1.6万的人来说,共享汽车是一个不错的选择(Shaheen and Cohen,2007)。车主和高收入成年人不愿意参加在奥斯汀的共享汽车计划(Zhou et al.,2011),而教育水平并不能决定是否加入计划。Shaheen和Cohen(2007)发现,在德国、瑞士和美国,共享汽车用户与车辆的比率更高,因为有许多不活跃的用户。共享汽车运营商在扩张之前面临的最重要的障碍是驾驶人员的保险和路边的停车费。随车付费(PAYD)保险可能是应对保险问题的一个潜在解决方案(Litman,2011)。Shaheen等人(2010b)提出,随着旧金山湾区共享汽车项目的扩大,公共机构需要考虑正式的政策来为其分配专用空间。为了增加共享汽车的使用率,提高灵活性和竞争力,共享汽车运营商投资智能用户界面技术,方便用户预订、注册和结付,并将电动汽车整合编排在车队中。Philipsen等人(2019)发现,取车时间的准时性和到达目的地的准时性是接受共享自动驾驶汽车的重要因素,而行程的确切路线和共乘乘客的影响较小。

Shaheen等人(2011)在中国杭州研究了在全球最大的共享自行车系统中用户的接受程度和行为反应。作者发现,该计划在实施一年半后,其从公共汽车、私家车、出租汽车和步行中都获取了一定份额,而30%的用户在大多数出行中都会使用它。结果表明,通过提供自行车/停放站点可用性信息、增加站点、延长运营时间并提供更好的自行车维护,可以提高共享自行车的可接受程度。根据Fishman等人(2013)的研究,骑车出行的主要目的是通勤、休闲和社交。

Efthymiou等人(2013)在希腊雅典进行了一项调查,以调查潜在的汽车和自行车使用者的特征。他们开发了三个有序的logit模型来模拟人们在三个时期(短期、中期和长期)加入计划的意愿。研究人员考察了环境意识、人口统计、家庭和金融特征以及出行模式的影响。他们的陈述性偏好调查结果显示,最具环保意识的受访者愿意尽早加入共享自行车的计划,而中期阶段,他们则是选择共享汽车。年收入较低(15000~25000欧元)的受访者更有可能加入这两个计划。关于他们的出行方式,一方面,那些经常乘坐出租汽车或每天驱车100~150km的人表示愿意参加共享汽车项目。另一方面,那些每天开车15~100km、乘公共汽车、无轨电车或有轨电车去上班或上学的受访者,更有可能加入共享自行车项目。基于此,

我们可以把共享自行车当作公共交通的替代品。此外,与受教育程度较低和较年轻的受访者相比,受过高等教育和年龄在 26 ~35 岁的受访者,尽管他们对目前的出行方式不太满意,但是更不愿意使用共享自行车。年龄和受教育程度并不是参与共享汽车活动的重要决定因素。

Efthymiou 和 Antoniou(2016)使用从电子和纸质调查中收集的综合数据,来衡量影响年轻人加入共享汽车的倾向因素。他们开发了一个混合选择和潜在变量的模型,最初与 Efthymiou 等人(2013)的模型保持了一致性。他们首先将所有可用变量纳入初次模型,然后逐步消除统计上不重要的变量。被调查者对当前出行方式的满意度作为潜在变量被纳入了模型。作者发现,家庭规模、高等教育程度(博士)和使用公共交通工具上班或上学的人以及年龄,并不是人们是否愿意使用共享汽车的重要决定性因素。另一方面,中等收入(15000 ~ 25000 欧元)和环保意识增加了加入共享汽车的可能性。没有证据表明低收入上班族会成为共享汽车的用户,可能是因为公共交通仍然是他们最便宜的选择。此外,受访者对他们目前的出行方式越不满意,他们就越有可能选择共享汽车。与 Efthymiou 等人(2013)的研究结果类似,对于目前选择出租汽车的人来说,共享汽车似乎是社交活动出行的一个不错的选择。

这两项研究都证实,环保意识强的上班族更倾向于采用共享汽车,这与 Burkhardt 和 Millard-Ball(2006)的研究结果相似。在收入方面,共享汽车是中低收入家庭的一个不错选择,因为它结合了汽车的优点,而无须购买,这一发现与 Burkhardt 与 Millard-Ball(2006)和 Zhou 等人(2011)一致。Burkhardt 和 Millard-Ball(2006)认为是否拥有汽车是选择使用共享汽车的一个重要影响因素,而在 Efthymiou 等人(2013)和 Efthymiou 与 Antoniou(2016)的研究中,认为是否拥有汽车与加入共享汽车项目的可能性不相关。

10.4 影响共享汽车部署的因素

共享出行的好处及其接受度取决于各种内生和外生因素(Buettner and Petersen, 2011)。内生因素是指那些可以根据系统外部因素进行调整的因素,包括:①物理设计,如硬件、技术和服务设计;②制度设计,如运营商类型、合同、所有权、融资和就业机会。外生因素独立于出行系统,与城市的具体特征相对应,包括城市规模、气候、出行行为、人口密度、人口统计、经济、地理、现有基础设施、财政和政治状况。表 10-1 显示了选定文献中研究的因素示例。

Kang 等人(2016)研究了首尔以车站为基础的共享汽车(SBCS)需求的影响因素,发现覆盖率、20 ~ 30 岁人口比例、注册车辆总数和地铁入口是重要的决定因素。Celsor 和 Millard-Ball(2007)研究了美国 13 个地区 SBCS 市场的潜力,建立了一个供给模型。他们发现,供给一方面与人口密度、单身家庭数量、公共交通和步行分担率之间存在显著的相关性,而另一方面与收入、受教育水平和自行车使用量之间不显著。Kortum 等人(2016)从 9 个国家的 34 个城市中研究了影响 FFCS 成功发展的因素,并将人口密度和家庭规模确定为促进因素。他们把柏林和慕尼黑等一些城市的 FFCS 萎缩归因于市场饱和。Willing 等人(2017)建立了一种梯度推进机制(GBM)和广义线性回归,以确定影响阿姆斯特丹 FFCS 的使用因素。他们的模型显示,卫生服务、餐馆(不包括 12:00—16:00)和银行的分布密度对其有正面影响,而公共汽车站和书店(不包括 4:00—8:00)的密度对其有负面影响。

选定文献中的外生因素

表 10-1

因素	Chardon et al.(2017)	Schmoeller et al.(2015)	Kang et al.(2016)	Celsor and Millard-Ball(2007)	Comendador et al.(2014)	Faghih-Imani et al.(2014)	Caulfield et al.(2015)	Schmoeller and Bogenberger(2014)	Willing et al.(2017)
人口密度	√	√	√	√	√	√		√	
工作密度		√				√			
社区年龄				√					
受教育水平结构	√			√					
车辆拥有率	√			√					
居民年龄结构		√	√						√
家庭规模		√	√						
租金价格		√							
土地利用类型		√	√						
登记车辆			√						
服务于该地区的公共汽车线路			√						
通勤模式	√								
公共交通车站					√				√
共享自行车站(距离)	√				√				
CBD(距离)						√			
轨道(距离)					√				
服务(距离)									√
餐厅、咖啡(距离)									√
商业企业		√			√				

续上表

因素	Chardon et al.（2017）	Schmoeller et al.（2015）	Kang et al.（2016）	Celsor and Millard-Ball（2007）	Comendador et al.（2014）	Faghih-Imani et al.（2014）	Caulfield et al.（2015）	Schmoeller and Bogenberger（2014）	Willing et al.（2017）
道路长度					√				
自行车道长度	√								
基站数量	√								
街道停车容量				√					
步行友好性				√					
公共交通车站等交通基础设施	√								
使用频率			√				√		
车站的使用（每天）							√		
出行距离							√		
车辆可用性（CS）					√				
每个车站的车桩（BS）	√								
OD 对频率							√		

Schmoeller 和 Bogenberger(2014)直观地分析了 FFCS 的出行情况和混合式共享汽车解决方案(HCS),混合式指其用户只能在慕尼黑市的特定区域停车。他们发现,共享汽车使用程度与大学区域范围、老城边界以及到中央商务区(CBD)的距离有关。此外,在年轻居民集中度较高的地区,FFCS 的利用率较高,但是分析并未揭示天气与需求之间的相关性。Seign 等人(2015)创建了一个皮尔森相关模型,以识别热点区域的成功因素,如人口密度、距市中心的距离、租金价格以及餐饮和酒店的密度。他们的目的是提供可支持 FFCS 区域成功的设计模式,这是实施和扩大共享汽车的关键挑战。Schmoeller 等人(2015)分析了柏林和慕尼黑 FFCS 预约数据的时空关系。他们发现,天气状况对共享汽车的需求有短期影响,而社会人口因素对其有强烈的长期影响。

10.5 影响共享自行车部署的因素

表 10-2 总结了最近世界各地共享自行车系统使用情况的调查研究。大多数研究者基于普通最小二乘法(OLS)对需求进行线性回归建模。Chardon 等人(2017)分析了欧洲、美国、加拿大、澳大利亚、巴西和以色列的 75 个基于车站的共享自行车系统(SBBS)每辆自行车一天的骑行次数(TBD),发现平均 TBD 值介于 0.22 和 8.4 之间。其模型的响应变量为 TBD,且独立于运营商的特点、紧凑性、天气、地理和现有的交通基础设施。他们的结论是,头盔、低温、高风速和低数量的带桩车站减少了对共享自行车系统的需求,而高密度人口、高密度的车站和自行车基础设施都会增加需求。

Zhao 等人(2014)利用 OLS 和偏最小二乘法(PLS)调查了中国 69 个 SSBS 系统的日客流量和周转率的影响因素。他们发现,客流量随着人口、政府开支、注册用户数量和带桩车站数量的增加而增加。此外,他们认为,个人信用卡(即如果用户不在免费时间内归还自行车,可以使用信用卡进行支付)和通用卡(即将共享自行车与公共交通运输系统相融合的智能卡)对日常使用和周转率有显著的积极影响。Tran 等人(2015)创建了一个线性回归模型,旨在利用工作日高峰时段的数据,识别影响法国里昂 SBBS 需求的因素。他们的分析结果表明,该系统主要用于长期用户的通勤,而非长期用户更喜欢用于休闲活动的出行。学生是共享自行车的重要使用者,靠近火车站、餐厅、电影院和车辆分布密度对其有正面影响,而海拔高度有负面影响。较高的人口密度在上午对需求有正面影响,而工作岗位数量在下午对需求有正面影响。

Faghih-Imani 和 Eluru(2016)调查了空间特征的影响,如 zip 级的人口密度、交通运输系统基础设施、餐厅和公园区、时间和天气属性对纽约 SBBS CityBike 的每小时到达和离开量的影响。他们首先将用户分成两组,一组是活跃用户,另一组是普通用户,然后为每一组开发了四个模型。气温与到达或离开量无关,而降雨则有显著影响。交通基础设施的既有正面的影响,也有负面影响,取决于不同情况。一方面,自行车路线的长度和地铁站的设置增加了对该系统的需求;另一方面,这些地区的轨道长度减少了这种需求。此外,位于公园区的共享自行车车站在周末的到离次数较高。正如预期的那样,周边餐馆数量多的 CityBike 车站的使用率更高。

表 10-2

影响 SBBS 部署的因素

类别	变量	Chardon et al.（2017）	Zhao et al.（2014）	Faghih-Imani and Eluru（2016）	Noland et al.（2016）	Wang et al.（2015）	El-Assi et al.（2017）	Faghih-Imani et al.（2014）	Tran et al.（2015）	Faghih-Imani et al.（2017）	Mattson and Godavarthy（2017）
规划设计	车站密度	√						√	√		
	每个车站的车桩	√	√		√		√	√	√	√	√
城市规模	城市人口	√	√								
人口统计	人口密度			√				√	√	√	√
	工作密度			√		√		√	√		
地势	海拔								√	√	
现有基础设施	自行车基础设施	√		√							
	铁路长度			√							
	地铁站			√	√		√		√	√	
	火车站								√		
	大学						√	√			√
	学生公寓								√		
	餐厅			√		√		√	√		
	电影院								√		
	距 CBD 的距离					√		√			
	企业数量					√		√		√	
	公园			√							
	住宅用地				√						
	停车用地				√						
	距水域的距离					√					

Caulfield 等人(2017)创建了一个逻辑回归模型,用于评估影响爱尔兰科克郡 SBBS 出行次数的因素。他们发现,在科克郡这样的小而紧凑的城市,出行时间比较短。普通用户有习惯的出行模式,使用相同的 SBBS 站和相似的路线。经常使用自行车的人已经把共享自行车纳入了他们的每天和每周出行,主要是在工作日进行短途和定期出行。降水对出行次数和骑行时间有负面影响,而高温和日照会导致短途出行数量增加。此外,模型结果显示,早高峰期间的出行次数较多。Reiss 和 Bogenberger(2017)研究了外部因素对慕尼黑 FFBS 需求的影响,发现重大事件、音乐会和体育比赛具有较高的正面影响,而降水具有负面影响。

Noland 等人(2016)创建了贝叶斯回归模型,以评估共享自行车站点的出行生成量。他们的结论是,地铁站和自行车基础设施附近的共享自行车,以及较高的人口和就业率导致了更高的利用率。此外,他们还发现,在居民区,非工作日的出行次数较高。Wang 等人(2015)建立了 OLS 回归模型,以衡量企业数量对明尼阿波利斯圣保罗都会区共享自行车系统(Nice Rides)年总出行量的影响。他们的研究结果显示,出行次数与车站附近的餐馆和工作可达性呈正相关,但与一般的零售店无关。骑行需求与年龄、靠近中央商务区、水资源、小路的可达性以及到其他自行车站点的距离相关。Faghih-Imani 等人(2017)利用塞维利亚和巴塞罗那的数据,构建了一个混合线性模型,以衡量社会人口、土地利用和到达/离开量对共享自行车需求的影响。此外,他们还开发了一个共享自行车再平衡框架,该框架基于识别再平衡周期的二元 logit 模型,并能预测再平衡数量的回归模型。他们发现,车站密度、容量,来自企业、餐馆和娱乐场所的 POI 布局对到达和离开的数量有显著的积极影响。

Chaniotakis 等人(2019)采用统计和机器学习算法测量 6 个德国城市和 3 个欧洲及北美城市的 SBBS 到达和离开量与建成环境之间的相关性。他们使用三种建模方法[阶梯 OLS、广义线性模型(GLM)和 GBM]和三种转换技术(对数、Box Cox 和无转换)建立了 324 个模型,有关到达和离开次数、工作日、周六和周日、时段(上午、下午)、高峰/非高峰。模型结果表明,在统计模型和机器学习模型中,城市人口、距 CBD 的距离、自行车停车区、纪念馆、面包店、居民区和共享汽车车站显示出显著性和重要性。表 10-3 展示了使用共享自行车到轨道站点的影响距离。

离轨道站点的影响距离 表 10-3

研究	缓冲距离(m)
Schmoeller and Bogenberger(2014)	400
Noland et al. (2016)	400
Wang et al. (2015)	400
Tran et al. (2015)	300
Chardon et al. (2017)	300
Faghih-Imani et al. (2014)	250
El-Assi et al. (2017)	200

10.6 结论

共享汽车和共享自行车是新兴的交通运输系统，它们整合了公共交通和私人交通的优点：经济、生态、灵活性、覆盖面和速度。在本章中，我们回顾了最新的文献，这些文献集中研究影响车辆共享系统使用和部署的因素。这些因素要么是内生的（即物理和制度设计），要么是外生因素（如人口密度、人口统计、城市和空间特征）。共享汽车与共享自行车及站点的最佳配置是其成功的决定性因素。

文献回顾显示，活跃的共享汽车和共享自行车用户有相似的人口统计学特征。更具体地说，学生、21岁以下的人，属于两个成员的家庭或中低收入者，具有更大的偏好。此外，每天开车100～150km的人更有可能使用共享汽车，而环保意识强的上班族则更喜欢使用共享自行车。

车辆共享系统的成功实施和发展在很大程度上取决于车队的优化部署。社区居民的年龄、人口密度和工作岗位密度、家庭规模和土地利用是重要的决定因素。在地铁站、火车站等公共交通基础设施附近，以及在餐馆、大学、电影院、学生公寓附近，部署有自行车带车桩站点，将会导致对共享系统的更高需求。天气对共享车辆需求有短期影响，低温和高风速则对其有负面影响。先前的研究表明，共享汽车代替了出租汽车用于社交活动和娱乐，因此，在商业企业多、距离餐馆和咖啡店较近的地区投放车辆，将增加潜在的使用率。智能界面技术的使用促进了系统的注册与结付，增加了停车灵活性和车辆的可用性，这些都产生了积极的影响。

本章参考文献

Barth, M., Shaheen, S., 2002. Shared vehicle systems: framework for classifying carsharing, station cars, and combined approaches. Transportation Research Record: Journal of the Transportation Research Board 1791, 105-112. Transportation Research Board of the National Academies, Washington, DC.

Buettner, J., Petersen, T., 2011. Optimising Bike Sharing in European Cities: A Handbook. OBIS.

Burkhardt, J., Millard-Ball, A., 2006. Who's attracted to car-sharing? Transportation research record. Journal of the Transportation Research Board 1986, 98-105. Transportation Research Board of the National Academies, Washington, DC.

Caulfield, B., O'Mahony, M., Brazil, W., Weldon, P., 2017. Examining usage patterns of a bike-sharing scheme in a medium sized city. Transportation Research Part A: Policy and Practice 100, 152-161.

Celsor, C., Millard-Ball, A., 2007. Where does carsharing work?: using geographic information systems to assess market potential. Transportation Research Record: Journal of the Transportation Research Board 61-69.

Chaniotakis, E., Duran-Rodas, D., Antoniou, C., 2019. Built environment factors affecting bike sharing ridership: a data-driven approach for multiple cities. Transportation Research Record:

Journal of the Transportation Research Board.

Chardon, C. M. D., Caruso, G., Thomas, I., 2017. Bicycle sharing system 'success' determinants. Transportation Research Part A: Policy and Practice 100, 202-214.

Cheng, M., 2016. Sharing economy: a review and agenda for future research. International Journal of Hospitality Management 57, 60-70.

Ciari, F., Balmer, M., Axhausen, K. W., 2009. Concepts for large scale car-sharing system: modelling and evaluation with an agent-based approach. In: Proceedings of the 88th Annual Meeting of the Transportation Research Board. Washington, DC, January.

Cohen, A., Shaheen, S., McKenzie, R., 2008. Carsharing: A Guide for Local Planners, Research Report UCD-ITS-RP-08-16. Institute of Transportation Studies. University of California, Davis.

Comendador, J., Lopez-Lambas, M. E., Monzon, A., 2014. Urban built environment analysis: evidence from a mobility survey in madrid. Procedia-Social and Behavioral Sciences 160, 362-371.

Efthymiou, D., Antoniou, C., 2016. Modeling the propensity to join carsharing using hybrid choice models and mixed survey data. Transport Policy 51, 143-149.

Efthymiou, D., Antoniou, C., Waddell, P., 2013. Factors affecting the adoption of vehicle sharing systems by young drivers. Transport Policy 29, 64-73.

El-Assi, W., Mahmoud, M., Habib, K., 2017. Effects of built environment and weather on bike sharing demand: a station level analysis of commercial bike sharing in toronto. Transportation 44 (3), 589-613.

European Environment Agency, 2010. Tracking Progress Towards Kyoto and 2020 Targets in Europe. EEA Report 7.

European Environment Agency, 2014. Tracking Progress Towards Kyoto and 2020 Targets in Europe. EEA Report 7.

Faghih-Imani, A., Eluru, N., 2016. Incorporating the impact of spatio-temporal interactions on bicycle sharing system demand: a case study of New York citibike system. Journal of Transport Geography 54, 218-227.

Faghih-Imani, A., Eluru, N., El-Geneidy, A. M., Rabbat, M., Haq, U., 2014. How land-use and urban form impact bicycle flows: evidence from the bicycle-sharing system (bixi) in Montreal. Journal of Transport Geography 41, 306-314.

Faghih-Imani, A., Hampshire, R., Marla, L., Eluru, N., 2017. An empirical analysis of bike sharing usage and rebalancing: evidence from Barcelona and Seville. Transportation Research Part A: Policy and Practice 97 (Suppl. C), 177-191.

Firnkorn, J., 2012. Triangulation of two methods measuring the impacts of a free-floating carsharing system in Germany. Transportation Research Part A: Policy and Practice 46 (10), 1654-1672.

Firnkorn, J., Mueller, M., 2011. What will be the environmental effects of new free-floating carsharing systems? The case of car2go in Ulm. Ecological Economics 70 (8), 1519—1528.

Fishman, E., Washington, S., Haworth, N., 2013. Bike share: a synthesis of the literature. Transport Reviews 33 (2), 148-165.

Fishman, E., Washington, S., Haworth, N., 2014. Bike share's impact on car use: evidence from the United States, great Britain, and Australia. Transportation Research Part D: Transport and Environment 31, 13-20.

Giesel, F., Nobis, C., 2016. The impact of carsharing on car ownership in German cities. Transportation Research Procedia 19, 215-224. Transforming Urban Mobility. mobil. TUM 2016. International Scientific Conference on Mobility and Transport. Conference Proceedings.

Istitute for Transportation and Development Policy (ITDP), 2013. The Bike-Share Planning Guide. ITDP Report. Available online: https://itdpdotorg.wpengine.com/wp-content/uploads/2014/07/ITDP-Bike-Share-Planning-Guide-1.pdf.

Kang, J., Hwang, K., Park, S., 2016. Finding factors that influence carsharing usage: case study in seoul. Sustainability 8, 709.

Kent, J. L., 2014. Carsharing as active transport: what are the potential health benefits? Journal of Transport and Health 1(1), 54-62.

Kopp, J., Gerike, R., Axhausen, K. W., 2015. Do sharing people behave differently? An empirical evaluation of the distinctive mobility patterns of free-floating car-sharing members. Transportation 42(3), 449-469.

Kortum, K., Schoenduwe, R., Stolte, B., Bock, B., 2016. Free-floating carsharing: city-specific growth rates and success factors. Transportation Research Procedia 19, 328-340.

Lane, C., 2005. PhillyCarShare: first-year social and mobility impacts of carsharing in Philadelphia, Pennsylvania. Transportation Research Record: Journal of the Transportation Research Board 1927, 158-166. Transportation Research Board of the National Academies, Washington, DC.

Litman, T. A., June 8, 2011. Pay-As-You-Drive Pricing for Insurance Affordability. Victoria Transport Policy Institute Report. Available online. http://vtpi.org/payd_aff.pdf.

Martin, A. W., Shaheen, A., 2011. Greenhouse gas emission impacts of carsharing in North America. IEEE Transactions on Intelligent Transportation Systems 12(4). Dec 2011.

Martin, E., Shaheen, S. A., Lidicker, J., 2010. Carsharings's impact on household vehicle holdings: results from a North American shared-use vehicle survey. Transportation Research Record: Journal of the Transportation Research Board 2143, 150-158. Transportation Research Board of the National Academies, Washington, DC.

Mattson, J., Godavarthy, R., 2017. Bike share in fargo, north dakota: keys to success and factors affecting ridership. Sustainable Cities and Society 34, 174-182.

Meddin, R., DeMaio, P., 2015. The Bike-Sharing World Map. http://www.metrobike.net.

Millard-Ball, A., Murray, G., ter Schure, J., Fox, C., Burkhardt, J., 2005. Car-sharing: where and how it succeeds. Transit Cooperative Research Program (TCRP) Report 108.

Millard-Ball, A., Murray, G., ter Schure, J., 2006. Car-sharing as a parking management strategy. In: Proceedings of the 85th Annual Meeting of the Transportation Research Board, Washington, DC.

Morency, C., Trépanier, M., Martin, B., 2008. Object-oriented analysis of a car sharing system. Transportation Research Record: Journal of the Transportation Research Board 2063, 105-112. Transportation Research Board of the National Academies, Washington, DC.

Noland, R. B., Smart, M. J., Guo, Z., 2016. Bikeshare trip generation in New York City. Transportation Research Part A: Policy and Practice 94, 164-181.

Pal, A., Zhang, Y., 2017. Free-floating bike sharing: solving real-life large-scale static rebalancing problems. Transportation Research Part C: Emerging Technologies 80, 92-116.

Philipsen, R., Brell, T., Ziefle, M., 2019. Carriage without a driver-user requirements for intelligent autonomous mobility services. In: Stanton, N. A. (Ed.), Advances in Human Aspects of Transportation [electronic Resource]. Springer, Cham, pp. 339e350. https://doi.org/10.1007/978-3-319-93885-1 vol. 786 of Advances in Intelligent Systems and Computing, 2194-5357.

Reiss, S., Bogenberger, K., 2017. A relocation strategy for munich's bike sharing system: combining an operator-based and a user-based scheme. Transportation Research Procedia 22, 105-114.

Rodier, C., 2009. Review of the international modelling literature: transit, land use, and auto pricing strategies to reduce vehicle miles traveled and greenhouse gas emissions. Transportation Research Record: Journal of the Transportation Research Board 2123, 1-12. Transportation Research Board of the National Academies, Washington, DC.

Rodier, C., Shaheen, S., January 2004. Carsharing and carfree housing: predicted travel, emission, and economic benefits. A case study of the Sacramento, California region. In: Proceedings of the 83th Annual Meeting of the Transportation Research Board, Washington, DC.

Schmoeller, S., Bogenberger, K., 2014. Analyzing external factors on the spatial and temporal demand of car sharing systems. Procedia-Social and Behavioral Sciences 111, 8-17.

Schmoeller, S., Weikl, S., Mueller, J., Bogenberger, K., 2015. Empirical analysis of free-floating carsharing usage: the munich and berlin case. Transportation Research Part C: Emerging Technologies 56, 34-51.

Seign, R., Schueßler, M., Bogenberger, K., 2015. Enabling sustainable transportation: The model based determination of business/operating areas of free-floating carsharing systems. Research in Transportation Economics 51, 104-114. Austerity and Sustainable Transportation.

Shaheen, S., Chan, N., 2015. Mobility and the Sharing Economy: Impacts Synopsis. Transportation Sustainability Research Center, University of California, Berkeley. http://tsrc.berkeley.edu/sites/default/files/Innovative-Mobility-Industry-Outlook SM-Spring-2015.pdf.

Shaheen, S., Cohen, A., 2007. Growth in worldwide carsharing: an International comparison. Transportation Research Record: Journal of the Transportation Research Board vol. 1992, 81-89. Transportation Research Board of the National Academies, Washington, DC.

Shaheen, S. A., Cohen, A. P., 2012. Carsharing and personal vehicle services: worldwide market developments and emerging trends. International Journal of Sustainable Transportation 7(1), 5-34.

Shaheen, S., Cohen, A., Chung, M., 2009. North American carsharing: a ten-year retrospective. ransportation Research Record: Journal of the Transportation Research Board 2110, 35-44. Transportation Research Board of the National Academies, Washington, DC.

Shaheen, S., Guzman, S., Zhang, H., 2010a. Bikesharing in Europe, the Americas and Asia: past, present and future. Transportation Research Record: Journal of the Transportation Research Board 2143, 159-167. Transportation Research Board of the National Academies, Washington, DC.

Shaheen, S., Cohen, A. P., Martin, E., 2010b. Carsharing parking policy: review of North American practices and San Francisco Bay area case study. Transportation Research Record: Journal of the Transportation Research Board 2187, 146-156. Transportation Research Board of the National Academies, Washington, DC.

Shaheen, S., Rodier, C., Murray, G., Cohen, G., Martin, E., 2010c. Carsharing and Public Parking Policies: Assessing Benefits, Costs, and Best Practices in North America. Report CA-MTI-10-2612. Mineta Transportation Institute.

Shaheen, S., Hua, Z., Elliot, M. G. S., 2011. Hangzhou public bicycle: understanding early adoption and behavioral response to bikesharing in Hangzhou, China. Transportation Research Record: Journal of the Transportation Research Board. Transportation Research Board of the National Academies, Washington, DC.

Shaheen, S., Martin, E., Cohen, A., Finson, R., 2012. Public Bikesharing in North America: Early Operator and User Understanding, MTI Report 11-19. Technical report, Mineta Transportation Institute.

Tran, T. D., Ovtracht, N., d' Arcier, B. F., 2015. Modeling bike sharing system using built environment factors. Procedia CIRP 30, 293-298, 7th Industrial Product-Service Systems Conference-PSS, Industry Transformation for Sustainability and Business.

Walsh, M., 1990. Global trends in motor vehicle use and emissions. Annual Review of Energy 15, 217-243.

Wang, X., Lindsey, G., Schoner, J., Harrison, A., 2015. Modeling bike share station activity: effects of nearby businesses and jobs on trips to and from stations. Journal of Urban Planning and Development 142(1), 04015001.

Weikl, S., Bogenberger, K., 2013. Relocation strategies and algorithms for free-floating car sharing systems. IEEE Intelligent Transportation Systems Magazine 5(4), 100-111.

Willing, C., Klemmer, K., Brandt, T., Neumann, D., 2017. Moving in time and space-location intelligence for carsharing decision support. Decision Support Systems 99, 75-85. Location Analytics and Decision Support.

Zhao, J., Deng, W., Song, Y., 2014. Ridership and effectiveness of bikesharing: the effects of urban features and system characteristics on daily use and turnover rate of public bikes in China. Transport Policy 35, 253-264.

Zhou, B., Kockelman, K., Gao, R., 2011. Opportunities for and impacts of carsharing: a survey of the Austin, Texas market. International Journal of Sustainable Transport 5(3), 135-152.

第11章　共享汽车:对我们所知的概述

Stefan Schmöller, Klaus Bogenberger
德国,巴伐利亚,慕尼黑联邦国防军大学,土木工程与环境科学系

11.1　引言

共享汽车是近几十年才出现的一种出行方式。它的观念是:在大多数情况下,拥有一辆车就足够了,而拥有一辆车却不是必需的。为此,汽车共享组织(CSO)为每个注册成员(注册人)提供可使用的汽车。用户有机会在需要或想使用汽车时得到汽车。虽然共享汽车并非全新事物,但直到20世纪80年代末,它才开始起步。已知的第一个共享汽车公司是Sefage(“Selbstfahrer-genossenschaft”),由苏黎世的一个住房合作社于1948年创立(Harms and Truffer,1998),一直运作到1998年。在接下来的几十年里,更多的共享汽车组织出现了,然而,在一段时间之后,所有这些组织都不得不关闭。至今仍在运营的最久远的CSO是瑞士的出行合作社,该合作社起源于1987年成立的两个共享汽车公司Sharecom和ATG(“AutoTeilet-Genossenschaft”)的合并(Harms and Truffer,1998)。在接下来的几年里,共享汽车在全世界蔓延开来,涌现出许多新的CSO。然而,到21世纪末,特别是2010年初,共享汽车才迎来了最大的繁荣。这一繁荣得益于移动互联网和智能手机的出现,主要是由进入市场的新的商业模式和汽车制造商推动的。截至2016年,46个国家都有了CSO,用户达1500万人,运营车辆超过157000辆(Shaheen et al. ,2018a)。在本章中,我们将介绍有关共享汽车的不同主题的研究结果,并与其他研究的结果相联系。这项研究的目的是让人们更好地了解共享汽车系统的工作机制和存在问题。本章首先介绍不同形式的共享汽车系统,然后研究共享汽车的用户和使用方法,最后讨论车辆调度分配问题。因为有时需要重新分配车辆以确保可用性,所以在共享汽车中有关车辆分配问题的研究最多。

11.2　系统

目前,现有的共享汽车服务有不同类型,它们以不同的策略区分,例如租赁和归还车辆或价格结构。在这部分,我们将介绍共享汽车的主要类型和一些混合模式。为了便于在本章其余部分中区分各种类型,本章只介绍主要特征。除了最早的以私人和合作方式运营的Sefage等共享汽车公司外,最古老的CSO企业(如移动合作社)可以归于所谓的基于站点的共享汽车。采用这种共享汽车模式的其他组织还有Zipcar、Cambio或Flinkster。在最初的模式中(一种更灵活的方式,允许单程出行,将在本部分后面介绍),这种共享汽车与传统的汽

车租赁服务非常相似。CSO 拥有或租用停车位,称为车站,并在这些停车位之间分配车辆。然后,用户可以通过互联网或智能手机应用程序预订可用车辆,说明他们要从哪个车站出发,以及预订的开始时间和结束时间。对于这种类型的共享汽车,用户通常需要同时为行驶时间和里程付费。所有其他费用,如汽油、保险或清洁费都包含在这些费用中。许多 CSO 在每个站点提供不同的车型(主要是不同的价格),允许用户选择使用的最合适的车型,但是每次行程结束时,必须将车辆返回开始行程的那一站。所有这些功能仍然与汽车租赁非常相似。因此,可引用(Millard-Ball et al. ,2005)的研究来阐述共享汽车和汽车租赁之间的区别:"共享汽车与传统汽车租赁的三个主要区别,与之最接近的为:短期租赁,分散、自主访问车辆网络,将汽油和保险捆绑成费率。此外,共享汽车的主要目的是提供一种替代汽车所有权的方式。相比之下,大多数租赁公司都有集中的设施,特别是在机场和市中心,要求一名工作人员检查车辆,并提供 24h 的最低租金增量。因此,租赁公司倾向于为商务旅客和其他游客以及需要更换汽车的人提供更多的服务;而不是当地居民偶尔的短期出行——这是共享汽车运营商的核心市场。" 戴姆勒于 2009 年携其子公司 car2go 进入该市场时,迈出了共享汽车行业发展的的最重要的一步。car2go 是第一个提供自由浮动共享汽车服务的 CSO。除了 car2go 之外,提供自由浮动共享汽车服务的最著名的 CSO 是宝马和 Sixt 的子公司 DriveNow。在这种类型的共享汽车中,运营机构通常不会获得自己的停车位,而是使用城市内可用的公共停车位。CSO 定义了一个运营区域,在区域内车辆可以自由分配。然后,用户可以在互联网/或智能手机应用程序上搜索可用车辆。与基于车站的共享汽车不同,它可以提前预订,但不是强制性的。在大多数实际案例中,情况恰恰相反。预订只有在短时间内是免费的(反映到达一辆汽车所需的时间,例如 15min),但如果超过此时间,则必须付费。相反,每辆车都有一个显示其预订状态的显示器,这样,如果目前是无人预订的,就可以当场进行预订。然后,用户可以使用智能手机应用程序或从 CSO 处获得的 ID 卡解锁汽车。结束预订也很类似。车辆可以停在运营区域内的任何公共停车位,并通过应用程序或 ID 卡锁定。在自由浮动的共享汽车中,只要不超过预先设定的限制,里程数通常都包含在费用中,用户只需支付出行时长的费用。与基于车站的共享汽车一样,所有其他费用也包括在内。在这两种主要的共享汽车类型中,又出现了其他几种类型,主要是结合了这两种类型的某一特征。其中一种混合动力车型是以区域为基础的共享汽车,例如慕尼黑的 Flinkster。车队的每辆车都被设定了一个必须归还的区域,而在这个区域内,每个公共停车位都可以使用。另一种目前正在运行的系统(例如,新加坡的 BlueSG)是基于车站的单向的共享汽车。与传统的基于车站的共享汽车一样,一个城市中有几个车站可以作为出发地。不同的是,汽车可以在任何一个车站归还,所以用户可以进行单程出行。但伴随单程出行更高灵活性的同时,在这种情况下车辆不平衡的缺点也凸显出来了。其他混合类型也是可能的,例如,将市中心的自由浮动汽车共享区与外围的车站结合起来,但大多数 CSO 会选择两种主要类型中的一种。在现有的共享汽车模式中,车辆归 CSO 所有,而在过去几年中,出现了另一种替代方案,即 P2P 共享汽车。在这种汽车共享模式中,用户可以在自己不需要的时候提供自己的私家车用于出租。他们甚至可以自行设定租车价格。然后,运营商获得每笔租金总价的固定费率。提供这类车的公司(例如 Turo)主要负责两件事:为私家车提供保险,并为需要汽车的人与提供汽车的人进行需求匹配。

11.3　共享汽车用户的特征

对于任何CSO来说,知道谁最有可能加入(并使用)他们的共享汽车服务是非常重要的。通过这种方式,可以确定共享汽车最有可能成功的城市和城市内的区域。为此,有几项研究(其中一些将在稍后提及)对共享汽车的用户进行了调查。这些研究大多集中在用户的人口统计学特征或他们的出行行为的变化上。这些研究确定了一些关键特征,似乎可以很好地了解谁会是共享汽车的用户。

11.3.1　人口统计特征

作为一种新的交通方式,预测谁会成为共享汽车的用户是一项挑战。为了回答这个问题,一些研究试图识别用户的人口统计学特征。本章作者参与了一个名为WiMobil的研究项目,该项目试图评估共享汽车对交通和环境的影响(BMUB Bundesministerium für Umwelt, Naturschutz, Bau und Reaktorsicherheit, 2016)。该项目的一部分是由德国航空航天中心(Deutsches Zentrum für Luft-und Raumfahrt; DLR)对德国慕尼黑和柏林两个CSO——Flinkster和DriveNow的用户进行的调查。DriveNow在这两个城市都提供自由浮动共享汽车服务,而Flinkster在柏林提供传统的基于车站的服务,在慕尼黑提供基于区域的服务。这项调查的结果可以用来识别不同共享汽车系统用户之间的差异。在几乎所有共享汽车用户的调查中,最重要的问题都涉及用户的年龄结构、受教育水平、收入和家庭规模。这些是关键特征,可以用来识别共享汽车最有可能成功的新的(部分)城市。图11-1摘自上述研究项目的最终报告(BMUB Bundesministerium für Umwelt, Naturschutz, Bau und Reaktorsicherheit, 2016),显示了DriveNow和Flinkster共享汽车用户的年龄结构。

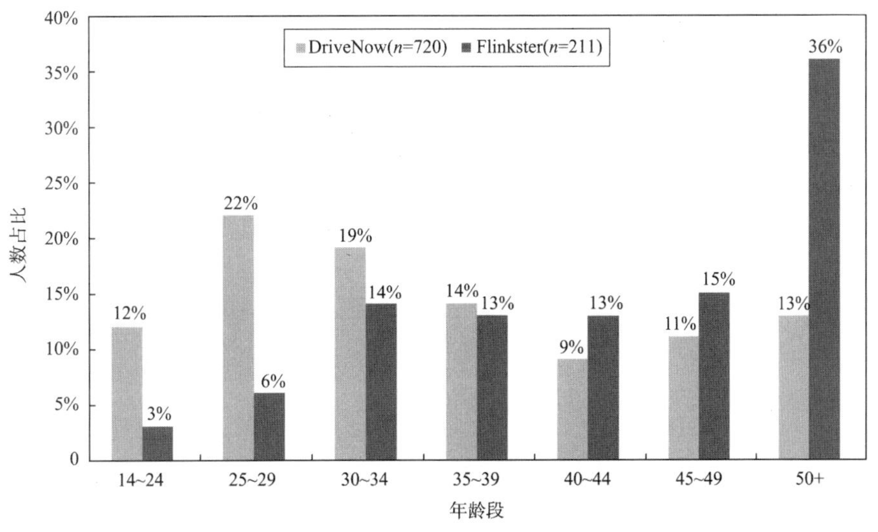

图11-1　共享汽车用户不同年龄组分布

来源:BMUB Bundesministerium für Umwelt, Naturschutz, Bau und Reaktorsicherheit, 2016. Wirkung von E-Car Sharing Systemen auf Mobilität und Umwelt in urbanen Räumen (WiMobil). Technical Report, Retrieved 07 April 2019: https://www.erneuerbarmobil.de/sites/default/files/2016-10/Abschlussbericht_WiMobil.pdf。

很明显，考虑到年龄结构，自由浮动系统的用户与基于站点/区域系统的用户之间存在很大的差异。大多数 DriveNow 用户相对年轻，超过 40% 的用户年龄在 25 ~ 34 岁，平均年龄为 36 岁。相比之下，大多数 Flinkster 用户至少在 50 岁，平均年龄 45 岁。其他多数的关键特征显示了这两个系统之间的高度相似性。大部分用户是男性，受过良好教育(70% 以上拥有大学学位)，生活在一个小家庭(1 ~ 2 个人)，收入高于平均水平(BMUB Bundesministerium für Umwelt，Naturschutz，Bau und Reaktorsicherheit，2016；Giesel and Nobis，2016)。所有这些关键特征似乎在不同类型的共享汽车系统用户中都是适用的，因为其他的用户调查获得了非常相似的结果(Millard-Ball et al.，2005；Martin and Shaheen，2011b；Wittwer and Hubrich，2018；infas et al.，2018)。对于所有类型的共享汽车，用户的人口统计特征似乎是非常普遍的，因为 P2P 共享汽车用户的调查显示出相似的分布(Shaheen et al.，2018b)。

11.3.2 出行行为

到目前为止，共享汽车在大城市已经成为最成功的出行方式。尽管这些城市中的大多数也有非常好的公共交通运输系统，但它们经常会遇到交通问题，比如频繁的交通拥堵或者缺乏停车车位。很明显，共享汽车在一开始就加剧了这些问题，因为更多的汽车被引入到城市中。然而，对于研究人员来说，更重要的问题是长期影响是什么。一方面，一些批评人士称，共享汽车会促使人们在出行时使用汽车，而不是乘坐公共交通工具或骑自行车。另一方面，共享汽车可以鼓励人们丢弃他们很少使用的汽车。基于这些不同的观点，一些研究探讨了共享汽车用户的出行行为及共享汽车对其的影响。以下将重点介绍用户出行模式、出行目的和用户汽车拥有量。

11.3.3 共享汽车用户的出行模式划分

为了描述出行行为，一些研究(BMUB Bundesministerium für Umwelt，Naturschutz，Bau und Reaktorsicherheit，2016；Wittwer and Hubrich，2018；Cervero et al.，2007)分析了共享汽车用户出行模式。乍一看，这些研究似乎表明共享汽车的用户经常使用公共交通工具和非机动交通工具。利用德国 2017 年中研究的数据(infas et al.，2018)，可以更仔细地研究用户出行模式。由于大多数共享汽车用户居住在大都市地区(约占注册用户的 66%，活跃用户的比例可能更高)，他们的出行模式应该与居住在大都市地区的非用户的出行模式进行比较。这种比较可以在图 11-2 中找到。

很容易看出，共享汽车用户的出行模式与德国的整个人口有很大的不同，但它与生活在大都市地区的非用户相当。主要的区别表现在自行车和公共交通工具的使用率较高，而汽车的使用频率较低。这表明共享汽车用户的出行行为更环保。然而，不确定的是，共享汽车是否是他们的出行模式不同的原因。为了找到这个问题的答案，研究人员试图找出共享汽车用户的出行行为与他们成为共享汽车用户之前的出行行为相比是如何变化的(Millard-Ball et al.，2005；Martin and Shaheen，2011a)。尽管这些论文中的结果并不完全一致，但它们证明了从私家车到非机动方式或公共交通的模式转变。即使这些变化可能是由一些个人出行行为的重大变化引起的，但是它们无法影响整个城市的网络。这种影响可能是由共享汽车车队规模的显著提升引起的，但其是否也会以同样的方式扩大，有待于进一步研究确定。

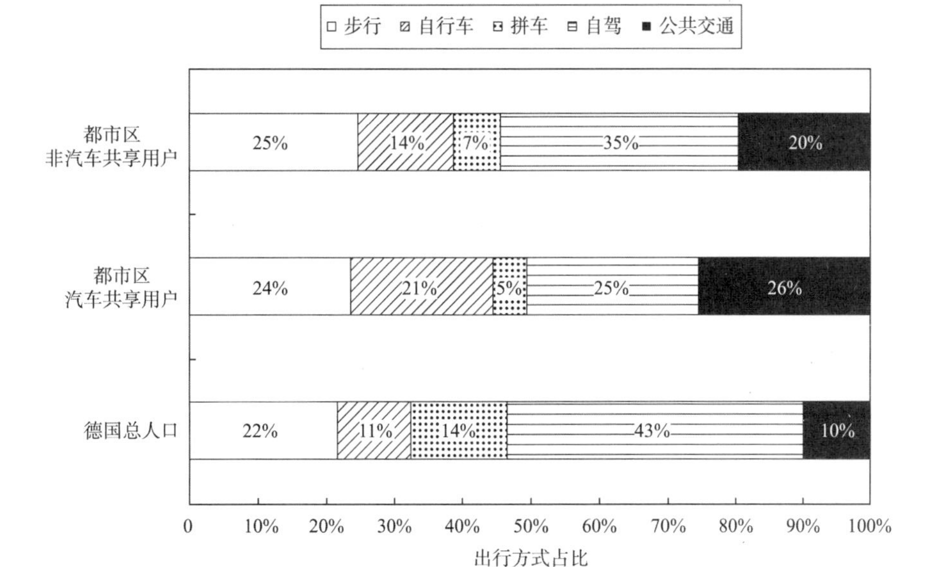

图11-2 选定人群的出行模式划分

11.3.4 出行目的

使用共享汽车的重要原因是它可以填补出行服务缺口。共享汽车可以使那些买不起私家车(或不想拥有私家车,例如因为没有私人停车位)的人,在他们认为需要的时候可以使用汽车。例如,在运输重型货物时。然而,对于大多数共享汽车的用户来说,这可能不是什么大问题,因为他们的收入高于前面提到的平均水平。因此,出行目的的分布有助于更好地了解人们为什么使用共享汽车。有几项针对基于车站的(Millard-Ball et al.,2005;Cervero et al.,2007;Le Vine et al.,2013)和自由浮动的共享汽车(Wittwer and Hubrich,2018)的研究探讨都涉及这一主题。在前面提到的WiMobil研究项目,对两种类型的共享汽车的用户进行了调查。出行目的的结果分布(由于允许有多个选择答案,所以数值加起来超过100%)如图11-3所示。

正如所料,这两种共享汽车方式之间的差异是非常明显的。最大的区别出现在回家或上班的出行中。这并不奇怪,因为两者都是典型的单程出行,这在基于车站的共享汽车系统中是不允许的。除社交/娱乐出行和购物出行外,其他出行类型的频率相似。由于这两种类型都可以被视为几个基本目的的集合,因此就该问题进行了更深入的调查研究,如图11-4a)和11-4b)所示。

这些更详细的解释表明,不同类型的共享汽车确实用于不同的出行目的。基于车站的共享汽车更经常用于体育、娱乐,尤其是周末旅行。所有这些出行通常是往返出行,需要更长的车辆停车时间。由于定价结构不同,对于用户来说,在此类出行中使用基于车站的共享汽车系统是有利的。长时间的需求也是如此,长时间的购物(如衣服或家具)通常比常规购物(如食品杂货)花费更多的时间(特别是更长的停车时间)。相比之下,自由流动的共享汽车更适合典型的晚间活动,比如去酒吧、迪斯科舞厅、餐厅或参加文化活动。即使在这些活动结束后也需要回家,一个可能的做法是在去的路上使用共享汽车,喝点东西,然后在回家的路上乘坐公共交通工具或出租汽车。在两个系统中均显示较高比率的唯一目的是拜访朋友。这可能是由于拜访朋友既会花费一些时间,又是往返行程,因此人们有可能使用自由浮

动的共享汽车前往,并使用另一种模式或新的共享车辆来完成回程。

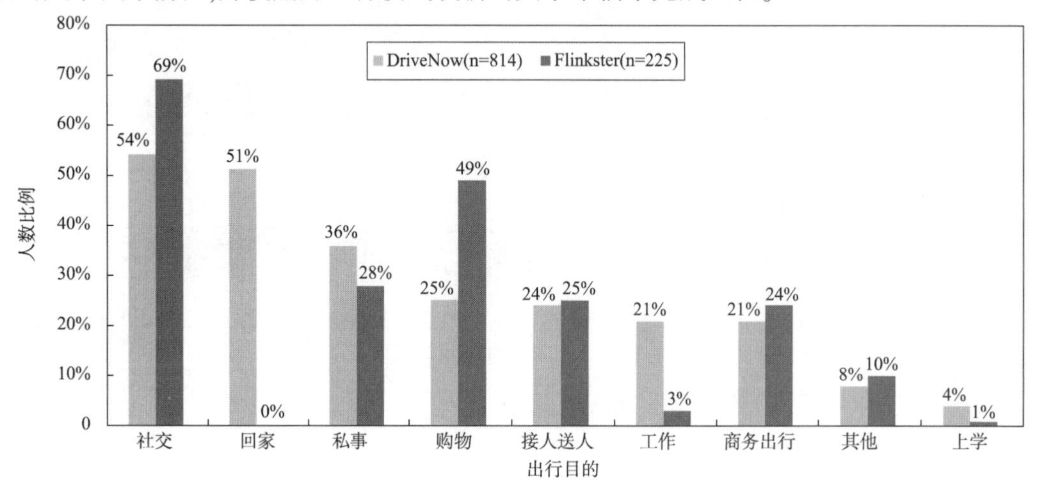

图 11-3　共享汽车的出行目的

来源:改自 BMUB Bundesministerium für Umwelt, Naturschutz, Bau und Reaktorsicherheit, 2016. Wirkung von E-Car Sharing Systemen auf Mobilität und Umwelt in urbanen Räumen (WiMobil). Technical Report, Retrieved 07 April 2019: https://www.erneuerbar-mobil.de/sites/default/files/2016-10/Abschlussbericht_WiMobil.pdf。

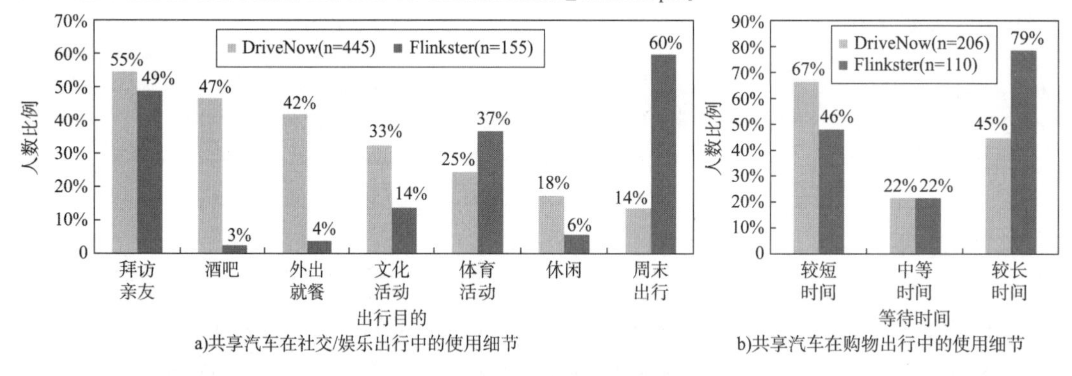

图 11-4　共享汽车的使用细节

来源:改自 BMUB Bundesministerium für Umwelt, Naturschutz, Bau und Reaktorsicherheit, 2016. Wirkung von E-Car Sharing Systemen auf Mobilität und Umwelt in urbanen Räumen (WiMobil). Technical Report, Retrieved 07 April 2019: https://www.erneuerbar-mobil.de/sites/default/files/2016-10/Abschlussbericht_WiMobil.pdf。

11.3.5　对汽车所有权的影响

最后一个应该讨论的话题是共享汽车对私家车拥有量的影响。再次使用 2017 年中的数据(infas et al., 2018),可以肯定地说,共享汽车用户拥有的汽车比其他人少。虽然共享汽车用户每个家庭拥有 0.6 辆汽车,但居住在大都市地区的人平均拥有 0.9 辆汽车。其他几项研究(BMUB Bundesministerium für Umwelt, Naturschutz, Bau und Reaktorsicherheit, 2016; Wittwer and Hubrich, 2018; Cervero et al., 2007)也表明了相似的汽车拥有率。但同样,很难说共享汽车是造成这种差异的原因。共享汽车可能特别吸引那些没有车的人,他们在需要的时候有机会使用汽车。如果是这样的话,共享汽车并不是汽车拥有率低的原因。但也有人因为共享汽车而改变了自己的汽车所有权。有些人可能会特意摆脱自己很少使用的汽车,或者因为意识到共享汽车已经足够而放弃购买计划。但对其他人来说,共享汽车可能也是购买汽车的原因,因为他们意识到拥有私家车会使他们受益。

许多研究试图探寻购车和售车之间的平衡。这可能是因为大量的报废汽车将是一个非常积极的信息,有助于进一步推广共享汽车。关于这一主题,有三项研究做了非常好的文献综述,分别是 Millard-Ball et al. ,2005 和 Shaheen et al. ,2009;Chen and Kockelman,2015。这些论文中引用的几乎所有参考文献都显示,每个用户或共享汽车的丢弃车数量都很高。然而,应谨慎对待这些数值。一方面,这些调查没有统一的程序,因此得出的数值很宽泛。另一方面,准确地推断是非常困难的,因为购车和售车都应该纳入平衡。为了更好地估计,研究者也应该考虑过去的购买或出售。此外,每辆车只应考虑共享汽车影响购买或出售决定的比例。然而,这几乎不可能,因为很少有人能说出共享汽车的影响力具体是多少,例如10%。因此,这些研究可能会为了平衡给出一个合理的估计,但即使结果是非常积极的,也应始终牢记他们调查方法的缺点。

11.4　共享汽车的使用

随着共享汽车越来越多,研究人员也对共享汽车的使用方式产生了更高的兴趣。因此,研究者必须设法获得 CSO 的使用数据。一些研究人员(包括本章的作者)设法同意与 CSO 合作,而其他研究人员也通过反复从网页上检索信息、再现数据来获得资源。有了真实的使用数据,就可以识别使用模式,并根据调查结果对其进行解释。最容易识别的模式是时间模式。将出行数据按周工作日或一天的时间分组,可以展示特征明显的轨迹。图 11-5 和图 11-6分别由所有出行的开始时间生成,显示了慕尼黑共享汽车出行的时间分布,同样,这些数据取自 WiMobil 项目的最终报告(BMUB Bundesministerium für Umwelt,Naturschutz,Bau und Reaktorsicherheit,2016)。正如本书所示,慕尼黑和柏林这两个城市之间的差异是微不足道的,这里只描绘了慕尼黑的图表。为了更好的可比性,变换了横坐标轴,来表达不同时间尺度的出行分担率。

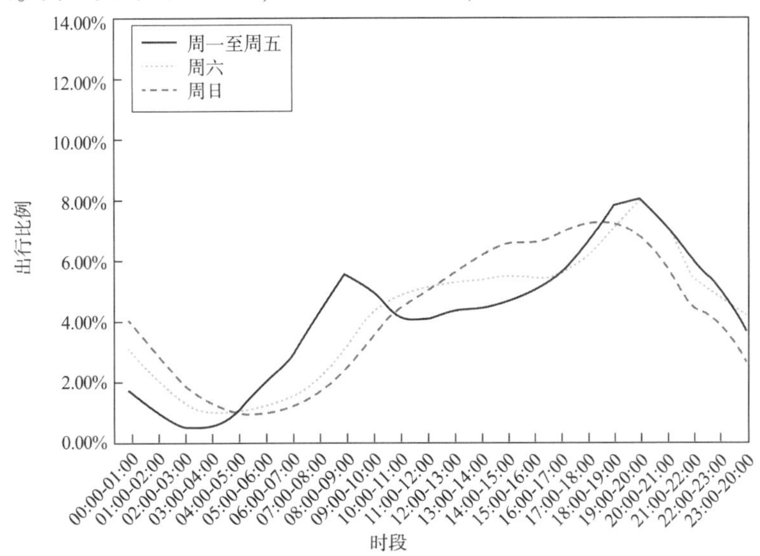

图　11-5

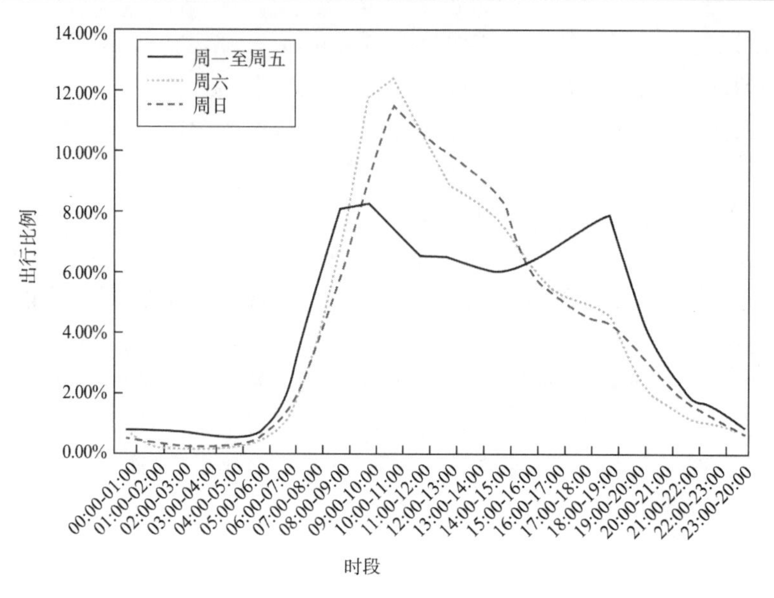

图 11-5　DriveNow(左)和 Flinkster(右)在工作日、星期六和星期日之间的共享汽车使用情况

来源：改自 BMUB Bundesministerium für Umwelt, Naturschutz, Bau und Reaktorsicherheit, 2016. Wirkung von E-Car Sharing Systemen auf Mobilität und Umwelt in urbanen Räumen (WiMobil). Technical Report, Retrieved 07 April 2019: https://www.erneuerbar-mobil.de/sites/default/files/2016-10/Abschlussbericht_WiMobil.pdf。

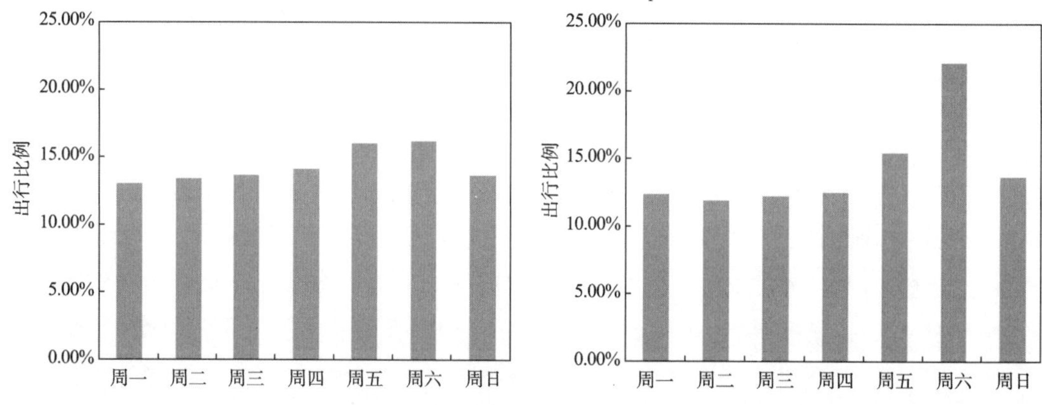

图 11-6　DriveNow(左)和 Flinkster(右)在一周里的共享汽车使用情况

来源：改自 BMUB Bundesministerium für Umwelt, Naturschutz, Bau und Reaktorsicherheit, 2016. Wirkung von E-Car Sharing Systemen auf Mobilität und Umwelt in urbanen Räumen (WiMobil). Technical Report, Retrieved 07 April 2019: https://www.erneuerbar-mobil.de/sites/default/files/2016-10/Abschlussbericht_WiMobil.pdf。

以上图表反映了前面提到的出行目的。自由浮动的共享汽车更常用于通勤出行，另外其主要出行目的是娱乐活动。因此，许多工作日的出行都发生在大多数人开始或结束工作的时候。此外，关于前文提到的娱乐活动通常是(周末)晚上的典型活动，这就解释了为什么出行比例最高的时间是下午 6 点到 9 点，而且很大一部分出行是在夜间进行的。基于车站的共享汽车的轨迹可以用类似的方式解释。从周六(尤其是中午之前)起始的出行数量非常多，这可以解释为长期需求的周末出行和购物出行比例较高。与出行目的一样，世界各地的其他研究也发现了类似的共享汽车出行的时间分布(Costain et al., 2012; Leclerc et al., 2013; Concas et al., 2013; Sprei, 2019)。这两种类型的共享汽车的不同出行目的也反映在出行持续时间和距离的分布上。对比慕尼黑和柏林，它们的分布非常相似，只是去慕尼黑机场的出行出现了一个小高峰。由于轨迹的其余部分几乎相同，图11-7a)和图11-7b)只显示了慕尼黑的持续时间和距离分布，这两张图片来自WiMobil项目的最终报告(BMUB Bundesministerium für Umwelt, Naturschutz, Bau und Reaktorsicherheit, 2016)。

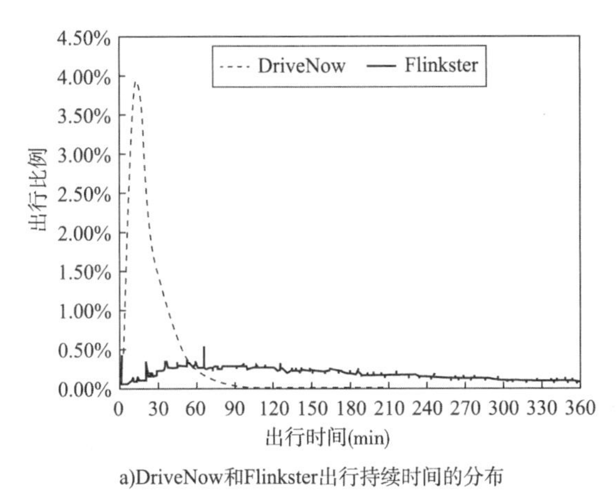

a)DriveNow和Flinkster出行持续时间的分布

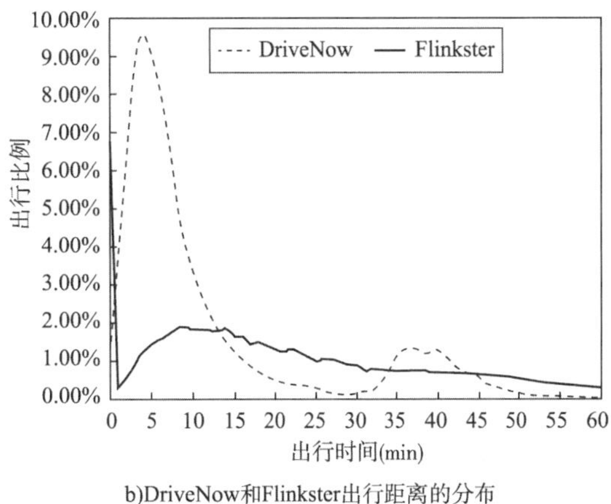

b)DriveNow和Flinkster出行距离的分布

图11-7　分布图示

来源：改自BMUB Bundesministerium für Umwelt, Naturschutz, Bau und Reaktorsicherheit, 2016. Wirkung von E-Car Sharing Systemen auf Mobilität und Umwelt in urbanen Räumen(WiMobil). Technical Report, Retrieved 07 April 2019: https://www.erneuerbar-mobil.de/sites/default/files/2016-10/Abschlussbericht_WiMobil.pdf。

同样，这些分布显示了自由浮动的共享汽车和基于站点的共享汽车之间的显著差异。这些差异可能与不同的定价模式和相关的出行目的有关。在自由浮动的共享汽车中，可以进行单程出行，而且每分钟都要计费(与基于车站的共享汽车系统相比，价格更高)，因此行程往往比较短。这也符合主要的出行目的。其中大多数(回家、外出、工作)都是典型的单程出行，通常没有绕道。如果必须有回程，这通常会很晚，因此当场预订成本太高，要么使用另一种模式，要么必须找到另一辆共享车辆。相比之下，基于车站的共享汽车，每分钟的价格要低得多，因此，租用一辆停放着的车辆的价格相当低。这种分布很普遍，实际上，长时间出行所占比例较高。由于只允许用户往返出行，因此这种共享汽车的方式更青睐于持续时间更长的购物出行或停车时间较长的休闲出行。与之前提供的所有结果一样，这些分布也与其他研究中的分布一致(Costain et al., 2012; Sprei, 2019; Wielinski et al., 2015)。有了所有的使用数据，就可以通过查看出行的空间分布来展示完整的空间布局。在具有往返和固定预留的基于车站的共享汽车系统中，这不是什么大问题。运营商通常会提前知道他们的汽车何时何地可供使用。然而，在自由浮动的共享汽车中，一辆汽车的租用时间和归还地点是不清晰的。作者(BMUB Bundesministerium für Umwelt, Naturschutz, Bau und Reaktorsicherheit, 2016; Schmöller et al., 2015)对研究中的出行数据进行了空间分析，并能够识别车辆运行的一些趋势。据观察，在一个城市内的不同区域，共享汽车的使用具有特征。根据出行目的，最重要的区域是那些在任何时候都有高使用率的区域(以人口密度高和购物/工作场所多为特点)、早晨使用率较高的区域(主要是住宅区)和晚上使用率较高的区域(许多购物和工作场所)。虽然其余时间出行的目的地很难明确，因为它们可以遍布整个城市，但这些分布在

一定程度上反映了通勤潮汐现象,因此,与自由浮动式共享汽车的出行目的有很大的匹配度。

11.5 重新分配问题与解决方法

上述空间分析表明,车辆移动存在反方向的潮汐。但在自由浮动的共享汽车系统中,并不是所有的空间车辆移动都是平衡的。不时有车辆聚集在当时不需要的地方,导致其他地方缺少可用车辆。此外,单车有时会在遥远的地方被归还,在那里它们可能在几个小时或几天内都不会被使用。在这两种情况下,操作员可以通过重新分配车辆来进行干预,而重新分配一辆车意味着一辆车要从一个需求量很低的地区开到一个需求量很高的地区。虽然在只有往返行程的基于车站的共享汽车系统中这不是问题,但是任何允许单程出行的系统都会受到这个问题的影响。然而,这个问题很难解决,因为它有许多影响因素。首先,有必要知道哪些车在当前位置是不需要的,因此应该重新分配。当然,CSO 知道汽车应该被带到哪里,也就是需求得不到满足的地区。此外,运营商必须平衡车辆重新分配成本与预期收入。然而,这项任务非常困难,因为一次车辆重新分配的收益很难量化。一个可能的指标是车辆重新分配后的空闲时间,但几乎不可能确定一次重新分配对后续行程甚至整个系统的影响程度。在重新分配策略中,还有更多的任务需要考虑,比如人员调度和路线规划。考虑到所有这些因素,很难找到一个最佳的重新分配策略。它甚至很难明确最优的定义。成本最小化、收益最大化或满足客户(即不满足需求的可能性最小)可能是最优的。虽然找到一个最优或至少是最好的可能的重置策略对于 CSO 来说是一项比较麻烦的任务,但它也形成了一个非常有趣的研究问题,已经在许多研究中得到了解决。解决这个问题最常见的方法是进行数学优化(Jorge et al. ,2014;Weikl and Bogenberger,2015;Bruglieri et al. ,2018)。但是,即使基本概念是相同的,问题的确切表述可能会有很大的不同。从建立目标函数开始,需要对最优问题进行定义。上述参考文献中,成本与收入相互抵消,以建立一个复合目标函数。这个问题在约束条件下变得更加复杂,因为问题的所有方面都会涉及。因此,优化问题的实现有很大的不同。无论如何解决这个问题,都很难评估车辆重新分配的影响。在大多数情况下(Jorge et al. ,2014;Bruglieri et al. ,2018),所提出的重新分配策略是使用一个模拟框架进行测试的,在这个框架中,它可以与其他策略或完全没有重新分配的场景一起进行测试。在(Bruglieri et al. ,2018)中,还使用了一组基准实例来提高不同算法之间的可比性。在一个非常特殊的案例中,还与一个 CSO 合作进行了现场试验(Weikl and Bogenberger,2015)。所有这些参考资料都显示,他们的重新分配策略为 CSO 带来了更高的收入。到目前为止,一些 CSO 使用这些或类似的算法进行了车辆重新分配,但其他人(另外)依赖于当地车队经理,他们了解所在城市,并可利用他们的经验来决定哪些重新分配是有意义的。

11.6 结论

在过去的几年里,研究人员收集了大量关于共享汽车用户和使用情况的信息。但即使共享汽车被认为有助于减少交通问题和排放,它仍然更多的是一种补充。共享汽车数量最多的城市大多是非常大的城市,与汽车总数相比,它们只占很小的比例。到目前为止,这些城市是大多数 CSO 关注的地方。在农村地区或者中小城市,人们最多能看到的是极少的基于车站的共享汽车。但在谈到排放时,农村地区也非常重要。通常住在那里的人拥有更多的汽车,并且经常在长途旅行中使用。共享汽车很难走出大城市也就不足为奇了。在那里,尽管已经收集了所有的知识研究成果,也不能保证共享汽车在某个城市会盈利。所以,在共享汽车的历史上,许多公司不得不关闭或者至少从特定的城市撤出,这一点也不奇怪。两个最大的自由浮动的 CSO,car2go 和 DriveNow,最近刚刚决定成立一家合资企业。合并的真正原因并没有说明,但据说两家公司都是无利可图的,这样他们至少应该能够降低成本。但共享汽车市场仍在扩大,世界各地都引入了新的主体和新型的共享汽车。一些老的主体也试图跟上时代发展。出行合作社现在还提供一种汽车类型,用以在特定车站之间进行单程出行,在 Zürich 有一个自由浮动的共享滑板车系统和一个拼车平台。随着越来越多的共享汽车进入街道,共享汽车的积极影响也有望变得更加明显。此外,像 P2P 汽车共享这样的新形式可能会将共享汽车推广到那些尚未成功的区域。从现在起的几年内,可能会发生巨大的变化。自动驾驶汽车有可能极大地改变我们的出行行为。有了共享的自动驾驶汽车,私家车可能会完全过时。无论何时需要一辆车,它都可以抵达用户身边,在他们完成出行后,汽车要么为下一个客户服务,要么通过重新分配到最有可能需要的地方。这样,汽车的利用率就会更高。在 Dandl and Bogenberger,2018 研究中,有一项慕尼黑的案例研究,结果表明,一辆共享的自动驾驶汽车可以替代 2.8 ~3.7 辆的自由浮动式共享汽车。假设这一比例可以扩展到整个城市的交通,那么自动驾驶汽车就有可能解决交通问题和环境问题,特别是当使用电动发动机时。但是,由于这还有很长的路要走,共享汽车至少可以触动一些小的改变,最终演变出一种新的交通方式。

本章参考文献

BMUB Bundesministerium für Umwelt, Naturschutz, Bauund Reaktorsicherheit, 2016. Wirkung von E-Car Sharing Systemen auf Mobilität und Umwelt in urbanen Räumen (WiMobil). Technical Report. Retrieved 07 April 2019. https://www.erneuerbar-mobil.de/sites/default/files/2016-10/Abschlussbericht_WiMobil.pdf.

Bruglieri, M., Pezzella, F., Pisacane, O., 2018. A two-phase optimization method for a multi objective vehicle relocation problem in electric carsharing systems. Journal of Combinatorial Optimization 36(1), 162-193. https://doi.org/10.1007/s10878-018-0295-5.

Cervero, R., Golub, A., Nee, B., 2007. City Carshare: longer-term travel demand and car ownership impacts. Transportation Research Record 1992(1), 70-80. https://doi.org/10.3141/1992-09.

Chen, T., Kockelman, K., 2015. Carsharing's Life-cycle impacts on energy use and greenhouse gas emissions. In: Paper Presented at the 94th Annual Meeting of the Transportation Research Board, Washington, D. C.

Concas, S., Barbeau, S., Winters, P., Georggi, N., Bond, J., 2013. Using Mobile Apps to Measure Spatial Travel-Behavior Changes of Carsharing Users. In: Paper Presented at the 92nd Annual Meeting of the Transportation Research Board, Washington, D. C.

Costain, C., Ardron, C., Habib, K., 2012. Synopsis of users' behaviour of a carsharing program: a case study in Toronto. Transportation Research Part A: Policy and Practice 46(3), 421-434. https://doi.org/10.1016/j.tra.2011.11.005. ISSN 0965-8564.

Dandl, F., Bogenberger, K., 2018. Comparing future autonomous electric taxis with an existing free-floating carsharing system. IEEE Transactions on Intelligent Transportation Systems. https://doi.org/10.1109/TITS.2018.2857208.

Giesel, F., Nobis, C., 2016. The impact of carsharing on car ownership in German cities. Transportation Research Procedia 19, 215-224. https://doi.org/10.1016/j.trpro.2016.12.082. ISSN 2352-1465.

Harms, S., Truffer, B., 1998. The Emergence of a Nation-wide Carsharing Cooperative in Switzerland. Prepared for EAWAG-Eidgenössische Anstalt für Wasserversorgung, Abwasserreinigung und Gewässerschutz, Switzerland.

Infas, DLR, IVT, infas 360, 2018. Mobilität in Deutschland (On Behalf of the BMVI).

Jorge, D., Correia, G., Barnhart, C., 2014. Comparing optimal relocation operations with simulated relocation policies in one-way carsharing systems. IEEE Transactions on Intelligent Transportation Systems 15(4), 1667-1675. https://doi.org/10.1109/TITS.2014.2304358.

Le Vine, S., Sivakumar, A., Polak, J., Lee-Gosselin, M., 2013. The market and impacts of new types of carsharing systems: case study of greater London. In: Paper Presented at the 92nd Annual Meeting of the Transportation Research Board, Washington, D. C.

Leclerc, B., Trépanier, M., Morency, C., 2013. Unraveling the travel behavior of carsharing members from global positioning system traces. In: Paper Presented at the 92nd Annual Meeting of the Transportation Research Board, Washington, D. C.

Martin, E., Shaheen, S., 2011a. The impact of carsharing on public transit and non-motorized travel: an exploration of North American carsharing survey data. Energies 4(11), 2094-2114. https://doi.org/10.3390/en4112094.

Martin, E., Shaheen, S., 2011b. Greenhouse gas emission impacts of carsharing in North America. IEEE Transactions on Intelligent Transportation Systems 12(4), 1074-1086. https://doi.org/10.1109/TITS.2011.2158539.

Millard-Ball, M., Murray, G., Ter Schure, J., Fox, C., Burkhardt, J., 2005. Car-Sharing: Where and How it Succeeds. Transit Cooperative Research Program (TCRP) Report 108. Transportation Research Board, Washington.

Schmöller, S., Weikl, S., Müller, J., Bogenberger, K., 2015. Empirical analysis of free-floating carsharing usage: the Munich and Berlin case. Transportation Research Part C: Emerging Technologies 56, 34-51. https://doi.org/10.1016/j.trc.2015.03.008.

Shaheen, S., Cohen, A., Chung, M., 2009. North American carsharing: 10-year retrospective.

Transportation Research Record 2110(1),35-44. https://doi. org/10. 3141/2110-05.

Shaheen,S. ,Cohen,A. ,Jaffee,M. ,2018a. Innovative Mobility:Carsharing Outlook. Transportation Sustainability Research Center,UC Berkeley.

Shaheen,S. ,Martin,E. ,Bansal,A. ,2018b. Peer-to-Peer(P2P) Carsharing: Understanding Early Markets,Social Dynamics, and Behavioral Impacts. Retrieved from. https://escholarship. org/uc/item/7s8207tb.

Sprei,F. ,Habibi,S. ,Englund,C. ,Pettersson,S. ,Voronov,A. ,Wedlin,J. ,2019. Free-floating car-sharing electrification and mode displacement:Travel time and usage patterns from 12 cities in Europe and the United States. Transportation Research Part D:Transport and Environment 71,127-140. https://doi. org/10. 1016/j. trd. 2018. 12. 018.

Weikl,S. ,Bogenberger,K. ,2015. A practice-ready relocation model for free-floating carsharing systems with electric vehicles-mesoscopic approach and field trial results. Transportation Research Part C: Emerging Technologies 57,206-223. https://doi. org/10. 1016/j. trc. 2015. 06. 024.

Wielinski,G. ,Trépanier,M. ,Morency,C. ,2015. What About Free-Floating Carsharing?. In:Paper Presented at the 94th Annual Meeting of the Transportation Research Board,Washington,D. C.

Wittwer,R. ,Hubrich,S. ,2018. Free-floating carsharing experiences in German metropolitan areas. Transportation Research Procedia 33,323-330. https://doi. org/10. 1016/j. trpro. 2018. 10. 109.

第12章　通过预测、优化和个性化实现的智慧出行

Bilge Atasoy[1],Carlos Lima de Azevedo[2],Arun Prakash Akkinepally[3],Ravi Seshadri[4],
Fang Zhao[4],Maya Abou-Zeid[5],Moshe Ben-Akiva[3]
1.荷兰代尔夫特市代尔夫特理工大学海运与交通运输技术系;
2.丹麦灵比市丹麦技术大学管理工程系;
3.美国马萨诸塞州坎布里奇市麻省理工学院土木与环境工程系;
4.新加坡共和国新加坡-麻省理工学院研究与技术联盟(SMART);
5.黎巴嫩贝鲁特美国大学土木与环境工程系

12.1　引言

技术进步正在从各个方面改变着交通运输模式。信息以及通信技术由于提供了新形式的出行平台,成为这一变革中的关键因素。鉴于智能手机的推广普及和无处不在的互联网,如今用户只需要通过智能手机上的应用软件来规划交通运输活动,便可轻松获取各种服务。伴随着先进传感器的广泛应用,用户还可以接收出行相关的实时信息。因此,用户可以根据最新的内容来重新考虑其选择。此外,车辆技术也随着电气化、自动化以及泛在互联网而不断发展。考虑到人们对环境和能源限制下出行的需求不断增长,技术进步已成为当前出行选择方案的关键推动因素,而此类选择方案的特点是按需、共享、整合、实时、节能及灵活。Uber 和 Lyft 等交通运输网络公司(TNC)提供的网络预约式出租汽车服务(Ridesourcing),即为突破性出行替代方案的一个著名实例,该替代方案通过基于位置的智能手机应用程序来实时匹配乘客与驾驶员。另外一个新兴实例则是“出行即服务(MaaS)”,即消费者采用一体化交通平台和支付方式,根据消费需求(向参与的提供商)购买出行服务,而非购买出行方式(Kamargianni 等人,2016)。除了提高乘客便捷度以及服务效率,长期来看,这些新模式及新服务还有可能减少汽车保有量(Iacobucci 等人,2017;Schechtner 和 Hanson,2017),并且作为最先一英里/最后一英里接入模式而对公共交通起到补充作用(Jiao 等人,2017;Lyft,2015)。自动驾驶汽车将以前所未有的方式增加此类趋势的可能性,而且将进一步为新型的交通供给方式赋能(Mahmassani,2016)。

从广义上讲,智慧出行是指一系列出行解决方案,此类方案采用适当技术和方法论,并且可能提升大数据对于交通运输系统可持续性的可用性(Benevolo 等人,2016)。智慧出行由于带来了诸多效益而备受推崇,其中包括提高安全性、提高运营效率、降低个人出行成本、为消费者提供更多选择以及更加可持续的出行(Docherty 等人,2018)。

本章介绍了一种智慧出行方案,该方案具有三大特点:预测、优化、个性化。首先,预测对于应用系统来改变路网状况具有关键作用,因而需要采用实时数据来预测拥堵等路网状况,从而实现具有前瞻性的决策机制。其次,优化是建立可实现系统级别目标决策机制的关键,比如,可以尽可能缩短路网范围内的出行时间,以及最大化收益及/或消费者盈余。需要建立适当的优化模型(基于预测的路网状况),并且需要开发解决方法论来确保实时效率。最后,个性化对保护用户效益和通过了解偏好来吸引各种出行者,均具有关键性作用。需要开发各种方法论来估算和更新个体级别的偏好(比如支付意愿),并优化出行选项,从而在满足此类偏好的同时保证实现系统级别的目标。此外,还需要从用户级别影响以及系统级别影响的角度来评估智慧出行解决方案。多级别仿真是我们方案的核心,用于在实际实施之前评估智慧出行的影响。

作为包括上述特性的智慧出行服务实例之一,Tripod(Lima Azevedo 等人,2018)是一种基于智能手机的系统,用于提供信息和激励机制来优化系统范围内能源绩效,从而影响个体的实时出行决策。通过实时预测多模式交通运输网络来优化系统范围内的激励策略,同时根据每一位用户的出行偏好,按需个性化定制其应用菜单。采用适当和高效方式来综合应用此类方法论,是我们提出的智慧出行的关键特点。不过,如今的智慧出行解决方案的特点具有类似的基本原则和目标,但仅涉及一个或者两个此类特性。比如,出行即服务概念可能允许制订个性化出行计划,并且在通过出行服务提供商获取实时交通运输供给状况的情况下,根据自己的需求进行优化选择。

本章其余部分的结构如下:第12.2节介绍了推荐的智慧出行方案、相关预测和个性化方法论的表示方式,以及基于仿真的评价。针对上述内容,介绍了各种平台,而开发此类平台的目的在于方便应用此类方法论。此外还介绍了各种实例应用,以证明其附加值。第12.3节介绍了智慧出行的一些实例及其对于交通运输网络的影响。最后,第12.4节总结了本章内容,并且探讨了未来的发展。

12.2　智慧出行方法论

本节介绍了推荐智慧出行方案的三大方法论以及基于模型的评价。

12.2.1　智慧出行:预测

高效智慧出行解决方案需要准确、可靠地和预估交通状况。这需要考虑需求侧和供给侧特性及其相互影响。文献中提及的各种交通状况预测方案,可分为两类:数据驱动以及模型驱动。数据驱动方案依赖于大数据的可用性(比如源自传感器和其他设备)以及过滤或者机器学习算法。另一方面,各种模型驱动方案则纯粹依赖于交通流量模型。我们推荐了一种混合方案——在线标定(online calibration),其兼顾了数据驱动方案的经验性质以及交通流量模型的上乘理论。因此,混合方案具有的优点是利用数据对重复发生的拥堵进行建模,并且采用模型来预测非重复性发生拥堵条件下,尤其是稀有事件数据较少情况下的交通流量发展。在线标定需要实时校准动态交通分配(DTA)系统,这涉及采用最新观察的交通流量测量结果,来调整DTA系统的需求和供给参数(图12-1)。注意,对于以下介绍的方法论而言,DTA系统既可基于分析,也可基于仿真。

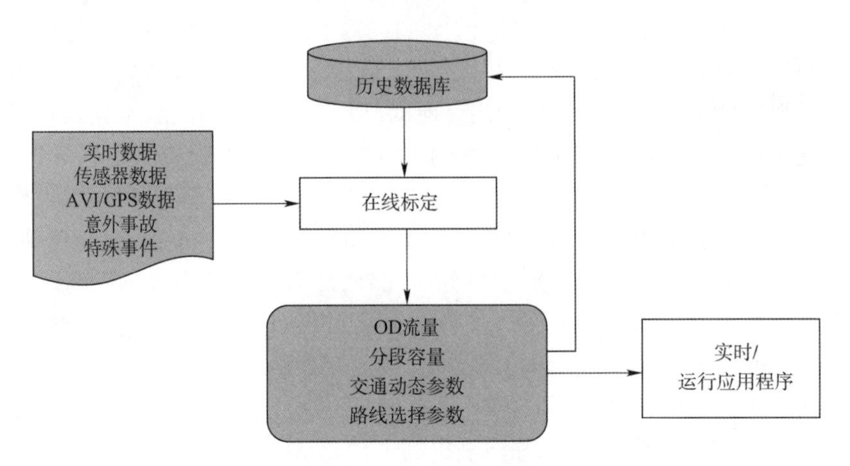

图 12-1　在线标定框架

12.2.1.1　状态空间方程

在线标定问题可以表达为优化问题或者状态空间问题。我们用介绍状态空间方程的原因是该方法更具普遍性,即适用于不同参数以及测量方法。如需了解更详细的讨论内容,可参考 Ashok 和 Ben-Akiva(2002)以及 Anto-niou 等人(2007)的研究。

假设分析周期可以分为相等间隔 $h=1,2,\cdots,T$,共 t 个。将交通运输网络表示为 $G(N,L,S)$,其中 N 表示节点集合,L 表示链路集合,而 S 则表示分段集合。该网络具有 n_N 个节点、n_L 条链路以及 n_S 个分段。分段是指具有同质几何形状的路段;链路包括一个或者多个分段。OD 对集合表示为 R,而且 n_R 为数字。而且,假设 n_S 个 n_s 分段均配备了监测传感器。

状态空间方程包括三个主要成分:①简单表征系统的状态向量;②通过状态向量捕获系统时间发展的转移方程;③捕获状态向量与系统测量或者观察结果之间关系的测量方程。按照 Ashok 和 Ben-Akiva(2002)以及 Antoniou 等人(2007)的提议,最好从源自历史数值的相关变量偏差的角度来表述状态空间方程。通过从参数偏差的角度进行建模,我们可以捕获通过历史数值呈现的出行和路网模式的关键结构信息。

在当前的背景环境中,令 π_h 表示时间间隔为 h 的含有 DTA 的相关信息多个参数的向量;其中可以包含 OD 流量变量以及行为和供给参数。令 πH_h 表示间隔为 h 的参数的历史数值。通常通过离线标定来获取历史数值 π_h^H(Balakrishna,2006)。然后采用 $\Delta\pi_h=\pi_h-\pi_h^H$ 表示状态向量,通过下列通用转移方程来表示该向量的发展:

$$\Delta\pi_h=f(\Delta\pi_{h-1},\cdots,\Delta\pi_{h-q})+\eta_h \tag{12-1}$$

式中,q 表示影响当前间隔状态的之前间隔状态的数量;而 η_h 则表示间隔为 h 的转移方程中随机误差向量。

此外,令 m_h 表示间隔为 h 的测量向量;此类测量可以是基于点的测量(流量和速度等)或者空间测量[全球定位系统(GPS)或者 AVI 等]。如前所述,令 m_h^H 表示间隔为 h 的测量历史数值。通常通过采用历史参数运行 DTA 系统来获得测量的历史数值,或者,还可以针对离线标定而进行实际测量。然后,采用 $\Delta m_h=m_h\text{-}m_h^H$ 表示存在偏差的测量向量,这个涉及通过下列通用测量方程获取的状态向量:

$$\Delta m_h=g(\Delta\pi_h,\Delta\pi_{h-p})+\zeta_h \tag{12-2}$$

式中，p 表示影响当前间隔状态的之前间隔状态的数量；ζ_h 则表示间隔为 h 的转移方程中随机误差向量。

式(12-1)和(12-2)一并构成一般在线标定问题的状态空间方程。实际上，针对通用方程可提出两种假设：①线性自动回归过程来近似求解转移方程；②测量方程采用DTA仿真器来关联参数和测量。采用上述假设的情况下，获得的转移方程和测量方程如下所示：

$$\Delta\pi_h = \sum_{i=h-q}^{h-1} F_i^h \Delta\pi_i + \eta_h \tag{12-3a}$$

$$\Delta m_h = S(\pi_h, \cdots, \pi_{h-p}) - S(\Delta\pi_h^H, \cdots, \Delta\pi_{h-p}^H) + \zeta_h \tag{12-3b}$$

式(12-3a)中，F_i^h 表示将间隔 i 的参数估算与间隔 h 的估算关联起来的矩阵，而 q 表示则表示偏差中自动回归过程的程度。在式(12-3b)中，S 表示基于分析或者基于仿真的DTA模型，其输入项是各种参数，输出项是当前间隔的仿真测量，而 p 则表示参数影响当前间隔测量的之前的间隔最大数量。

最后，为了预测后续间隔 $h+1, h+2, \cdots$，的各种参数，我们采用了通过(3a)方程计算的估算结果。比如，预测时间间隔 $h+1$ 的情况下，如果当前间隔为 h，则采用下列方式进行计算

$$\pi_{h+1} = \pi_h^H + \sum_{i=h-q}^{h-1} F_i^h \Delta\hat{\pi}_i + \eta_h \tag{12-4}$$

式中，$\Delta\hat{\pi}_i$ 表示间隔为 i 的OD流量偏差的后验估算。

对于在线系统的背景环境而言，正如本章介绍的，通过求解式(12-3)中的问题，获得了仅间隔为 h 的参数的估算结果 π_h。并未重新估算之前间隔 $h-1, h-2, \cdots$ 的参数估算结果。实际上，我们将之前间隔的参数估算视为当前间隔的常量。

但是，当前时间间隔的观察结果可能包含源自之前时间间隔参数的相关信息。比如，当前间隔的传感器流量计数可能是源自之前间隔的OD流量结果。因此，在理想情况下，需要根据当前时间间隔的测量结果来校准之前时间间隔的参数估算。在状态空间方程的应用背景中，采用状态扩增方案(Ashok,1996)来表示，针对之前时间间隔估算的参数进行的这种校准。尽管通过状态扩增更好地估算了参数，但是在需要实时“回滚”仿真器的情况下，可能需要大量的计算。换言之，需要采用新的参数估算(源自之前的时间间隔)来重新运行仿真器，以便更新仿真的测量。Ashok 和 Ben-Akiva(2002)发现，采用我们在本章中介绍的序贯估算操作步骤，可以合理获取状态扩增的近似结果。

12.2.1.2　求解过程

基于卡尔曼滤波器的方案采用一种自然而且高效的方式来递归求解(12-3a)和(12-3b)中的方程系统。卡尔曼滤波器可以采用源自之前时间间隔的估算结果以及当前时间间隔的测量结果，来高效判定当前时间间隔的估算结果。经典卡尔曼滤波器(最小均方估值器)适用于线性状态空间模型。对于式(12-3)中的问题等非线性状态空间模型而言，我们引入了扩展卡尔曼滤波器(EKF)。EKF线性化某个先验估算相关的非线性转移或者测量方程，并且采用线性状态空间模型的操作步骤来估算状态向量。EKF的主要概念性不足使其并非最佳估值器；不过，多项研究证明其具有切实可行的应用(Antoniou,2004)。注意在应用基于卡尔曼滤波器方法的情况下，我们提出的假设是源自式(12-3a)和(12-3b)的误差项 η_h 和 ζ_h 均为零平均值高斯变量，而且在一定时间内具有独立性。

EKF 算法共有三大步骤:时间更新、线性化以及测量更新。在时间更新步骤中,采用转移方程的最佳估算 $\Delta\pi_{(h-1|h-1)}$ 来预测参数偏差向量 $\Delta\pi_{(h|h-1)}$。此类估算 $\Delta\pi_{(h|h-1)}$ 由于仅采用了截至之前时间间隔 h - 1 的数据,因此被称为先验估算。在第二步中,根据当前时间间隔的先验估算 $\Delta\pi_{(h|h-1)}$ 对测量方程进行了线性化间隔。在第三步中,采用线性化的测量方程更新了先验估算,以便获得参数偏差向量 $\Delta\pi_{(h|h)}$ 的后验估算。关于操作步骤的更深入讨论,请参考 Antoniou(2004)以及 Prakash 等人(2018)的研究。

针对在线标定问题而采用 EKF 算法,存在的主要瓶颈是测量方程的线性化,这涉及计算测量方程的雅可比矩阵。鉴于测量方程表示的是仿真器,因而没有闭合解表达式。因此,通过数值导数 $S(\pi_h,\cdots,\pi_{h-p})$ 来计算雅可比矩阵。判定中心数值导数的情况下,需要涉及扰动每个参数并且运行 2_{nK} 次仿真器,这种方式具有一定的难解性。为克服非线性测量方程的难解性,文献中提议了两种方案:限制扩展卡尔曼滤波器(LimEKF)以及降维。LimEKF 必须采用常量“增益”矩阵,因此无须在每个时间间隔估算雅可比矩阵(Antoniou 等人,2007)。然后定期离线估算增益矩阵,并且尽可能采用更新的矩阵。第二种方案涉及对参数向量进行降维,以确保降低雅可比矩阵的计算要求。Prakash 等人(2018)采用参数的主分量来表示问题,从而将状态向量减小了 50 倍。

12.2.1.3 实例应用

作为预测方法论的实例之一,我们介绍了针对新加坡快速路网络开展的一项案例研究。图 12-5 给出了道路网络,其中包括 939 个节点、1157 条链路以及 3906 个分段。路网指标还包括分段长度、分段曲率、限速、车道规范、车道连接以及动态收费闸口(复制自现实生活)的相关信息。

网络具有 4121 个 OD 对,采用通过离线标定开展的早期工作来判定其位置和历史数值。网络具有 357 个传感器,每个传感器均涉及一个分段;此类基于视频的传感器统计 5min 时间周期内的车辆流量。对于本次研究而言,仿真时间周期的取值为 6:00—12:00,包括了早高峰时间周期,还包括了高峰至非高峰的过渡。估算间隔为 5min,而且为了估算未来的交通状况并且提供导航,预测间隔为 15min。因此,我们就拥有了 72 个估算间隔,总计为 72 × 4121 = 102312 个变量。

对于本次研究而言,采用了 2015 年 8 月至 9 月的 30 个工作日的传感器计数数据。将 30 天数据分为前 25 天的训练集,最后 5 天进行校准操作步骤测试。作为一种实时 DTA 系统,采用了 DynaMIT(见第 12.2.2.1 节)。如需更多详情,请参考 Prakash 等人(2017)以及 Prakash 等人(2018)的研究。

采用的性能衡量方式是正态化均方根(RMSN)误差以及平均绝对百分误差(MAPE),其定义如下所示:

$$\mathrm{RMSN}=\frac{\sqrt{n\sum_{i=1}^{n}(y_i-\hat{y}_i)^2}}{\sum_{i=1}^{n}y_i} \tag{12-5a}$$

$$\mathrm{MAPE}=\frac{100}{n}\sum_{i=1}^{n}\frac{|y_i-\hat{y}_i|}{y_i} \tag{12-5b}$$

式中,y_i 表示实际测量结果,而且 $\hat{y}_i$ 则表示仿真的测量结果。注意,由于并未对 MAPE

进行正态化，以考虑测量的规模，因此传感器流量较小的情况下，即使与观察结果存在偏差，也很可能是可以接受的。

表12-1中列出了5天测试期间估算和预测操作步骤合计的RMSN和MAPE。在估算的背景环境中，平均值的OD-EKF表现出的RMSN为0.287，而且MAPE为28.21%。从历史的角度来讲，这种方式对RMSN的改善幅度达到了32%，对MAPE的改善幅度则达到了30%。采用三个步骤来表达源自预测的结果，对于整个15min时间间隔而言，具体表达为三个5min间隔。根据表12-1可知，对于三个步骤而言，针对平均值的EKF表现出的RMSN为0.290、0.295和0.3，而三个步骤的MAPE则为24.60%、26.44%和27.71%。通过比较校准后的RMSN和MAPE与历史数值的RMSN和MAPE，我们发现，校准之后的RMSN明显优于历史的相关结果，但是校准之后的MAPE仅稍微优于历史的相关结果。这意味着，与具有低流量的传感器相比，校准改善了具有高流量传感器的传感器流量计数预测。

图12-2显示出了5天测试期间估算的和预测的传感器计数的散点标绘图。采用单一标绘图将整个5天传感器流量计数值表示为热力图。在每个标绘图的估算数值/预测数值与实际数值之间拟合了一条线段，而且展示了该线段的方程。我们通过标绘图发现，拟合更接近没有明显系统偏差或者变化的45度线；不过，对于更长的预测间隔而言，似乎存在一些偏差证据。

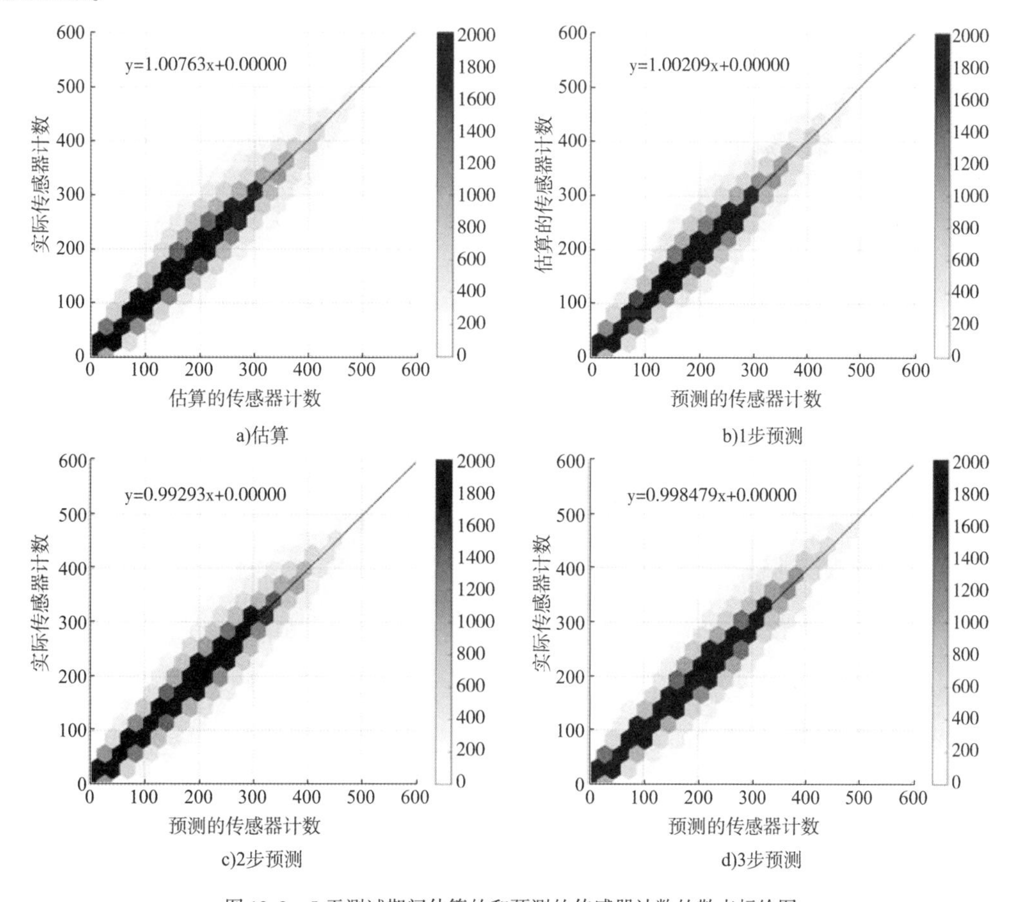

图12-2　5天测试期间估算的和预测的传感器计数的散点标绘图

就短期交通状况预测而言,一些未来的研究方向包括:①在包括轨迹在内的个体级别上,针对在线标定而采纳分解数据;②融合 DTA 与机器学习技术,尤其用于预测交通事件的发生与影响;③探索状况相关的适应性降维技术。

12.2.2 智慧出行:优化

高效和可持续智慧出行解决方案的设计和运营需要应用“在线”优化模型,后者推动系统朝向希望的系统级别目标发展。此类模型涉及各种背景环境,以便作出共享出行计价政策以及运营策略等实时运营决策,其中,运营策略包括根据请求而匹配和重新平衡分配车辆、激励分配方案、收费、信号配时等。

就智慧出行而言,关于优化的文献数量众多,而且包括新兴的按需服务(打车服务、共享汽车、共享自行车)以及路网控制策略(收费、匝道控制、信号等)。按需服务的优化在传统意义上着眼于车辆路线安排与规划,而且属于宽泛的电召问题或者 DARP 类别[关于综述,详情参见 Cordeau 和 Laporte(2007)的研究]。最近,多项研究着眼于采用按需服务的共享出行比例来估算不同城市环境中服务于现有出租汽车需求的最小车队规模(Santi 等人,2014;Vazifeh 等人,2018;Alonso-Mora 等人,2017)。上述研究通常采用图论以及运营研究技术,而且并未采取显式方式,对交通运输系统之中的复杂需求与供应相互影响进行建模。此外,还有海量文献涉及网络控制策略优化以及最常用的方案,后者包括反馈控制(Zhang 等人,2008;Lou 等人,2011)和基于仿真的优化(Hassan 等人,2013;Hashemi and Abdelghany,2016;Gupta 等人,2016)。一般来说,各种方案(存在一些例外情况)趋向于忽视系统级别的相互影响,而且此类方案表现为仅基于当前路网状态而非预测的路网状态。见表 12-1。

历史和 EKF 的传感器流量计数(5min)RMSN 以及 MAPE 合计数值 表 12-1

方法	RMSN 估算	RMSN 预测			MAPE 估算	MAPE 预测		
		第 1 步	第 2 步	第 3 步		第 1 步	第 2 步	第 3 步
Hist	0.423	0.422	0.42	0.419	28.21	28.18	28.19	28.1
OD-EKF	0.287	0.290	0.295	0.305	19.77	24.60	26.44	27.71
% 差值	32.15	31.28	29.76	27.21	29.92	12.70	6.21	1.39

已知智慧出行的优化框架需要具有适应性和计算高效性,从而实时响应重复发生/非重复发生交通运输供给和需求波动,我们推荐的方案在滚动时域框架中采用了多模式交通运输系统的短期预测。更为特殊的是,在这一框架内,定时求解基于仿真的优化问题(如,每 5min),采用短期预测时域(比如 1h)来预测交通运输系统的方法来评价智慧出行服务运营的不同候选策略。通过实时动态交通分配(DTA)模型系统生成了预测,而且涉及细节行为和供给模型,明确考虑了用户对于策略的响应。此类实时 DTA 系统的实例包括 DYNASMART-X(Mahmassani,2001)、DynaMIT2.0(BenAkiva 等人,2010;Lu 等人,2015b)以及 DIRECT(Hashemi and Abdelghany,2016)。

12.2.2.1 实时 DTA 与滚动优化框架

推荐的优化方案是基于预测方法论(第 2.1 节)制定的,因而采用了基于滚动优化模式运行实时 DTA 系统的交通状况预测。尽管原则上可以采用任何基于仿真或者分析的 DTA 系统,但是在下列描述中,我们采用了 DynaMIT2.0(Lu 等人,2015b)。DynaMIT 2.0 的一些独有特性包括多模式建模(比如企业、交通运输、按需服务)以及生成导航信息,而此类信息与用户在响应导航时与遇到的实际网络状况是一致的。

DynaMIT2.0 包括两个核心模块,状态估算和状态预测,而且采用滚动优化模式运行。图 12-3 给出的实例中,上午 8:00 时,采用 DynaMIT2.0 开始一次执行循环,同时接收各种来源的实时数据,此类来源包括监测传感器、交通信息馈送、特殊事件网站、天气预报、社交网络等。配合历史信息而采用这种数据,来首次校准或者"微调"仿真器的需求与供给参数,从而尽可能复制 7:55—8:00 时间间隔的主导性交通状况(被称为在线标定或者状态估算;更多详情请参考第 12.2.1 节)。根据当前网络状态的估算,状态预测模块基于预测时域(上午 8:00—9:00)来预测未来的交通状况,同时也考虑了驾驶员对所提供的行驶时间(或其他)等导航信息的响应。预测模块的输出项是网络状况预测,这与用户在响应导航的情况下的预期结果相一致。在我们的方案中,在优化智慧出行服务的情况下,以迭代方式采用状态预测模块,来评价基于上午 8:00—9:00 多模式网络预测的候选策略。然后将其用于上午 8:00—8:05时间间隔的系统。

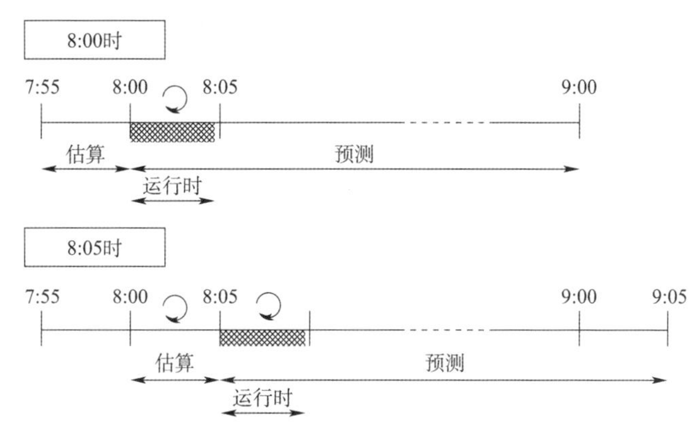

图 12-3　滚动时域框架

上午 8:05 时,开始二次执行循环或者"滚动"周期,然后重复执行上述流程。多模式网络预测主要基于行为模型,而后者包含了出行者对于智慧出行服务的响应。

12.2.2.2　优化方法和解决方案

本节中,我们正式定义适用于之前讨论的任何"智慧出行"解决方案的设计/运营的通用优化问题。设网络 $G(N,A)$,其中 N 表示 N 个网络节点集合,而 A 表示 m 条有向链路的集合,并且假设仿真周期包括 h = 1,…,T 个时长为 t 的估算间隔。此外,设预测时域为 K 个间隔,即时长为 K_t,其中,预测时域中每个时长的每个子间隔被称为预测间隔。设 $\theta_h = (\theta_h^1, \theta_h^2, \cdots, \theta_h^K)$ 表示预测时域决策变量的向量,而该时域对应于估算间隔 h,而且需要根据所需的系统或者运营商级别目标对该估算间隔进行优化。决策变量可能涉及智能出行服务的计价策略、激励分配方案、网络收费等,而且每一估算间隔进行一次修订。比如,图 12-4 中,我们的预测间隔 $K = 3$,而且 θ_h^1、θ_h^2、θ_h^3,表示滚动周期 h 内三次预测子间隔的决策变量数值。

估算间隔 h 相关的预测时域内多模式网络状态表示为向量 x,后者可能包括链路流量、速度、密度、公共汽车/列车停站时间等。考虑到此类背景,可以采用下列方式表示滚动周期(即估算间隔)内需要求解的优化问题:

$$\mathrm{Min}_{\theta_h} Z = f(\theta_h, x)$$
$$\mathrm{s.t}\quad S(\eta, \theta_h) = x$$

式中，h 为针对预测时域 $S(.)$ 而预测的需求与供应参数；$S(.)$ 为 DTA 系统的复杂耦合需求与供应仿真器；f(.)为关注的目标函数。

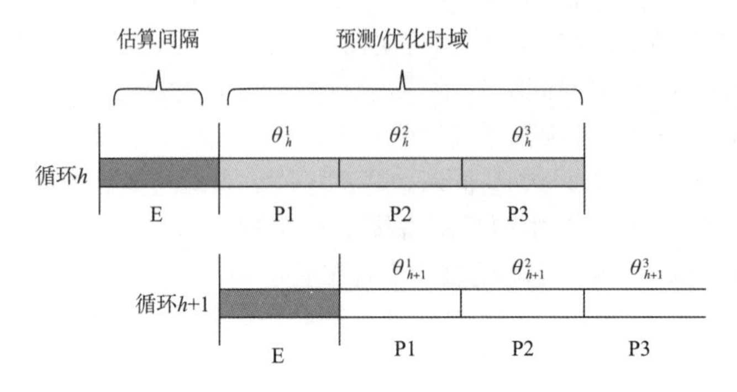

图 12-4　滚动时域方案的记法

目标函数可能包括社会福利最大化、能源最小化、运营商利润最大化、车队利用率等。优化问题的目标函数不具有闭合解，而且是复杂仿真器的输出项。因此，通常为非线性以及非凸。求解这一问题的解决方案包括元启发式（Gupta 等人，2016；Hashemi 和 Abdelghany，2016），后者经过修正可以采用并行计算和分布式计算，而且可以实现实时性能。在下一节介绍的实例应用中，我们采用了一种通用算法方案，可以实现此类并行化。不过，框架具有灵活性，而且已经在包括搜索启发式在内的其他解决方案算法中实现了。

12.2.2.3　实例应用

本节中，我们讨论了针对动态收费优化问题而应用框架的情况，其中采用了针对图 12-5 给出的新加坡快速路网络的一项案例研究，其中，共有 16 个闸口。这一案例中的决策向量 θ_h 为需要针对预测时域判定的此类闸口的费率向量。注意，新加坡已经通过日分时收费形式的电子道路收费（ERP）进行了收费优化（Seik，2000）。

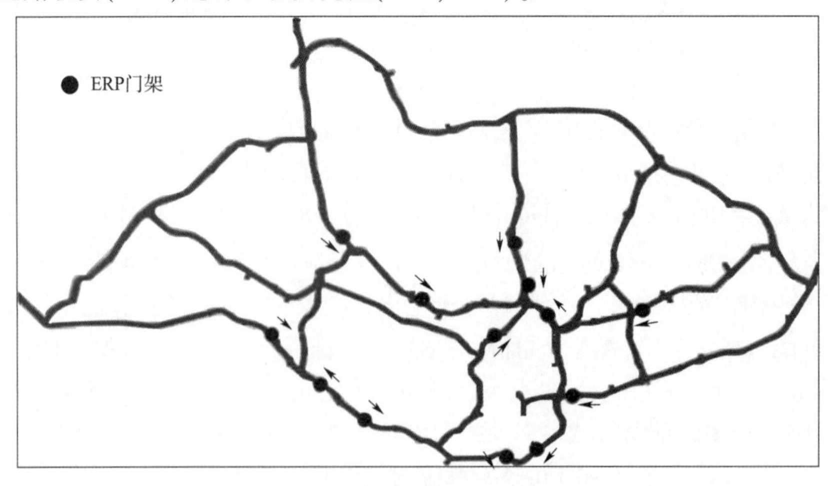

图 12-5　新加坡快速路网络示意图

采用闭路设置评价了网络拥堵的预测性优化影响，其中，DynaMIT2.0系统与交通微仿真器MITSIM（Yang等人，2000）进行交互。MITSIM与DynaMIT2.0同时运行，并且对真实网络进行仿真，同时为DynaMIT2.0提供传感器计数（监测数据），而这反过来又为MITSIM提供了预测性导航以及优化的收费方式。接下来，通过获取源自MITSIM的相关性能测量结果识别了导航和优化收费方式的影响。对于试验而言，为获取新加坡快速路网络需求与供给的真实情况，分两个阶段进行离线标定。第一阶段中，针对现实的传感器计数数据（Prakash等人，2017）而校准了MITSIM，第二阶段中，针对源自经过校准MITSIM系统的仿真输出项而校准了DynaMIT2.0的需求与供给参数。

在数值试验之中，针对两个基准点检查了预测性优化的性能，这两个基准点为不收费场景以及静态优化，其中，收费为非时变而且采用历史需求进行了离线优化。考虑了两个需求场景，即基本需求（经过校准的MITSIM需求）和高需求场景（基本需求系统性增加了20%）。在两种情况下，还随机扰动了MITSIM需求，以表示重复发生的需求波动。仿真期为上午6:30至中午12:00，这其中包括了新加坡境内的早高峰，而且估算间隔和预测时域分别为5min和15min。对于每个需求场景而言，执行20次闭路仿真（用于说明仿真器随机性），并且求出来性能测量结果的平均值（出行时间）。

图12-6和图12-7给出了两个需求场景中的平均出行时间（在5min出发时间窗口中合计）（带状表示根据20个副本而估算的行程时间的标准偏差）。结果表明，预测性优化可以产生网络级别的统计意义上的显著性（95%置信水平条件下）出行省时。预测性优化收费的情况下，平均出行时间（7:30至11:00整个收费期范围内）低于静态优化和不收费情况，基本需求情况下，其幅度达到了9.12%和6.74%，高需求情况下则为4.00%和8.38%。

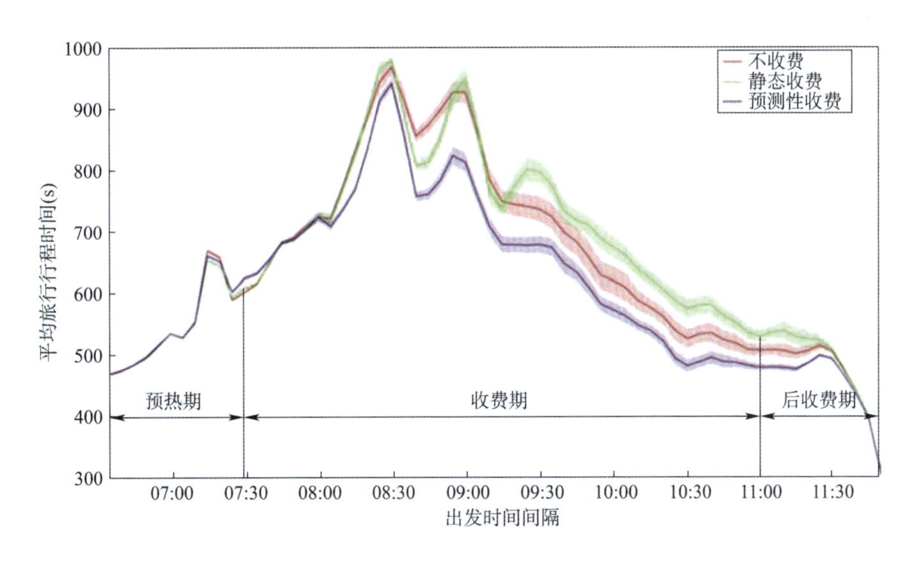

图12-6 平均出行时间（基本需求）

关于实时预测性优化改善交通运输网络状况，存在多种相关的未来充满希望的方向。即时方向包括优化框架中更高级的需求模型，以便个性化定制收费、激励等交通运输策略，而且下一节将讨论个性化方法论。

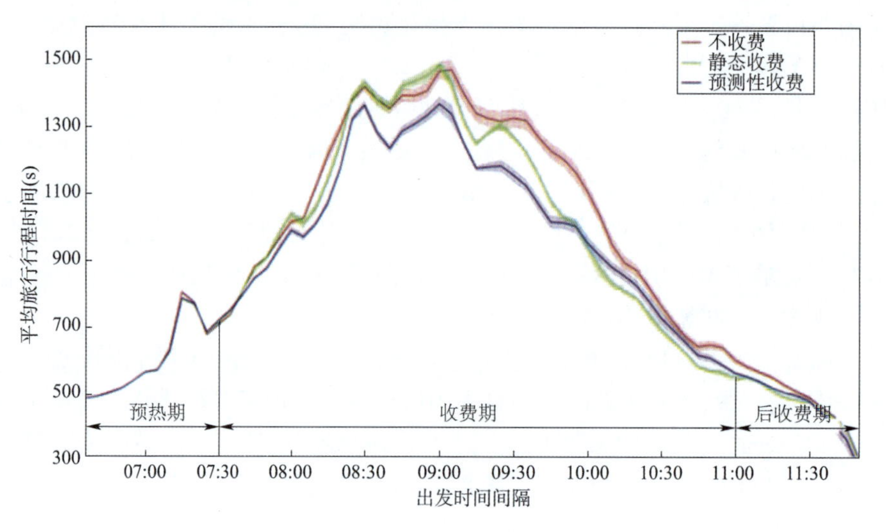

图 12-7　平均出行时间(高需求)

12.2.3　智慧出行:个性化

出行者的需求各有不同,而且偏好在群体和时间范畴内也呈现差异化。因此,智慧出行解决方案需要展示个性化的替代选择,以便获得长期绩效,同时确保实现系统级别的各种目标。为此,我们确定了可以实现个性化的两个主要方法论:行为建模与个性化菜单优化。首先,行为建模是理解观察结果差异化的关键,而且对于智慧出行而言,重点行为可能是模式选择、路线选择、出发时间选择等。其次,用户相关优化采用了行为信息,以便优化为用户提供的智慧出行报价。这种优化体现为菜单优化模型,后者选择呈现最佳替代项集合,而且将该替代项集合称为菜单。

12.2.3.1　行为建模

在各种背景条件下,离散选择法论均被普遍接受用于行为建模(Ben-Akiva 和 Lerman,1985)。业界开发了不同类型的模型,并且用于了解针对不同出行行为的应用情况。行为的差异化尤其对模型具有重要作用,而且大多数文献着眼于群体范围内的差异化(消费者间差异化)。通常将其建模为混合分对数(logit mixture 或者 mixed logit),而且根据具体指标,业界开发了各种仿真技术并且用于估算(Train,2009)。最近,科研人员调查了同一个体(消费者内部差异化)选择状况(或者菜单)的差异化,尤其是针对每位个体多次观察情况下长期采集数据的情况(Cherchi 等人,2009;Hess and Rose,2009;Ben-Akiva 等人,2019)。这尤其关系到基于智慧出行的应用程序,其中,可能针对多个时间周期而提供用户数据。

采用最大仿真似然率(MSL)估算器估算了涉及消费者间和消费者内部差异化的混合分对数(Hess 和 Rose,2009)。基于 Allenby-Train 程序(Train,2001),Becker 等人(2018)针对具有两种差异化水平的混合分对数开发了贝叶斯估值器,其中,将 3 步 Allenby-Train 操作步骤扩展为 5 步操作步骤。采用推荐的 5 步估值器获取了群体级别、个体级别以及菜单级别菜单。他们比较了估值器与 MSL,结果表明推荐的估值器保留了 MSL 估算,同时将计算成本降低了 5 倍。此外,基于体积的贝叶斯方法论,作者们开发了一种离线—在线更新机制,以便随着个体在系统中做出各种选择而持续更新参数(Danaf 等人,2019a)。因此,我们推荐的方案,针对智慧出行采用了贝叶斯估值器以及更新的机制,以便准确估算表示群体范围内以及选择状况范围内的参数,而且还保证根据最近的观察结果来更新估算结果。

现在,我们将展示具有消费者间和消费者内部差异化的典型混合分对数模型。我们用 μ 表示群体级别参数,针对每位个体 n 而采用 ζ_n 表示的个体级别参数,以及针对菜单 m 和个体 n 而采用 η_{mn} 表示的菜单级别参数。此外,我们还拥有消费者间协方差矩阵 Ω_b 以及消费者内部协方差矩阵 Ω_w。我们假设 ζ_n 和 η_{mn} 具有正态分布,具体如下所示:

$$\eta_{mn} \sim N(\zeta_n, \Omega_w) \tag{12-6}$$

$$\zeta_n = N(\mu, \Omega_b) \tag{12-7}$$

针对菜单 m 中个体 n 替代项 j,考虑下列效用函数:

$$U_{jmn} = V_{jmn} + \varepsilon_{jmn} = X_{jmn}\eta_{mn} + \varepsilon_{jmn} \tag{12-8}$$

式中,V_{jmn} 表示系统效用;X_{jmn} 表示替代性质。

在智慧出行的背景下,此类性质通常为出现时间、成本、频率、可靠性、服务水平等。假设误差项 ε_{jmn} 按照耿贝尔分布,而且采用 J_{mn} 表示菜单 m 个体 n 的选择集合,则采用下列方式提供替代 j 的选择概率:

$$P_j(\eta_{mn}) = \frac{\exp[V_{jmn}(\eta_{mn})]}{\sum_{f=0}^{J_{mn}} \exp[V_{fmn}(\eta_{mn})]} \quad \forall j \epsilon J_{mn} \tag{12-9}$$

具有高级差异化的此类模型需要适当的数据集以及针对个体的多次观察结果,还需要背景环境信息。为了满足数据需求,我们采用了未来交通感知(FMS)平台,该平台是智能交通运输系统(ITS)实验室在 MIT 和 SMART 开发的(Cottrill 等人,2013;Zhao 等人,2015)。FMS 主要用于通过智能手机应用采集活动日记形式的高分辨率出行数据,其中,用户可以确认一天内所有出行和活动集合。由于通常要求用户在数周内使用应用程序,因此观察了多种选择模式、路线、出发时间等。而且用户在安装应用程序的时候,还提供了社会经济学信息。因此,FMS 可用于采集丰富数据集并且开发个体级别选择模型。

图 12-8 提供了 FMS 平台的概要图。FMS 利用智能手机上的可用传感器持续采集位置、加速仪以及背景环境数据。FMS 后端系统通过机器学习算法来处理采集的数据。网页和应用界面允许用户查看其出行和活动的相关信息,并且对其进行确认。持续改进机器学习技术,以便减轻用户的负担,即将用户纠正其日记中记载的出行和活动信息的需求降至最低限度。值得注意的是,FMS 是采用陈述性偏好能力来来扩展的,以便了解针对新兴出行服务的行为(Atasoy 等人,2018;Danaf 等人,2019b),而且可以用于在智慧出行解决方案的早期阶段获取合理的参数值(仿真环境或者现实生活中),之前,在根据观测的选择情况做出的任何估算都是可能的。

12.2.3.2　个性化菜单优化

为智慧出行提供出行选项的个性化菜单,需要考虑个体差异化以及出行选择情况的合适的行为模型。因此,具有上述消费者间和消费者内部差异化的混合分对数模型,属于针对个性化菜单优化构建模块。在已知混合分对数模型的情况下,个性化菜单优化将针对个体 n 的 M 个诸多可用替代项来选择 M 规模菜单,以便最大化关注的目标函数。可以最大化收益、消费者盈余,或者最大化这两方面的综合结果等。在建议用于出行应用的系统中,通常

具有菜单规模限制,从而避免信息过载(Zhuang 等人,2011)。

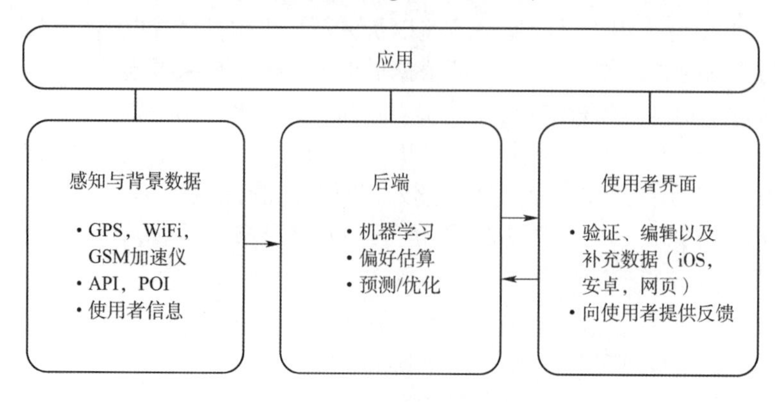

图 12-8　FMS 平台概要(Zhao 等人,2018)

个性化菜单优化与分类优化密切相关,其目标仅为从大量可替代事项中选择事项子集,以便提供给用户。目的通常为在用户随机选择的情况下最大化收益。为表达用户行为,文献中采用了不同的选择模型,其中包括多项式分对数、嵌套分对数以及混合分对数等(Davis 等人,2013,2014;Feldman 和 Topaloglu,2015)。我们参考 Kok 等人(2008)来综述分类优化文献以及行业实践。

本章中,我们介绍了一种实现收益最大化的个性化菜单优化,其中,pj 表示替代项 $j \in C$ 的收益。这种收益可能是货币价值或者节省能源,或者智慧出行系统带来的任何其他效益。以下提供了针对每位个体 n 的模型,而且包括了二进制决策变量 x_j,该变量决定了菜单中是否显示替代项 j:

$$\max_{x_j^{\prime}J=1,\cdots,Cj=1}\sum^{C} pj\frac{x_j\exp[V_{jmn}(\eta_{mn})]}{\sum_{j'=1}^{C}x_{j}, \exp[V_{j'mn}(\eta_{mn})]+\exp(V_n^{opt})} \tag{12-10}$$

约束条件:

$$\sum_{j=1}^{C}x_j \leqslant M_n \tag{12-11}$$

$$x_j \in \{0,1\}, \forall j \in \{1,\cdots,C\} \tag{12-12}$$

式中,目标函数(12-10)通过选择概率而成为二进制决策变量的函数,而该选择概率是通过上一节介绍的行为模型提供的。V_n^{opt} 表示针对个体 n 的选择退出替代项(不选择菜单中的任何项)的利用率。我们包括了选择退出替代项,以表示下列事实,即用户并未受制,而且可以离开智慧出行系统,而且个体之间的这种利用率可能有所不同。约束(12-11)是菜单规模约束,而且由于原则上还可以对菜单规模进行个性化,因而通过 M_n 给出约束。以上介绍的模型(12-10 及 12-12)由于采用了非线性目标函数和二进制决策变量,因而表示了一种复杂的问题。根据不同的假设,可以采用多种方式来简化问题。我们参考了 Song(2018)来讨论此类情况,而且还用于讨论采用消费者盈余目标函数的不同版本的模型。

12.2.3.3　实例应用

我们采用了包括源自马萨诸塞出行调查(MTS)真实数据集的个性化方案,该调查包括了 2010 年 6 月至 2011 年 11 月采集的 15000 个家庭 33000 位个体的出行日记。个体报告了针对预先分配工作日的出行日记,并且提供了交通模式、到达/出发时间、活动地点等。我们采用了包括5154位个体的样本,此类个体在规定日期内至少进行一次出行。采用谷歌地图API构建了此类出行选择集合,其中依据的是源自MTS数据的起点、终点以及出发时间信息。考虑的模式包括步行、骑行、驾车、拼车以及公共交通客运,而且采用不同路线选项的情况下,选择集合可能包括4~16个替代项。注意,MTS数据中,超过80%的出行均是通过驾车/拼车实现的。为获取更多详情,我们参考了Song等人(2018)的研究,其中针对之前版本的此项工作也采用了源自这一数据集的更小样本。

确定了应用混合分对数模型,并且采用下列方式提供了个体n针对已知选择状况(菜单)替代项j的利用率:

$$j_{jmn}=\frac{\mathrm{ASC}_{mod}-\exp(\eta_{mn,\mathrm{Time}})\mathrm{Time}_{jmn}-\mathrm{Cost}_{jmn}}{\exp(\eta_{mn,\mathrm{Cost}})}$$

式中,$\mathrm{ASC}_{\mathrm{mod}}$表示考虑的五种模式中每种模式的替代项相关常量,而且针对步行模式将其设定为零值。

由于采用成本系数对利用率进行了正态化,因而利用率属于支付意愿范畴(即采用了货币单位)。ASC呈现正态分布;作为指数项而引入了旅行时间和成本系数,以便使其呈现对数正态分布,并且控制其正负号。

针对此处提供的实例应用,我们考虑了1733位个体,此类个体在规定日期内至少进行了九次出行。根据前八次出行,并且采用之前提及的贝叶斯估值器估算了各个参数,而且还针对第九次出行而优化了菜单。为了评估个性化的效益,我们将其与其非个性化对应项进行了对比,而后者并未捕获个体级别的偏好。我们从命中率的角度完成了对比,后者是指案例的比率,针对第九次出行而优化的菜单包括了"真实"选择。根据消费者差异化的两个假设设置而开展了本次分析,第一个假设仅为消费者间差异化,第二个假设则考虑消费者间和消费者内部差异化。

图12-9和图12-10分别给出了针对仅消费者间差异化以及消费者间和消费者内部差异化对比。为了进行分析,我们认为不同菜单规模范围为2~10,而且如前所述,对于不同观察结果而言,选择集合规模可能为4~16。正如我们预期的,如果菜单规模接近选择集合规模,则命中率接近1,而个性化与非个性化菜单优化之间的差异会更小。根据图12-9所示内容可知,菜单规模小于或者等于6的情况下,个性化使得仅消费者间差异化条件下命中率的增加幅度超过了5%。根据图12-10给出的消费者间和消费者内部差异化案例,我们发现两种方法的命中率均普遍呈现显著增加的态势,这表明采用更为准确方式表示差异化的情况下,可以更好地捕获行为。菜单规模为6的情况下,个性化与非个性化菜单优化之间的差异变得非常小。不过,采用更小的菜单规模的情况下,个性化具有明显的优势,比如,菜单规模为1和2的情况下,个性化导致命中率分别增加了15%和8%左右,与仅消费者间的情况相比,前者实现了更大的差异。

展示的结果证明了具有消费者差异化以及个性化菜单优化详细表达的更高级行为模型的附加值。从而证明了智慧出行解决方案的潜力,而且在一定时域内跟踪用户历史的情况下肯定更有效,此外,还观察到源自同一个体的多种选择。

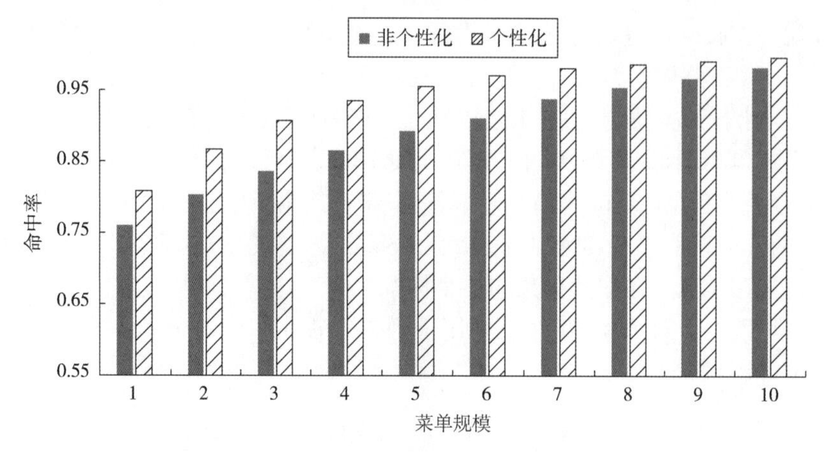

图 12-9　仅消费者间差异化条件下开展的对比

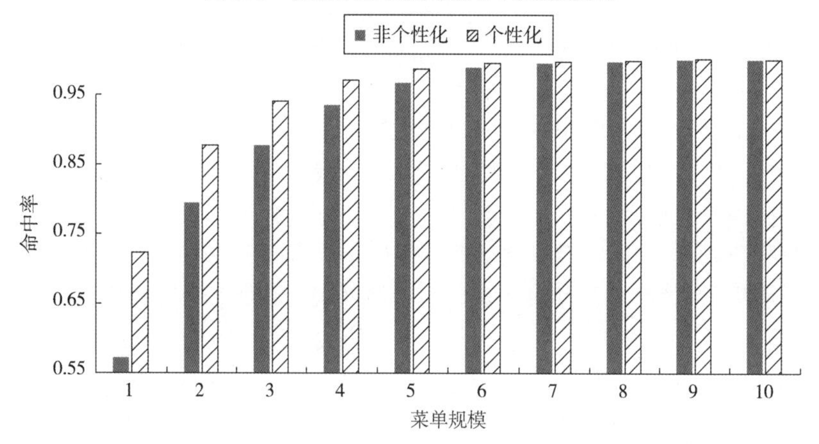

图 12-10　消费者间和消费者内部差异化条件下开展的对比

12.2.4　基于仿真的智慧出行评价

类似于其他出行解决方案,可以通过调查、实验室内或现场试验以及仿真的方式来评估智慧出行。如果尚未在现场部署此类解决方案,则分析师趋向于求助陈述性偏好调查来评估需求影响。不过,众所周知,在不同场景条件下,源自此类活动的见解是不可靠的,在此类场景中,背景环境太过背离对象熟悉的各种情况(如,关于针对不同智慧出行选项的支付意愿评估,Choudhury 等人,2018)。实验室试验通常可用于与特定技术交互相关的认知和其他人为因素问题,因而可提供关于需求层面的更为深入的见解。另一方面,现场试验可以将类似减少背景环境偏差的情况下需求影响的相关见解与有限的供给特性结合在一起,这个特性正是关键的智慧出行解决方案。此类试验属于智慧出行评估的重点,但是由于技术限制或者相关的试验成本,导致仍然局限于有限的潜在运营设置范围,因而限制了关于供给反应的情况。比如,Harb 等人(2018)针对每位研究参与者,模拟通过采用一辆私人拥有的自动驾驶车辆为其提供 7 天 60h 的免费驾驶员服务,从而收集关于自动驾驶行为模式改变的超前观测。

尽管上述方法可以非常有效地用于了解需求相关情况,最近,系统级别影响评估、来自供需互动或者自由场景测试的影响可以通过仿真手段加以解决。随着算力的发展，科技界着眼于采用集成式供需复杂仿真器，来评估大城市地区的智慧出行影响。此类仿真器通常包括适用于交通运输系统各个维度的内部互连模型：土地利用、人口统计和经济模型，出行（通常基于活动）需求模型，以及多模式网络供给分配模型。基于这一目标的当前最新技术平台是 Polaris（Auld 等人，2016），CEMDAP + MATSim（Ziemke 等人，2015）或者 SimMobility（Adnan 等人，2016）。为了评估预测、优化和个性化所需的不同运营环境的影响，仿真平台需要准备一套参数描述特性。我们在本节汇总了用于评估智慧出行的 SimMobility 特性。

SimMobility 是一种集成式基于代理的仿真平台，用于评价较大范围的未来出行相关场景（图 12-11）。该平台包括三个集成模块，其区别在于我们考虑出行者行为和城市系统运行而采用的时帧：

短期（微观出行仿真，采用 0.1s 时间分辨率仿真的数小时）、中期（基于活动的模型，与动态多模式分配仿真器集成在一起，采用 5s 分辨率进行每天的仿真），以及长期（土地利用和长期行为模型，采用 6 个月至 1 年的分辨率）（Adnan 等人，2016）。SimMobility 的集成性质通过基于数据的单一模型而实现了各个级别之间的一致性，而且三个级别全部采用了该模型。因此，代理的出行行为和特性在所有级别范围内均会保持一致。比如，短期模型采用了中期模型生成的出行链，而中期模型又是采用源自长期模型的土地利用信息生成的。中期模型中的需求、长期模型中的车辆所有权和群体的地理分布，均依赖于通过反馈回路实现的供给绩效。通过向仿真中引入新的出行解决方案，影响了上述代理选择，其中包括模式选择。在这一背景环境中，由于展示的个性化和共享替代项具有出行时间、时间计划延迟以及隐私等不同特性，因而预计智慧出行会直接影响代理的模式选择偏好。

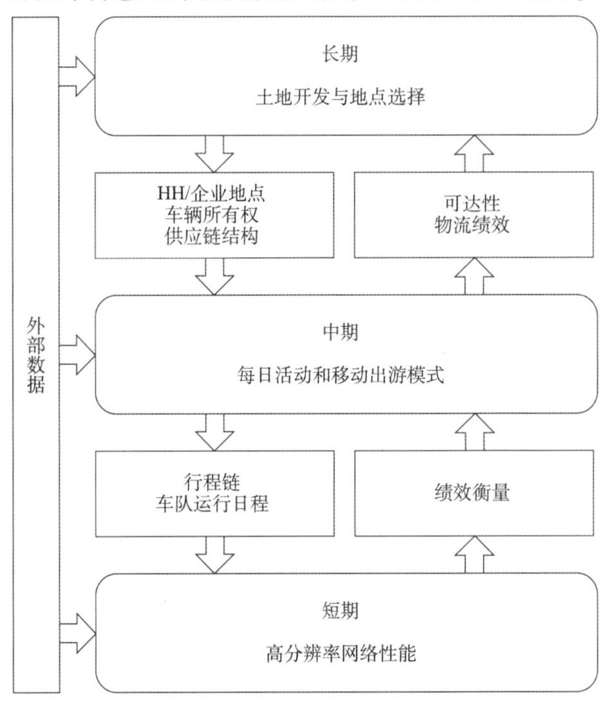

图 12-11　SimMobility 框架（Adnan 等人，2016）

SimMobility 长期模型设计,用于对交通运输系统与土地利用之间的关联关系进行仿真,主要是捕获家庭地点选择、学校和工作场所选择,以及车辆所有权选择等相关的决策(Zhu 等人,2018)。主模型是住房市场模块,对居民住房市场的每日动态、对其余长期选择的影响(比如车辆所有权)以及源自中期模型的,采用基于公用设施可达性衡量形式的总体交通运输绩效进行了仿真。尽管长期决策中已经通过可达性变化的方式考虑了不同智慧出行场景绩效的影响,不过,我们将直接扩展表达为当前的个体行为,以体现订阅服务(如针对新的智慧出行服务)等车辆所有权成本以及个人出行设备等新的模式(Zhu 等人,2018)。

出行需求和网络仿真级别需要仿真智慧出行的关键特性。SimMobility 中,中期仿真器中展示了出行行为模型,其中包括两组行为模型:前一天和日内模型(Lu 等人,2015a)。正如 Hemerly Viegas de Lima 等人(2018)详细说明的,前一天模型采纳了一种计量经济当日活动时间计划方案,用于决定代理的总体初步日常活动时间计划表,尤其是用于决定其活动次序(其中包括出行和次级出行),而且包括了偏好模式、每半小时的出发时间以及目的地。随着一天时间的流逝,针对代理而采用日内模型,以便将活动日程(计划)转化为高效决策,在必要的情况下修订前一天模式,并且决定其出行(行动)的路线。

针对特定场景,并且为适应前一天模型中智慧出行的影响,源自综合群体的个体有权访问其选择集合中利益攸关的可用智慧出行模式,同时还可以构建起活动日程。前一天的综合模式与目的地选择模型中,每个模式的系统效用均考虑了智慧出行模式的关键性质、个体以及背景环境特性(比如出行时间、成本、出行目的、车辆所有权、智慧出行和其他模式订阅、年龄、性别等)。针对利益攸关智慧出行模式的广义出行性质,通常需要根据过去相关的文献、试验、陈述性偏好及/或代理人模式来作出一般假设。根据这一方案,前一天当日活动日程方案的表达(如活动参与程度、出行次数等)仍然将依赖于源自现有数据集的估算,以及(如存在)采用智慧出行相关数据集的其他校准。

在日内级别上,对用户与利益攸关智慧出行服务的日常运营的交互进行了仿真。采用 SimMobility 的事件公布/订阅机制(Adnan 等人,2016)的情况下,出行者订阅了智慧出行服务。采用源自前一天模型的智慧出行模式的情况下,对于据此而规划的行程而言,仿真的出行者首先必须选择在仿真器具是否先行访问实际的智慧出行界面。这种过渡性决策使得可以针对交通运输系统的动态特性而变更决策。访问服务的情况下,第二个模型决定在智慧出行服务之中选择的服务产品(或者拒绝所有报价)。最后,如果某人选择了某种服务产品,那么他/她可能需要针对剩余天活动日程而可能考虑重新排定日程,也就是说,这个前提是智慧出行服务提供的替代项依赖于规划活动的巨大变化(如行程明显延期、增加很多的出行时间等)。SimMobility 中尚不具备此类特性;目前,如果出行者选择不使用利益攸关智能出行服务,或者拒绝所有服务产品报价,那么他们可以作为非用户并且遵循前一天的计划;如果他们选择某种服务产品,那么他们采纳的选择是这一特定行程,并且会遵循其余的前一天计划(关于详细说明、估算数据以及实际估算操作步骤,Xie 等人,2019)。

最后,为模拟智慧出行服务的运营状况,SimMobility 在供给级别引入了两个新的相关代理,二者均属于中期和短期模型:服务驾驶员和智慧出行控制员。当前的这种实施方式具有灵活性,允许对多样性智慧出行场景进行仿真:①多家服务提供商;②订阅多家服务提供商的服务驾驶员/车辆;③服务提供商与服务驾驶员/车辆之间灵活交换信息。首先,由于可以采用协同方式对多家服务提供商进行仿真,因此我们可以复制 Uber 和 Lyft 等目前可用的服务,而且还可以测试新竞争对手对于网络的影响。其次,由于服务驾驶员/车辆可以订阅多家服务提供商,因此我们可以对开展此项活动的系统所受的影响进行仿真。再次,服务提供商与服务驾驶员/车辆之间的信息交换可以将源自服务提供商的出行信息或者引导发送给服务驾驶员/车辆,而且反之亦然,可以将动态的驾驶员/车辆相关数据(比如位置)发送给服务提供商。

智慧出行控制员包括三大部分:初始化人员、车队/驾驶员经理、服务监督员。初始化人员初始化任何现有服务车队或者驾驶员及其性质。经理在收到出行者出行请求之后,处理为其提供服务事宜。这需要处理请求、选择并且为出行者提供服务产品,并且提供相应的服务。比如,在类似 Uber 的场景中,车辆—驾驶员配对、计价、调度、路线安排以及重新平衡算法均属于经理的职责范围。服务监督员组成部分用于监督提供的服务、服务车辆和驾驶员资产的动态性质以及需求的空间和时间分布。文献中包含了 SimMobility 中更大范围的智慧出行服务仿真,比如普通出租汽车、按需出行、合乘出行、SimMobility 中的信息提供方式(Lima Azevedo 等人,2016;Adnan 等人,2017;Basu 等人,2018)。

12.3　智慧出行实例

本节中,我们提供了一些智慧出行解决方案的实例,此类方案是根据我们之前介绍的方法论而设计的。

12.3.1　按需灵活出行(FMOD)

按需灵活出行是一种基于应用的服务,实时提供优化的出行选项菜单,其中包括出租汽车、共享出租汽车以及小型公共汽车(Atasoy 等人,2015a)。出行者可以针对其行程而选择菜单中的某个选项,或者也可以拒绝所有选项。图 12-12 给出了某位用户通过智能手机应用来访问系统并且接收菜单,后者包括了具有不同性质的三项服务。按需灵活出行出租汽车采用私家车辆提供门到门服务,这通常为定价最高的服务。按需灵活出行共享出租汽车为相近区域内的多位乘客提供服务,而且由于其他乘客上下车而可能延长出行时间。按需灵活出行小型公共汽车沿着固定站点运行,但是会适应乘客的行程,而且费用通常是最低的。这些不同模式提供了从私家车到公共交通运输在内的一系列服务。

FMOD 的建模框架包括行为模型、电召公车问题,以及个性化菜单优化模型。行为模型是一种模式选择模型,定义了按需灵活出行替代项以及选择退出替代项的利用率。考虑的性质包括出行时间、成本、出入次数(如有)以及日程延误。

一旦收到了某个用户的请求,则求解电召公车问题(Cordeau 和 Laporte,2007),以便生成可行的交通运输替代项集合,而此类替代项契合了用户的请求(即起点、目的地以及偏好的出发/到达时间)以及车辆的载重量和现有的日程。最后,求解个性化菜单优化模型,以便在整个可行性解决方案集合中获取最佳(如,最大收益及/或最大消费者盈余)菜单。正如第12.2.3 节所述,这种个性化菜单优化模型嵌入了行为模型,该模型表示了针对按需灵活出行

替代项和选择退出替代项的选择概率。关于模型和解决方案的更多详情,我们建议您阅读 Atasoy 等人(2015a)的研究。

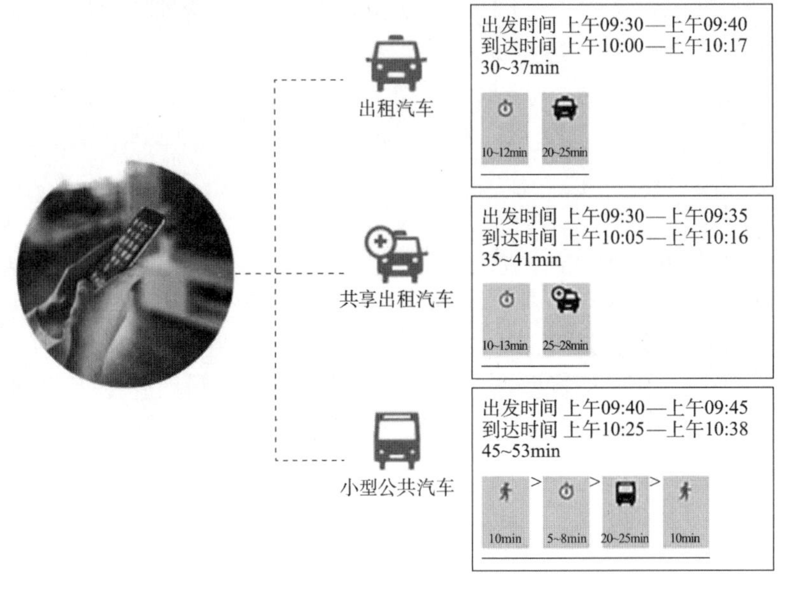

图 12-12　根据需求情况的灵活出行

采用第 12.2.4 节中介绍的 SimMobility 平台,我们评价了新加坡的按需灵活出行。图 12-13 给出了仿真网络,而且假设共享区域为按需灵活出行的服务区域。假设阴影区域内的所有道路用户中,10% 的用户拥有按需灵活出行的访问权限(即访问按需灵活出行应用以便提出行请求)。对于本次试验而言,行为模型是一种比较简单的混合分对数模型,仅考虑了消费者间差异化,即支付意愿在群体范围内而非同一个体的不同选择情况范围内存在变化。通过插入启发式来求解电召公车问题,这样一旦收到用户的请求,则会评估潜在车辆的现有订单,以查看是否可以插入请求的行程。对于个性化菜单优化模型而言,我们分别针对利益最大化、消费者盈余最大化并且同时针对两者而考虑了三个版本。针对不同版本分析了兼顾运营商利润与用户效益的情况。

图 12-13　新加坡网络,粉色阴影区域表示假设运营按需灵活出行的中心商务区

我们考虑一个基本案例,其中,提供的网络中不存在任何按需灵活出行。据观察,引入按需灵活出行的情况下,与基本案例相比,可以缩短5%的路网范围内的出行时间。此外,还可以将容量—载荷比率降低10% ~20%。而且,表12-2还列出了三种目标函数的比较情况,其中,我们将基本场景视为消费者盈余最大化。相对于基本场景,我们还提供了其他两种场景的相对利润和消费者盈余。观察发现,如果将利润最大化,则最终会明显降低消费者盈余,而从长期运行的角度来讲,这可能意味着用户将不会再次访问按需灵活出行系统,而且可能无法达到预期的利润。而同时优化利润和消费者盈余的情况下,则发现在不明显降低利润的情况下重新实现了消费者盈余。因此,需要同时考虑用户和运营商的效益,而且采用按需灵活出行框架的情况下,可以将行为模型嵌入到菜单优化之中。此外,我们还在不同目标函数和场景的条件下评价了东京路网的按需灵活出行(Atasoy等人,2015a,2015b)。

不同目标函数条件下的按需灵活出行结果　表12-2

场景目标	相对利润	相对消费者盈余
最大化消费者盈余	基本案例	基本案例
最大化利润	+45%	-140%
最大化总体福利	+40%	-31%

值得注意的是,展示的按需灵活出行应用主要着眼于个性化层面,而且是采用SimMobility进行评价的。采取类似于下一节介绍的案例研究,我们还采用一种预测性框架开发了这种智慧出行解决方案,其中,实时预测了路网中的出行时间,并且根据预测的交通状况来运营系统。此外,还可以针对用户请求的到达情况来扩展预测框架,以确保预测不远的将来会接收到的请求数量,并且更高效地分配资源。

12.3.2 Tripod:通过预测和个性化实现的可持续出行激励机制

Tripod是一种基于智能手机的系统,通过提供信息和激励机制来影响个体的实时出行决策,而且目的在于优化系统范围内的节能(Lima Azevedo等人,2018)。开始行程的情况下,出行者可以选择通过智能手机应用来访问Tripod的个性化菜单,应用则针对多种优化的节能出行选项而采用礼券形式提供了激励机制(即模式、路线、出发时间、驾驶风格替代项以及取消行程的选项)(详情参见图12-14)。提供了包括预测性信息在内的选项,以帮助出行者了解其选择带来的能源和排放后果。通过接受和执行特定旅行选项,旅行者可以赚取礼券,而后者取决于出行者在系统范围内产生的节能情况,同时鼓励出行者不仅要考虑自身的能源成本,还要考虑其选择对于系统产生的影响。接下来,可以采用礼券来兑换参与的供货商和交通运输机构提供的服务以及商品。

Tripod系统依赖于第2.2节所述的基于仿真的多模式网络预测系统。由于Tripod的目的在于最大化系统范围内的节能程度,因此可以采用下列事项来扩展预测仿真框架:①针对不同替代项和激励项的个体特定偏好;②仿真的个性化,后者对TripodApp上显示的替代项菜单生成方式进行了仿真;③TripEnergy(Needell和Trancik,2018),后者是一种详尽模型,估算了多模式出行的能源影响。

通过一种双层优化方案并且采用系统优化策略(上层级别)和应用菜单生成个性化(下

层级别),实现了 Tripod 总体系统范围内的能效最大化。通过实时计算礼券能效(TEE),将两种松散耦合问题联系在一起,

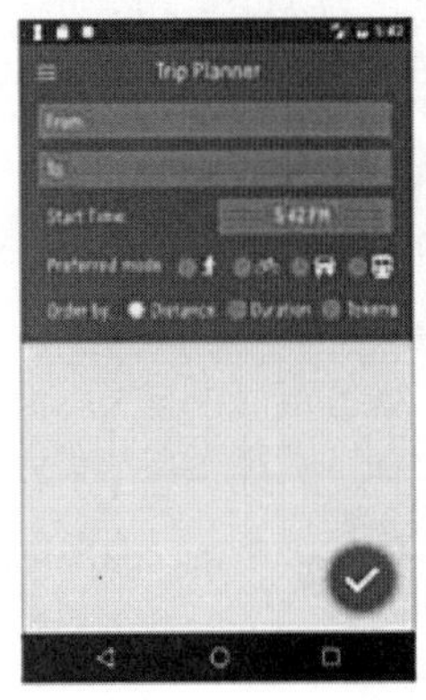

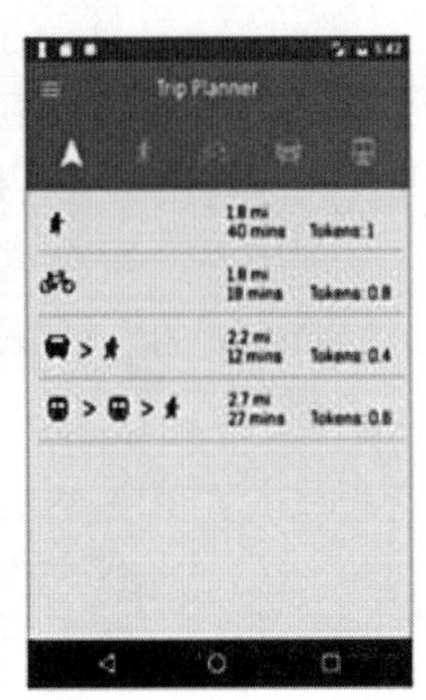

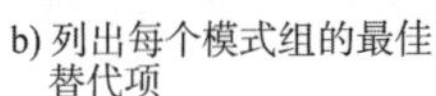

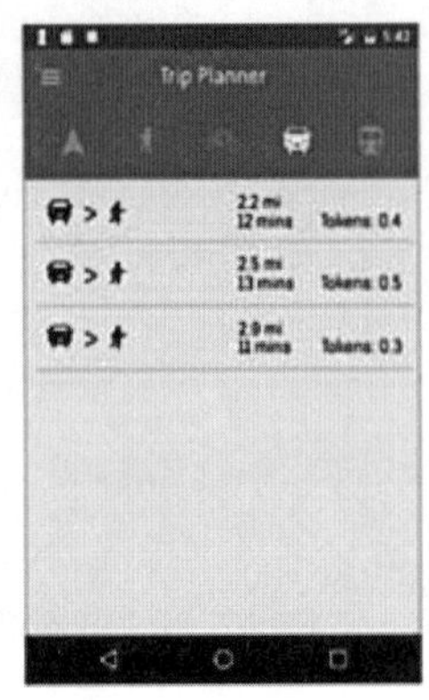

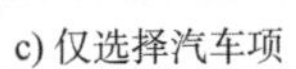

a) 规划行程并进行确认　b) 列出每个模式组的最佳替代项　c) 仅选择汽车项　d) 确认并且进行导航

图 12-14　Tripod 界面(Lima Azevedo 等人,2018)

而 TEE 是指出行者为了赚取一张礼券而必须节约的能源量(Araldo 等人,2019)。TEE 是系统优化的关键决策变量,而且被用于各项菜单个性化,然后通过控制点出行者(即 Tripod 用户)的每次行程请求而触发。在这一框架中,存在两种优化循环:每个滚动期触发系统优化,而且根据个体按需原则,对每位个体的行程请求菜单进行个性化。TripodApp 还通过 Tripod 用户的菜单选择来跟踪其偏好,并且通知其进行,以便更好地进行预测。如前所述,预测框架中嵌入了针对不同 TEE 的响应以及总体预测需求(读者如需了解更多信息,请参考 Araldo 等人,2019)的研究。

类似于前一节介绍的按需灵活出行服务,Tripod 的实时菜单个性化根据获取的网络预测状况提供的导航以及 TEE 最大化了用户相关目标函数。根据第 2.3.1 节提供的公式、最佳 TEE 以及采用 TripEnergy 情况下每个潜在菜单替代项的估算能耗进行个性化之前,决定了每个选项相关的礼券(Needell 和 Trancik,2018)。节能情况是 Tripod 中最大化的关键变量。根据无礼券情况下预期能耗,针对每次行程请求而计算了参考能源数值。关于 Tripod 模型、实施以及配置的详情,读者可参考 Lima Azevedo 等人(2018)和 Araldo 等人(2019)的研究。

初步评估各种 Tripod 设计的过程中,采用了第 2.4 节所述的一种基于仿真的评价。采用交互方式的情况下,在 SimMobility 中通过实现智慧出行特性以及 Tripod 生成的控制获得了相关结果。每次滚动期内,发生了下列次序的交互:①Tripod 预测模块从 SimMobility 获取了最近滚动期的感知信息(比如计数和速度测量结果),对 DynaMIT 供应和需求仿真器进行了在线标定,针对滚动时域持续时间,根据状态预测而执行了系统优化循环,以便针对当前滚动期而查找最佳 TEE,并且将 TEE 和预测性交通以及能源信息传递给个性化模块。②后者接收 SimMobility 中仿真用户提出的 Tripod 请求,并且采用最近的 TEE 和预测信息,生成个性化菜单以及可能分配给每次请求的礼券。③SimMobility 接下来对每位 Tripod 用户针对个性化菜单的响应以及其他所有出行者的选择进行仿真,并且将所有出行者加载到网络之

中。这种闭路框架体现了 Tripod 在现实生活中的具体工作方式,在这里,SimMobility 被现实世界取代。

针对美国马萨诸塞州波士顿中心商务区(CBD)的仿真模型开展了初步试验,试验涉及 Tripod 的路线和出发时间选择维度(图 12-15),而该模型采用的网络具有 843 个节点、1879 条链路、3075 个分段以及 5034 条车道,其中包括高速路和主干道。仿真周期为上午 6:00 至上午 9:00,滚动期为 5min,滚动时域为 15min。出行者总数为 47588 人。

图 12-15　波士顿 CBD 地图(Lima Azevedo 等人,2018)

通过开展采用和不采用 Tripod 的两项仿真,评价了 Tripod 的功效。在两项仿真中,所有出行者均接收关于网络状况的实时预测信息,因而绩效差异只是由礼券导致的。绩效衡量方式是每辆车的平均出行时间和能耗,以及出行时间和能耗的分布。

初步测试的过程中,采用的预算是每 5min 2000 张礼券(3h 周期内共计 72000 张礼券,每张礼券货币价值为 0.50 美元)。由于并未校准模型,因此我们的讨论更多着眼于节省的相对量级而非绝对数值。

正如表 12-3 所列,随着 Tripod 渗透率的增长,节能也有所增长。不过,增长率并非渗透率的单调函数,这表明存在一种高度非线性的底层系统,而且尤其随着渗透率接近 80% 而存在一种饱和影响。

采用波士顿 CBD 路线和出发时间选择的初步结果　　表 12-3

渗透率	每次行程的平均能耗(MJ)	每次性能的节能	平均旅行时间(秒)	每次行程节省的旅行时间
0(基本案例)	9.2	不适用	458	不适用
25%	9.0	2.1%	442	3.5%

续上表

渗透率	每次行程的平均能耗(MJ)	每次性能的节能	平均旅行时间(秒)	每次行程节省的旅行时间
40%	8.7	5.4%	409	10.7%
50%	8.7	5.4%	417	9.0%
60%	8.7	5.4%	413	9.8%
75%	8.6	6.5%	420	8.3%
80%	8.6	6.5%	420	8.3%

12.4 讨论与结论

本章中,我们概要介绍了智慧出行系统分析的三个方法论组成部分:预测、优化以及个性化。这些方法论设计用于在智慧出行系统运行期间彼此交互。预测具有至关重要的作用,从而确保在采用预测方式考虑实时数据的情况下,开展多种策略优化(比如计费、激励措施)。预测和优化均对个性化起到指导作用,从而确保在为个体提供各种菜单的情况下,替代项的性质可以体现实时状况以及最佳策略。

可以从多种维度来强化此类方法论。首先,预测和优化方法中的需求表示通常处于合计级别。采用分解模型来对这个表达式进行扩展,属于一个颇具前景的发展方向。对于预测而言,这种方式在实现高效方法论的同时,可能会带来一定的计算成本负担,而且需要开发预测性优化方式。我们认为预测主要着眼于预测交通状况。不过,今后在智慧出行解决方案运行期间预测用户请求也具有非常重要的意义,这样可以更好地在接收的请求范围内分配资源。此外,即使从行为的角度出发,利用高分辨率数据的情况下,介绍的方法论依然更具模型驱动性质。关于在预测、优化以及个性化层面有效和高效结合模型驱动与数据驱动方法论的方式,仍需开展进一步的调查。

尽管本章以图解方式只展示了两项案例研究的方法论,但是本方案适用于任何类型的智慧出行解决方案。出行即服务是新兴集成式出行平台的一个实例,这一平台经受了这种分析的检验。出行即服务为用户提供了一揽子出行方案,其中综合了城市公共交通、出租汽车和按需服务、共享自行车和个人出行装备(比如电动滑板车),以及共享汽车和租赁服务。出行即服务的效益通过目前正在开展的研究而得到了证明。比如,Matyas 和 Kamargianni (2017)在大伦敦地区部署了一项陈述性偏好调查活动,结果发现大家更偏好灵活、面向大规模公共交通客运的计划。此外,还在赫尔辛基对出行即服务订阅用户开展了现场实验,在实验中,用户可以选择每月订阅包或者现付现用制,证明每人的共享公共交通和出租汽车出行以及每月公共交通支出费用均明显增加。作为出行即服务的一种特殊案例,按需灵活出行仿真结果还表明了出行即服务中存在的灵活性和个性化的潜在效益:在通过 SimMobility 仿真的新加坡路网之中,可能将路网范围内的出行时间缩短 5% 而且将容量—载荷比率降低 10% ~20% 。与本章介绍的预测和优化方法论结合的情况下,这种出行即服务系统可能会更高效地发挥作用。

本章并未提及的两个问题可能会影响智慧出行解决方案的长期影响和采纳情况。第一个问题是按需出行选项与公共交通之间的相互作用。比如,UC Davis 开展的一项研究表明,2014 年至 2016 年,打车服务导致美国境内的公共交通利用率降低了 6%。从另外一个方面来讲,一些城市则与网络预约出租汽车服务开展合作,为公共交通客运提供最先一英里/最后一英里连通性(Shen 等人,2017;Lyft,2015)。如果共享的按需出行要替代公共交通,则需要较大的车队规模来满足需求,这会导致额外的拥堵。比如,Basu 等人(2018)发现,采用按需自动出行(AMOD)替代新加坡公共交通的情况下,与 AMOD 补充公共交通的场景相比,会导致车辆行驶时间增加 50%。今后的科研应当研究配合公共交通的各种整合的按需出行场景,以评估对于公共交通客流量和网络性能的影响。

有助于快速采纳按需出行的另外一个因素是千禧一代(1981 年至 2000 年出生)改变的社会出行偏好。千禧一代不太愿意拥有汽车,而更愿意采用城市生活、环境可持续性以及步行和骑行的生活方式(Circella 等人,2015)。此外,他们还熟练掌握信息技术和共享经济服务,其中包括 Uber 和 Lyft 等按需打车服务(Mah-massani,2016)。然而,尚不清楚此类偏好是否处于稳定状态,也不清楚千禧一代是否随着自身进入(延迟的)抚养儿女阶段转而采纳基于汽车的出行方式。不管怎样,这些偏好的发展均可能对未来按需共享出行服务被社会所接纳的速度产生某种影响。

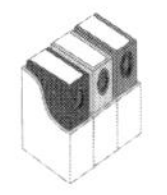

鸣谢

新加坡陆路交通管理局(LTA)ITS 分部和波士顿地区都市规划组织(Boston MPO)分别提供了新加坡和波士顿网络的相关数据。美国能源部高级研究项目能源局(ARPA-E)TRANSNET 计划中开展了 Tripod 的相关研究,该计划的授予编号为 DE-AR0000611。研究的早期阶段,通过与日本富士通实验室有限公司(Fujitsu Laboratories, Ltd.)开展合作,提出了按需灵活出行概念。新加坡国家研究基金会(SMART 计划)为新加坡相关预测和优化工作提供了支持。本章介绍的研究是 MIT 智能交通运输系统(ITS)实验室与 SMART 合作的结果,涵盖了最近若干年内的各种科研项目。因此,本章是作者们与下列学生及同事互动的结果:Andrea Araldo、Kakali Basak、Simon Oh、Muhammad Adnan、Mazen Danaf、Xiang Song、Samarth Gupta、Isabel Hemerly Viegas de Lima、Haizheng Zhang 及其他人员。

本章参考文献

Adnan, M., Pereira, F. C., Azevedo, C. M. L., Basak, K., Lovric, M., Raveau, S., Zhu, Y., Ferreira, J., Zegras, C., Ben-Akiva, M., 2016. SimMobility: a multi-scale integrated agent-based simulation platform. In: Proceedings ofthe 95th Annual Meeting of the Transportation Research Board, Washington, D. C.

Adnan, M., Pereira, F. C., Lima Azevedo, C., Basak, K., Koh, K., Loganathan, H., Peng, Z. H., Ben-Akiva, M., 2017. Evaluating disruption management strategies in rail transit using SimMo-

bility mid-term simulator: a study of Singapore MRT North-East line. In: Proceedings of the Transportation Research Board 96th Annual Meeting, Washington, D. C.

Alonso-Mora, J., Samaranayake, S., Wallar, A., Frazzoli, E., Rus, D., 2017. On-demand high-capacity ride-sharing via dynamic trip-vehicle assignment. Proceedings of the National Academy of Sciences 114(3), 462-467.

Antoniou, C., 2004. On-Line Calibration for Dynamic Traffic Assignment. PhD thesis. Massachusetts Institute of Technology, Cambridge, MA.

Antoniou, C., Ben-Akiva, M., Koutsopoulos, H. N., 2007. Nonlinear Kalman filtering algorithms for on-line calibration of dynamic traffic assignment models. IEEE Transactions on Intelligent Transportation Systems 8(4), 661-670.

Araldo, A., Gao, S., Seshadri, R., Lima Azevedo, C., Ghafourian, H., Sui, Y., Ayaz, S., Sukhin, D., Ben-Akiva, M., 2019. System-level optimization of multi-modal transportation networks for energy efficiency using personalized incentives: formulation, implementation and performance. In: Proceedings of the Transportation Research Board 98th Annual Meeting, Washington, D. C.

Ashok, K., 1996. Estimation and Prediction of Time-dependent Origin-Destination Flows. Ph. D. thesis. Massachusetts Institute of Technology, Cambridge, MA.

Ashok, K., Ben-Akiva, M. E., 2002. Estimation and prediction of time-dependent origin-destination flows with a stochastic mapping to path flows and link flows. Transportation Science 36(2), 184-198.

Atasoy, B., Ikeda, T., Song, X., Ben-Akiva, M., 2015a. The concept and impact analysis of a flexible mobility on demand system. Transportation Research Part C: Emerging Technologies 56, 373-392.

Atasoy, B., Ikeda, T., Ben-Akiva, M., 2015b. Optimizing a flexible mobility on demand system. Transportation Research Record: Journal of the Transportation Research Board 2536(1), 76-85.

Atasoy, B., Lima de Azevedo, C., Danaf, M., Ding-Mastera, J., Abou-Zeid, M., Cox, N., Zhao, F., Ben-Akiva, M., 2018. In: Context-aware Stated Preferences Surveys for Smart Mobility, 15th International Conference on Travel Behavior Research (IATBR), July 15-20, Santa Barbara, California.

Auld, J., Hope, M., Ley, H., Sokolov, V., Xu, B., Zhang, K., 2016. POLARIS: agent-based modeling framework development and implementation for integrated travel demand and network and operations simulations. Transportation Research Part C: Emerging Technologies 64, 101-116.

Balakrishna, R., 2006. Off-line Calibration for Dynamic Traffic Assignment Models. Ph. D. thesis. Massachusetts Institute of Technology.

Basu, R., Araldo, A., Akkinepally, A. P., Nahmias Biran, B. H., Basak, K., Seshadri, R., Deshmukh, N., Kumar, N., Azevedo, C. L., Ben-Akiva, M., 2018. Automated mobility-on-demand vs. Mass transit: a multi-modal activity-driven agent-based simulation approach. Transportation Research Record: Journal of the Transportation Research Board 2672(8), 608-618.

Becker, F., Danaf, M., Song, X., Atasoy, B., Ben-Akiva, M., 2018. Bayesian estimator for Logit Mixtures with inter-and intra-consumer heterogeneity. Transportation Research Part B: Methodological 117(A),1-17.

Ben-Akiva,M. E. ,Lerman,S. R. ,1985. Discrete Choice Analysis:Theory and Application to Travel Demand. MIT Press,Cambridge.

Ben-Akiva,M. ,Koutsopoulos,H. N. ,Antoniou,C. ,Balakrishna,R. ,2010. Traffic simulation with dynamit. In:Fundamentals of Traffic Simulation. Springer,New York,NY,pp. 363-398.

Ben-Akiva,M. ,McFadden,D. ,Train,K. ,2019. Foundations of stated preference elicitation consumer behavior and choice-based conjoint analysis. Foundations and Trends in Econometrics 10 (1-2),1-144.

Benevolo,C. ,Dameri,R. P. ,D' Auria,B. ,2016. Smart mobility in smart city. In:Torre,T. ,Braccini,A. ,Spinelli,R. (Eds.),Empowering Organizations. Lecture Notes in Information Systems and Organisation,vol. 11. Springer,Cham.

Cherchi,E. ,Cirillo,C. ,de Dios Ortuzar,J. ,2009. A mixed logit mode choice model for panel data:accounting for different correlation over time periods. Presented at International Choice Modelling Conference(ICMC).

Choudhury,C. F. , Yang, L. , e Silva, J. D. A. , Ben-Akiva, M. , 2018. Modelling preferences for smart modes and services: a case study in Lisbon. Transportation Research Part A: Policy and Practice 115,15-31.

Circella,G. ,Tiedeman,K. ,Handy,S. ,Mokhtarian,P. ,2015. Factors Affecting Passenger Travel Demand in the United States. National Center for Sustainable Transportation, UC Davis. Cordeau,J. F. , Laporte, G. , 2007. The dial-a-ride problem: models and algorithms. Annals of Operations Research 153(1),29-46.

Cottrill,C. , Pereira, F. , Zhao, F. , Dias, I. , Lim, H. , Ben-Akiva, M. , Zegras, P. , 2013. Future mobility survey:Experience in developing a smartphone-based travel survey in Singapore. Transportation Research Record:Journal of the Transportation Research Board 2354(1),59-67.

Danaf,M. ,Becker,F. ,Song,X. ,Atasoy,B. ,Ben-Akiva,M. ,2019a. Online Discrete choice models:applications in personalized recommendations. Decision Support Systems 119,35-45.

Danaf,M. ,Atasoy,B. ,Lima de Azevedo,C. ,Ding-Mastera,J. ,Abou-Zeid,M. ,Cox,N. ,Zhao, F. ,Ben-Akiva, M. E. ,2019b. Context-aware stated preferences with smartphone-based travel surveys. Journal of Choice Modelling 31,35-50.

Davis, J. , Gallego, G. , Topaloglu, H. , 2013. Assortment Planning under the Multinomial Logit Model with Totally Unimodular Constraint Structures. Department of IEOR,Columbia University. Available at:http://www. columbia. edu/ ~ gmg2/logit_const. pdf.

Davis,J. M. ,Gallego,G. ,Topaloglu,H. ,2014. Assortment optimization under variants of the nested logit model. Operations Research 62(2),250-273.

Docherty,I. ,Marsden,G. ,Anable,J. ,2018. The governance of smart mobility. Transportation Research Part A 115,114-125.

Feldman,J. ,Topaloglu,H. ,2015. Bounding optimal expected revenues for assortment optimization under mixtures of multinomial logits. Production and Operations Management 24(10),1598-1620.

Google Maps,2018. Singapore Expressway Network.

Gupta,S. ,Seshadri,R. ,Atasoy,B. ,Pereira,F. C. ,Wang,S. ,Vu,V. A. ,Ben-Akiva,M. ,2016. Real time optimization of network control strategies inDYNAMIT 2. 0. In:Proceedings of the 95th Annual Meeting of the Transportation Research Board,Washington,D. C.

Harb,M. ,Xiao,Y. ,Circella,G. ,Mokhtarian,P. L. ,Walker,J. ,2018. Projecting Travelers into a World of Self-Driving Vehicles:Estimating Travel Behavior Implications via a Naturalistic Experiment. Working paper,July 2018.

Hashemi,H. ,Abdelghany,K. F. ,2016. Real-time traffic network state estimation and prediction with decision support capabilities:application to integrated corridor management. Transportation Research Part C:Emerging Technologies 73,128-146.

Hassan,A. ,Abdelghany,K. ,Semple,J. ,2013. Dynamic road pricing for revenue maximization: modeling framework and solution methodology. Transportation Research Record:Journal of the Transportation Research Board 2345,100-108.

Hemerly Viegas de Lima,I. ,Danaf,M. ,Akkinepally,A. ,De Azevedo,C. L. ,Ben-Akiva,M. ,2018.

Modelling framework and implementation of activity-and agent-based simulation:an application to the greater Boston area. Transportation Research Record:Journal of the Trans-portation Research Board 2672(49),146-157.

Hess,S. ,Rose,J. M. ,2009. Allowing for intra-respondent variations in coefficients estimated on repeated choice data. Transportation Research Part B:Methodological 43(6),708-719.

Iacobucci,J. ,Hovenkotter,K. ,Anbinder,J. ,2017. Transit systems and the impacts of shared mobility. In:Meyer,G. ,Shaheen,S. (Eds.),Disrupting Mobility:Impacts of Sharing Economy and Innovative Transportation on Cities(Lecture Notes in Mobility). Springer International Publishing AG 2017,pp. 65-76.

Jiao,J. ,Miro,J. ,McGrath,N. ,2017. What Public Transit Can Learn from Uber and Lyft. https://theconversation. com/what-public-transit-can-learn-from-uber-and-lyft-85145.

Kamargianni,M. ,Li,W. ,Matyas,M. ,Schäfer,A. ,2016. A critical review of new mobility services for urban transport. Transportation Research Procedia 14,3294-3303.

Kö k,A. G. ,Fisher,M. L. ,Vaidyanathan,R. ,2008. Assortment planning:review of literature and industry practice. In:Retail Supply Chain Management,pp. 99-153(Springer US. Chicago).

Lima Azevedo,C. L. ,Marczuk,K. ,Raveau,S. ,Soh,H. ,Adnan,M. ,Basak,K. ,Loganathan,H. , Deshmunkh,N. ,Lee,D. H. ,Frazzoli,E. ,Ben-Akiva,M. ,2016. Microsimulation of demand and supply of autonomous mobility on demand. Transportation Research Record:Journal of the Transportation Research Board 2564,21-30.

Lima Azevedo,C. ,Seshadri,R. ,Gao,S. ,Atasoy,B. ,Akkinepally,A. P. ,Christofa,E. ,Zhao,F. , Trancik,J. ,Ben-Akiva,M. ,2018. Tripod:sustainable travel incentives with prediction,optimization,and personalization. In:Proceedings of the Transportation Research Board 97th Annual Meeting,Washington,DC(No. 18-06769).

Lou,Y. ,Yin,Y. ,Laval,J. A. ,2011. Optimal dynamic pricing strategies for high-occupancy/toll lanes. Transportation Research Part C:Emerging Technologies 19(1),64-74.

Lu,Y.,Adnan,M.,Basak,K.,Pereira,F. C.,Carrion,C.,Saber,V. H.,Loganathan,H.,Ben-Akiva,M. E.,2015a. SimMobility mid-term simulator:a state of the art integrated agent based demand and supply model. In:Proceedings of the Transportation Research Board 94th Annual Meeting,Washington,DC.

Lu,Y.,Seshadri,R.,Pereira,F.,OSullivan,A.,Antoniou,C.,Ben-Akiva,M.,2015b. DynaMIT2.0:architecture design and preliminary results on real-time data fusion for traffic prediction and crisis management. In:Intelligent Transportation Systems(ITSC),2015 IEEE 18th International Conference on. IEEE,pp. 2250-2255.

Lyft,2015. Friends with Transit:Exploring the Intersection of Lyft and Public Transportation. https://take. lyft. com/friendswithtransit/.

Mahmassani,H. S.,2001. Dynamic network traffic assignment and simulation methodology for advanced system management applications. Networks and Spatial Economics 1(3-4)267-292. https://doi. org/10. 1023/A:1012831808926.

Mahmassani,H. S.,2016. Technological innovation and the future of urban personal travel. In:Schofer,J. L.,Mahmassani,H. S.(Eds.),Mobility 2050:A Vision for Transportation Infrastructure. The Transportation Center,Northwestern University.

Matyas,M.,Kamargianni,M.,2017. Stated preference design for exploring demand for "mobility as a service" plans. In:Proceedings of the International Choice Modeling Conference(ICMC),Cape Town,South Africa.

Needell,Z. A.,Trancik,J. E.,2018. Efficiently simulating personal vehicle energy consumption in mesoscopic transport models. In:Proceedings of the 97th Annual Meeting of the Transportation Research Board.

Prakash,A. A.,Seshadri,R.,Antoniou,C.,Pereira,F. C.,Ben-Akiva,M.,2017. Reducing the dimension of online calibration in dynamic traffic assignment systems. Transportation Research Record:Journal of the Transportation Research Board 2667,96-107.

Prakash,A. A.,Seshadri,R.,Antoniou,C.,Pereira,F. C.,Ben-Akiva,M.,2018. Improving scaability of generic online calibration for real-time dynamic traffic assignment systems. Transportation Research Record:Journal of the Transportation Research Board 2672(48),79-92.

Santi,P.,Resta,G.,Szell,M.,Sobolevsky,S.,Strogatz,S. H.,Ratti,C.,2014. Quantifying the benefits of vehicle pooling with shareability networks. Proceedings of the National Academy of Sciences 111(37),13290-13294.

Schechtner,K.,Hanson,M.,2017. Shared mobility in asian megacities:the rise of the apps. In:Meyer,G.,Shaheen,S.(Eds.),Disrupting Mobility:Impacts of Sharing Economy and Innovative Transportation on Cities(Lecture Notes in Mobility). Springer International Publishing AG 2017,pp. 77-88.

Seik,F. T.,2000. An advanced demand management instrument in urban transport:Electronic road pricing in Singapore. Cities 17,33-45.

Shen, Y., Zhang, H., Zhao, J., 2017. Embedding autonomous vehicle sharing in public transit system: example of last-mile problem. In: Proceedings of the 96th Annual Meeting of the Transportation Research Board, Washington, D. C.

Song, X., 2018. Personalization of Future Urban Mobility. PhD dissertation. Department of Civil and Environmental Engineering, MIT.

Song, X., Danaf, M., Atasoy, B., Ben-Akiva, M., 2018. Personalized menu optimization with preference updater: a Boston case study. Transportation Research Record: Journal of the Transportation Research Board 2672(8), 599-607.

Train, K. E., 2001. A Comparison of Hierarchical Bayes and Maximum Simulated Likelihood for Mixed Logit (Working paper).

Train, K. E., 2009. Discrete Choice Methods with Simulation, second ed. Cambridge University Press, New York.

Vazifeh, M. M., Santi, P., Resta, G., Strogatz, S. H., Ratti, C., 2018. Addressing the minimum fleet problem in on-demand urban mobility. Nature 557(7706), 534.

Xie, Y., Danaf, M., Lima De Azevedo, C., Prakash, A., Atasoy, B., Jeong, K., Seshadri, R., Ben-Akiva, M., 2019. Behavioral modeling of on-demand mobility services: general framework and application to sustainable travel incentives. Forthcoming in Transportation.

Yang, Q., Koutsopoulos, H., Ben-Akiva, M., 2000. Simulation laboratory for evaluating dynamic traffic management systems. Transportation Research Record: Journal of the Transportation Research Board 1710, 122-130.

Zhang, G., Wang, Y., Wei, H., Yi, P., 2008. A feedback-based dynamic tolling algorithm for high-occupancy toll lane operations. Transportation Research Record: Journal of the Transportation Research Board (2065), 54-63.

Ziemke, D., Nagel, K., Bhat, C., 2015. Integrating CEMDAP and MATSim to increase the transferability of transport demand models. Transportation Research Record: Journal of the Transportation Research Board 2493, 117-125.

Zhao, F., Ghorpade, A., Pereira, F. C., Zegras, C., Ben-Akiva, M., 2015. Quantifying mobility: pervasive technologies for transport modeling. In: Adjunct Proceedings of the 2015 ACM International Joint Conference on Pervasive and Ubiquitous Computing and Proceedings of the 2015 ACM International Symposium on Wearable Computers. ACM, pp. 1039-1044.

Zhao, F., Seshadri, R., Gershenfeld, S., Lima Azevedo, C., Kumarga, L., Xie, Y., Ben-Akiva, M., 2018. The Modes They Are A-Changin': A New Framework for Passenger Travel Modes (Working paper).

Zhu, Y., Diao, M., Ferreira, J., Zegras, C., 2018. An integrated microsimulation approach to land-use and mobility modeling. Journal of Transport and Land Use 11(1), 633-659.

Zhuang, J., Mei, T., Hoi, S. C., Xu, Y. Q., Li, S., 2011. When recommendation meets mobile: contextual and personalized recommendation on the go. In: Proceedings of the 13th International Conference on Ubiquitous Computing. ACM, pp. 153-162.

第13章　城市空中交通

Raoul Rothfeld[1,2], Anna Straubinger[1], Mengying Fu[1], Christelle Al Haddad[2], Constantinos Antoniou[2]
1. 德国陶夫基兴德国飞机研究所;
2. 德国慕尼黑市慕尼黑工业大学土木岩土与环境岩土工程系交通运输系统工程主任

13.1　引言

储能密度以及电力推进与分布式推进领域的最新技术进步,促进了被称为个人飞行器(PAV)的短途载客飞行器或者下一代垂直起降(VTOL)飞行载具的发展。此类飞行载具概念(较之传统直升机,承诺以更静音、更安全而且更价廉方式生产和运营)催生了利用城市空域开展市内乘客交通运输的想法,即城市空中交通(UAM)。

不过,利用城市空中交通一概念并非创新行为,一度堪称典范的纽约航空公司在纽约市充分确立了这一概念。1953—1979年,该公司提供了基于商业直升机的旅客运输服务。然而,经历一系列致命意外事故和坠机事故之后,纽约航空公司终止了该项服务并在不久后申请破产。尽管这一城市空中交通篇章戛然而止,但是如今在圣保罗、墨西哥城等交通问题成灾的大都市,再度兴起了各种直升机运输服务,而纽约也再次跻身这一行列。

Fly Blade Inc. 和 Voom 等公司利用特设网约服务,通过手机应用,以按需方式提供直升机旅客运输服务。因而对于这些直升机服务而言,互联网连接技术摒弃了传统的飞行时刻表。如今,随着垂直起降机等新型飞行载具概念的出现,另外一种城市空中交通可能会脱颖而出。

最近,我们发现大批公司在你追我赶地发展垂直起降技术,开发并且量产了首款下一代垂直起降飞行载具,具体如 Shamiyeh 等人在2017年提供图片所展示的那样。然而,除了飞行载具自身之外,由于城市空中交通需要空中交通管理、基础设施开发、整合地面交通运输系统、公共安全与社会接受度以及法律法规等诸多领域的协作与互动,因而必须开展大量的研究工作。本章的其余内容提供了三大方面的文献综述,通过探讨乘客接纳、交通运输建模,以及空间效应与福利效应来了解城市空中交通潜在的需求、供应以及外部效应。

13.2　乘客接纳

城市空中交通利用航空交通运输能力,旨在减少拥堵、污染以及在城市空间短缺等日益拥挤环境中不断增长的出行需求等问题。面向地面载具的自动化先进技术可能用于空中交通,从而实现自主飞行器。结合城市空中交通的推广应用想法,人们提出的设想是城市空中

飞行载具将实现完全自主,以便为所有人提供平价的按需航空出行。

但是,由于面临着诸多挑战,城市空中交通可能实施的时间框架尚不得而知。这其中大多涉及法律法规、技术、安全性,不过也涉及公众与潜在乘客的接受度以及社会接受度(Liu等人,2017)。随着技术解决方案的持续演进以及正在研讨的法律法规,社会接受度仍属于可预测性较差的组成部分,且已成为城市空中交通进入市场的主要挑战。

公众接纳与使用是复杂的决策流程的结果,而且取决于诸多未发现的变量。因此,众多的调研着眼于改善业界人们对于新技术认知的了解程度,据此确定其接受与接纳过程中最具影响力的因素。不过,对于城市空中交通而言,关于用户认知的研究仍显不足,而且大多数调研主要着眼于地面自主载具。

研究机构只是在近期才始关注城市空中交通的社会接受度。乔治亚理工学院 Garrow 等人(2018a)开展了一项研究,收集了美国不同地区大约 2500 位高收入工人的回复,以便更准确地预测垂直起降飞行需求。NASA 委托开展了两项综合性市场研究(Cohen 等人,2018;Berger,2018),后者从市场、法律法规、社会壁垒以及天气影响等诸多视角来审视城市空中交通。在欧洲委员会的支持下,作为所谓城市空中交通倡议的组成部分,德国英戈尔施塔特市推动了关于城市空中交通的研究工作。此外,慕尼黑工业大学也对这一主题表示了关注,率先研究确立模式选择模型,其中包括 Fu 等人(2019)提出的地面与空中自主交通运输模式,以及 Al Haddad 等人(2019)针对慕尼黑居民中乘客的接纳因素研究。此后,包括 Berger(2018)和 HorvathPartners(2019)在内的多个咨询小组分别着眼于定义城市空中交通的成功因素以及评估城市空中交通的市场潜力。

Al Haddad 等人(2019)开展了一项在线调研,并收集了 221 人的回复,其中 97 人为慕尼黑居民,其目的在于提取影响城市空中交通接纳和利用潜力的各项因素。初步调研结果确认,大多数回复者将安全性评定为影响其接纳城市空中交通的最重要因素。通过采用探索性因素分析,提取了下列因素,并且获得了相对较高的阐释力节省时间的价值、自动化的喜爱程度、安全性问题、数据问题、环境意识,以及与在线服务、社交媒体和共享的喜爱程度。采用离散选择模型(即有序罗吉特模型),可以识别接纳模式,这种情况下,不确定的接纳者(不确定其接纳城市空中出行的时间)具有与后续接纳者相似的属性。我们发现信任是接纳城市空中出行的关键因素,而且对自动化可靠性、飞行载具安全性、内外控倾向的认知、之前的自动化体验以及服务提供商的信誉均对此产生了积极的影响。

通过理解乘客对于城市空中出行的认知,使得政府或者生产厂商等利益相关方可以采取对应措施,以最佳方式提升社会接受度,进而了解此项技术的必要条件。从这个角度来讲,研究还必须着眼于传统交通运输模式(未来可以采取自主方式)与城市空中交通组成环境中的模式选择。

涉及垂直起降飞行载具与城市空中交通的当前研究,其着眼点经常是技术与运营层面(Holden 和 Goel,2016;Parker,2017;Schuchardt 等人,2015)。仅有极少数模式选择研究分析了介于传统交通运输模式与城市空中交通等创新交通运输服务之间的潜在用户偏好。不过,对于城市空中交通而言,根据针对诸多因素的(影响交通运输模式选择)一般性综述,以及采用的选择理论对自动驾驶汽车(AV)和共享自动驾驶汽车(SAV)各方面情况进行建模的现有研究，将模式选择因素分为三组：交通运输服务变量、个体相关变量、态度/心理变量。

就交通运输服务变量而言，交通模式研究中考虑最多的是成本与时间相关属性（Fu 等人，2019）。而且还发现其他一些因素具有相关性，就自动驾驶汽车和城市空中交通的接纳而言，情况更是如此。比如，Winter 等人（2017）开展了一项陈述性偏好调查，并且开发了多个罗吉特模型，以便研究荷兰境内针对车辆共享、私家车、公共交通运输（PT）以及共享自动驾驶的模式选择。在出行时间相关属性中，人们发现共享自动驾驶的等候时间并不具有显著性。不过，其他研究（比如 Fagnant 和 Kockelman，2018；Krueger 等人，2016）估算了自动驾驶汽车与共享自动驾驶汽车的时间价值（VOT）以及支付意愿，结果表明存在一种截然不同的观点，即等候时间是共享自动驾驶运营的关键服务属性。类似于 Krueger 等人（2016）关于共享自动驾驶出行时间和出行成本的发现结果，Fu 等人（2019）最近开展的模式选择研究也得出结论，认为出行时间与出行成本可能也属于城市空中出行接纳的明显决定因素，不过预计需要开展进一步的研究，以便深入了解等候时间以及最先一英里和最后一英里服务的影响。

为了解个人对于节省出行时间的支付意愿，不同国家或者地区通常对交通模式选择研究采取时间价值措施。比如，Atasoy 等人（2011）和 Axhausen 等人（2006）在瑞士开展了涉及私家车和公共交通使用情况的多项研究。而且，还开展了一项传统交通运输模式时间价值的泛欧元分析（Wardman 和 Chintakayala，2012），涉及休闲或者业务目的等多种出行目的。尽管为数稀少，但是最近也开展了一些研究，得出了关于自主交通运输服务的 VOT 发现结果。比如，Correia 等人（2019）公布了荷兰境内共享自动驾驶相关的时间价值研究结果，而 Fu 等人（2019）则介绍了关于共享自动驾驶汽车和城市空中出行的初步时间价值估算。不过，值得注意的是，由于时间价值可能受到收入水平或现有交通运输系统质量和性能等众多、高度多样性因素（所有此类因素均可能随着研究地区和时间而发生较大变化）的影响，因此开展的研究不同，研究地区不同，时间价值的衡量方式也存在很大的差异。

一项基本的模式选择文献综述结果表明，性别、年龄以及收入等社会经济学变量影响了模式选择行为（Fu 等人，2019；Atasoy 等人，2011；Vrtic 等人，2009）。但是，关于个人与家庭特点对于选择自动驾驶汽车或者共享自动驾驶汽车出行的影响，前述研究并未提出一致性的发现结果（Fu 等人，2019）。在将年龄作为一项因素来评估的情况下，一些研究表明，更年轻的个体更愿意接纳自动驾驶汽车（Bansal 等人，2016），而其他研究则发现，共享自动驾驶尤其会对老年人构成一种具有吸引力的出行选项（Fagnant 和 Kockelman，2018）。而且，Bansal 等人（2016）以及 Kyriakidis 等人（2015）观察发现，针对自主功能的支付意愿与收入之间存在某种正相关关系。此外，一些研究还揭示了教育水平和家庭中是否对儿童会造成某种显著影响（参阅 Haboucha 等人，2017；Zmud 等人，2016）。涉及飞行器与城市空中交通的最近研究还提到了类似方面的情况：Castle 等人（2017）展示了多项调研结果，表明年轻且受教育程度更高的被访者更愿意接受无人驾驶飞机。Cohen 等人（2018）发现中等收入和高收入家庭、更年轻和中等年龄被访者，以及受教育程度更高被访者更容易对城市空中出行感到兴奋。Fu 等人（2019）关于城市空中出行的模式选择研究表明，在年轻人和年龄更大的高收入个体中的城市空中出行市场渗透率更大，而此类人员也相对更偏好使用地面自动驾驶。

除了社会经济学变量之外,我们还发现现有的交通模式等其他因素也关系到自动驾驶和城市空中出行的接纳情况。比如,车辆使用者(驾驶员)比公共交通用户更愿意切换为SAVE(Krueger 等人,2016)。Fu 等人(2019)也指出了类似的发现结果,如果个体当前最频繁使用 PT 或者软模式(即步行和自行车骑行),那么切换为自动驾驶出租汽车或者城市空中出行的可能性更小。出行目的可能是另外一个影响因素。类似于包括城市空中出行在内的模式选择研究的结果(Fu 等人,2019)(图 13-1),一项空中巴士研究(Thompson,2018;Garrow 等人,2018b;Cohen 等人,2018)发现,个体可能为了进行工作出行以及休闲旅行而尤其有兴趣使用飞行出租汽车服务。

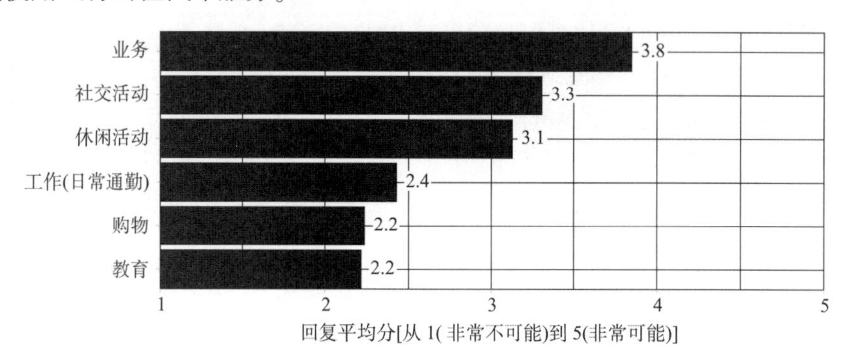

图 13-1　根据各种出行目的而使用城市空中出行的似然率调研结果(Fu 等人,2019)

关于便捷、舒适以及灵活性的偏好等态度/心理因素也越来越多地引起了人们的注意,而且发现此类因素涉及交通模式选择行为(Vredin Johansson 等人,2006)。现有的文献强调安全性对自动驾驶接纳的影响(比如 Haboucha 等人,2017;Fu 等人,2019)。趋向于采用自动驾驶或者共享自动驾驶的个体同样也更关心环境(Haboucha 等人,2017;Howard 和 Dai,2014),并且具有更强的科技意识(Bansal 等人,2016;Schoettle 和 Sivak,2014;KPMG,2013)。便利设施和载具自动化也曾经被确定为具有一定的影响(Winter 等人,2017;Howard 和 Dai,2014)。类似地,安全性被视为适应飞行器的主要心理障碍之一(Cohen 等人,2018;Lineberger等人,2018;Yedavalli 和 Mooberry,2019)。关于自动化,值得注意的是,大众对于有人驾驶飞机的偏好程度通常依然超过全自主飞行器(Cohen 等人,2018)。

关于其他影响城市空中出行相关模式选择的潜在心理因素,尚未深入研究其造成的各种影响。不过,Fu 等人(2019)关于不同人群态度的调研结果间接体现了潜在的技术与环境忧虑,而这种忧虑可能影响选择行为。类似于之前提及的自动驾驶接纳相关发现结果(Haboucha 等人,2017),Fu 等人(2019)调研结果也表明,更年轻的个体对于新技术而更具开放心态(如图 13-2 左上角的图解),继而更可能接纳新型交通运输模式。同时,年龄更大而且具有高收入的另外一组潜在接纳者,可能更愿意为新技术以及环保交通运输服务买单。然而,受教育程度较低的低收入群体对于技术和环境问题的关注可能更少,因而可能不太愿意接受城市空中出行等创新性交通运输概念。

从乘客接纳性角度出发,各种城市空中出行相关的研究展示了不同的发现结果。在影响城市空中出行接纳的各种因素方面,并非所有研究均提供了一致性的结论。但是,大多数提及的研究均普遍强调了出行时间、成本、节省时间的价值、安全性问题、收入、环境意识以及共享喜爱程度等多项与城市空中出行接纳需求高度相关的驱动因素。

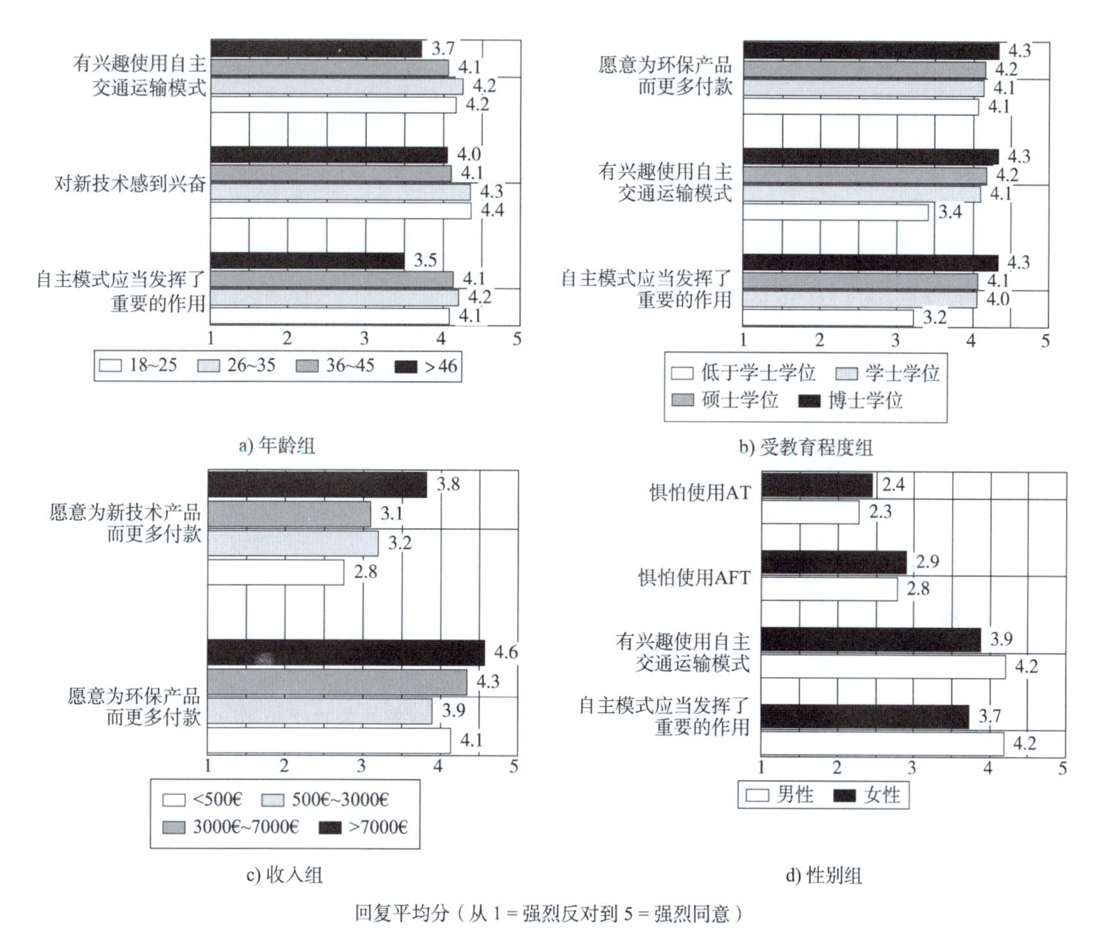

图13-2　不同人群涉及技术和环境关注情况的调研结果(Fu等人,2019)

13.3　城市空中交通建模

为了综合性介绍城市空中交通运营环境,本次研究主要聚焦调查运营概念,具体做法是确定各种载具类型、基础设施要求、环境影响以及其他潜在的限制条件(Holden 和 Goel,2016;Antcliff 等人,2016;Kleinbekman 等人,2018;Vascik 和 Hansman,2017a)。在另外一项研究中,Vascik 和 Hansman(2017b)提出了相关运营建议,涉及确定垂直起降基础设施的位置(即所谓的垂直起降机场),以及空中交通管制能力;而 Balakrishnan 等人(2018)则概述了城市空中运输的航线安排策略。Rodrigue 等人(2017)提出了关于交通运输网络设计及其各种影响因素的通用性建议,这些率先开展的研究确认了某个研究地区内城市空中交通垂直起降机场数量与分布的重要性,比如,Rothfeld 等人(2018a)在苏福尔斯使用案例中证明了这一点。

一些研究采用建模和仿真方案分析了城市空中出行供给侧。Kohlman 和 Patterson(2018)开发的面向对象的模型表明,载具的充电/加油率可能影响其满足潜在需求的能力。Kohlman 和 Patterson(2018)还强调了拥有足够数量垂直起降机场的重要性。Bosson 和 Lau-

derdale(2018)的另外一项仿真评价则采用了所谓的自动求解器(Autoresolver)算法,该算法着眼于通过识别有效的垂直起降机场位置,将新的交通运输模式无缝整合到现有系统之中。自动求解器算法曾经被提议作为一项服务,而且具有战略和战术时间规划能力,从而有可能管理整个城市空中交通网络。

同时,估算需求和评价需求驱动因素,是将城市空中交通引入市场的前提条件(Straubinger 和 Rothfeld,2018)。一些研究针对模式选择而采用罗吉特模型,进行了基于城市空中交通的需求估算(Fu 等人,2019;Syed,2017)。Syed(2017)获得的初步结果表明,对于城市空中出行而言,必须将按需垂直起降的成本保持在较低水平,方可使其成为其他模式的主要竞争对手。Reddy 和 DeLaurentis(2016)探索了人口统计学因素以及利益相关方变量,尽管与城市空中出行并无直接联系,却影响了公众和利益相关者等任何对于无人驾驶飞机的意见,此类探索还采用了多项概率单位模型。为了识别城市空中交通可以补充的利基市场,根据分析市场模型而开展了一些市场研究(Berger,2018;HorvathPartners,2019)。研究采用两倍建模方案预测城市空中出行的市场潜力,同时在考虑和不考虑当前技术局限性、经济局限性以及社会壁垒的情况下,比较了市场需求。一项研究(HorvathPartners,2019)指出,城市空中出行将在未来多模式出行概念中起到重要的作用。

在将所谓的战略建模方法用于对非城市空中出行类型按需航空进行建模的情况下,该方法采用社会经济和人口统计学信息估算了未来的需求(Moore 和 Goodrich,2013;Smith 等人,2012)。战略模型目前对于很多必要的行为影响具有敏感性,而且可以用于呈现不断变化的行为(旅行预测资源,2018)。诸如自动驾驶车辆或者城市空中出行等新的出行服务的部署实施,需要新的战略和策略。由于传统的基于出行的模型(比如四阶段交通模型)对于新兴策略和策略问题不够敏感,因此很多交通建模人员目前采用基于活动的方案,后者考虑个体预算、活动时间以及全天出行模式等事项(旅行预测资源,2014)。

目前,从建模和仿真自动驾驶运营的角度来讲,大多数研究采用了 MATSim(Horni 等人,2016),后者是一种开源框架,用于实施基于大规模代理的交通运输仿真。Bischoff 和 Maciejewski(2016a,2016b)以及 Horl(2016)采用 MATSim 的基于代理模型,估算了共享自动驾驶需求,同时还利用了 DVPR(动态载具航线安排问题)扩展程序,以便对较大范围的载具航线安排以及时间计划流程进行仿真。Moreno(2017)实施了另外一个方案,具体做法是对共享自动驾驶服务进行建模,同时考虑土地利用与交通运输系统变化之间的反馈作用,而且耦合了土地利用模型 SILO、出行需求模型 MITO,以及交通运输模型 MATSim。这样就提供了一种综合性建模框架,用于处理共享自动驾驶对于交通运输以及土地利用的影响。最近,这种采用 MATSim 基于代理的仿真方案也被视为一种有效方案,可用于分析城市空中出行绩效。

最初的研究(Rothfeld 等人,2018a;Rothfeld 等人,2018b;Balac 等人,2018)涉及城市空中出行基础设施、载具特性、网络以及运营机队能力;为进一步的城市空中交通研究奠定了初步基础。建模结果表明,潜在乘客感知到的可能的出行时间缩短程度,以及城市空中交通基础设施和地面城市空中交通流程,均对城市空中交通接纳起到了基础性影响。关于苏福尔斯(Rothfeld 等人,2018b)和苏黎世(Balac 等人,2018)等更小的研究地区,业界反复强调短时内抵达垂直起降机场和登上城市空中飞行载具的重要性。可以比较图 13-3 和图 13-4,其中呈现了城市空中出行流程时间的增长与更快的城市空中交通巡航速度对于乘客人数的更大影响。与汽车相比,城市空中交通预计的高行程速度所节省的出行时间,可能被城市空中交通飞行之前及/或之后较长的城市空中交通流程所抵消。

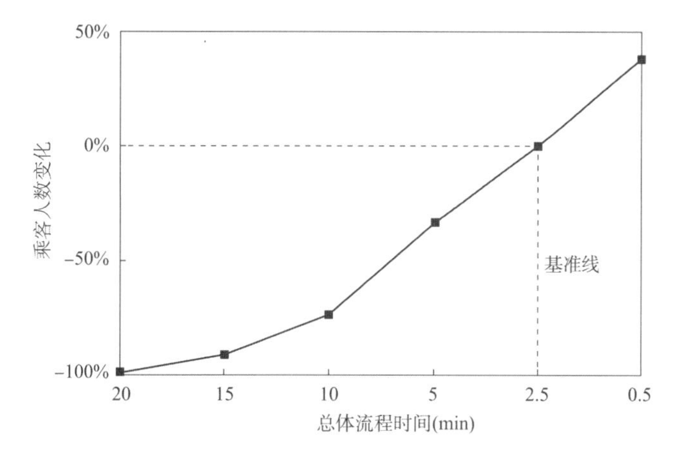

图13-3　针对美国苏福尔斯市的一项MATSim仿真中呈现的城市空中交通流程时间变化对于乘客人数的影响(Rothfeld等人,2018b)

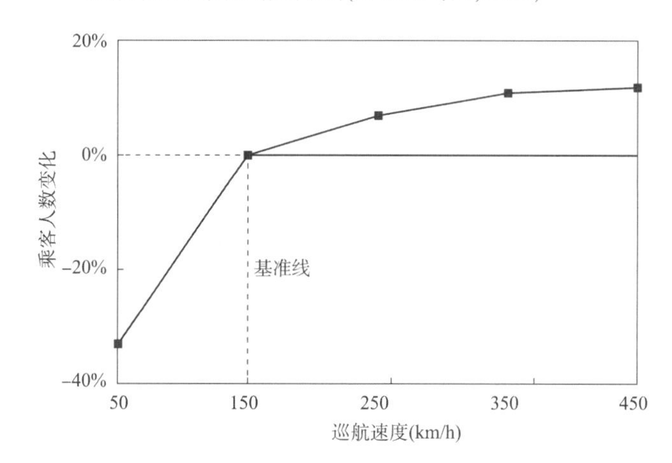

图13-4　针对美国苏福尔斯市的一项MATSim仿真中呈现的城市空中交通巡航速度变化对于乘客人数的影响(Rothfeld等人,2018b)

Vascik和Hansmann(Vascik,2019)或者Fadhil(Fadhil,2018)等人介绍了关于城市空中交通地面基础设施的初步研究,他们从选型和吞吐量的角度出发,将现有的直升机基础设施作为未来垂直起降机场的近似估算结果。尤其针对城市空中交通的短程展望,即城市内利用方式,Wolfel(2019)确定了作为在德国境内实施城市空中交通潜在瓶颈的基础设施的重要性。因此,垂直起降机场的空间要求与设置选项,结合较短进场时间的极大影响,使得城市空中交通基础设施布置成为很多潜在城市空中交通实施中的一项重要因素,因而应当在今后城市空中交通建模研究中予以更多关注。

一个运行良好的交通运输系统,应当允许提供交通运输以满足交通运输需求。根据一般性文献综述的结果,当前的研究主要着眼于城市空中交通网络和运营的建模工作。预计今后的研究将把城市空中交通的需求侧和供给侧作为一个整体来考虑,以便加深对于总体

城市空中交通环境及其影响的理解。因此,关于城市空中交通建模,今后的研究应当综合扩大的供需侧方案,以便开展综合性分析,全面包括将作为创新性交通运输模式的城市空中交通引入现有交通运输系统的各个方面内容。

关于采用 MATSim 的现有城市空中交通运输建模方案,需要进一步改进,以体现这种供给侧与需求侧属性的融合,比如载具储能容量、垂直起降机场对载具容量等,并且确保将垂直和水平飞行的载具进行分离。此外,Horl 等人(2019)对苏黎世自主网约服务的研究,对车辆分配算法和车队分布优化方案等内容,将成为城市空中交通服务的借鉴,而且可以将其方案进行移植,用于对城市空中交通的建模。

13.4 空间效应与福利效应

除了要了解城市空中交通对于总体交通运输系统的影响,还必须了解城市空中交通对于居民福利的影响以及对于城市的意义。因此,福利变化不仅考虑了交通运输市场直接相关的转换,还考虑了引入城市空中交通而对其他市场的调整。

通过移植 Milakis 等人(2017)提出的方法论(采用涟漪效应方案来引入自动化载具),我们可以区分一级、二级以及三级意义:

(1)一级意义:行程成本、行程时间、时间价值、旅行舒适性、模式选择和旅行舒适性、载具行驶里程、其他基础设施;

(2)二级意义:对于其他模式(道路拥堵、现有交通运输基础设施、公共交通运输利用率)、公司与家庭地点选择的转换、其他市场价格的变化(比如土地市场、商品市场、劳动力市场)、不同城区部分可达性变化的影响;

(3)三级意义:城市无计划的扩张、不利的环境问题、噪声、视觉烦恼、排放物、安全性、社会公平、经济影响、公共卫生、能耗。

尽管前几章的描述大多属于一级意义,但是下文探讨了由此导致的相关市场的变化。一些谈论内容在文献中曾经出现过(UBER,2016;Holmes 等人,2017;Straubinger 和 Rothfeld,2018),尤其是相对于垂直起降飞行载具技术的相关文献,但是就城市空中交通的更宽泛经济影响层面而言,仍然存在很多未解决的问题。不过,可以将一些地面自主载具研究的结果(参阅 Fagnant 和 Kockelman,2013;Gruel 和 Stanford,2016)移植到城市空中交通,因为从最终用户的角度来讲,两个概念存在很大的相似性。

一个决策问题是城市空中交通是否会被采纳将取决于基于小汽车的交通运输需求,并且将其转换为空中交通运输,或者引入城市空中交通是否会导致产生其他交通运输需求。很可能两种效应会同时发生。而地面自主载具领域已经发现了后面这种效应。比如,Duarte 和 Ratti(2018)讨论过自主载具是否会或多或少导致道路上交通量的问题,可以将其中的大部分论断转换至城市空中交通。

而且,从公共交通或者软模式,到城市空中交通产生的潜在出行舒适性也具有相关性,其原因是这可能导致增加外部效应。因此,必须确保将任何可能的城市空中交通引入方式与现有交通运输系统密切联系在一起,以便减少城市空中交通从公共交通或者软模式转化需求的可能性。根据 Otte 等人(2018)所述,高效整合城市空中交通与公共交通是不可避免的,这不仅是开发一体化合出行枢纽的物理层面要求,也是与票务和分布平台相关的组织结构的要求。

除了模式选择之外,城市内部家庭与公司地点选择也会显著影响载具行驶里程。Thakur 等人(2016)以及 Duarte 和 Ratti(2018)曾经探讨过这些发展问题,针对的是地面自主载具,而且表明将会对土地租金和地点选择产生一定的影响。现有文献采用定性方式证明,交通运输的投入以及据此造成可达性的积极变化,会引起土地租金上涨并且增加中心区域住房的吸引力(Cervero 和 Kang,2011)。

对于城市空中交通而言,Straubinger 和 Verhoef(2018)预计会造成两种影响,一是垂直起降机场基础设施额外的土地需求会减少住房和公司用地的土地供应量,二是家庭和公司的土地需求会由于更高的可达性而增加。图 13-5 给出了此类影响及其关联关系。

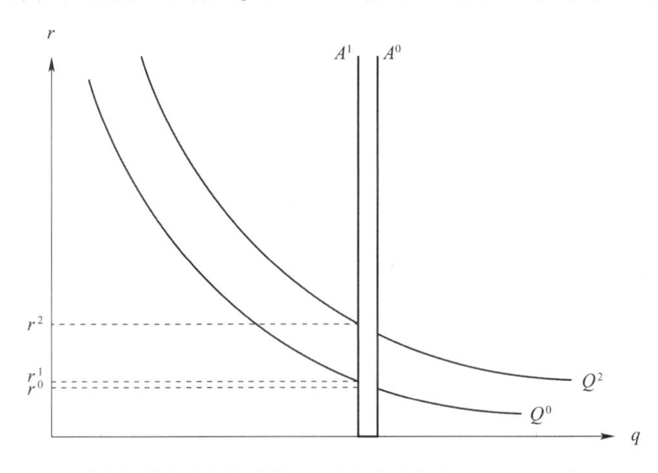

图 13-5　需求增加与供应减少导致郊区土地租金的变化(Straubinger 和 Verhoef,2018)

正如 Straubinger 和 Verhoef(2018)所述,x 轴表示土地 q 的数量,而 y 轴则表示每个测量单位的土地租金 r。住房和公司的土地供应量不变。此处的 A^0 表示没有城市空中交通情况下郊区的土地供应。引入城市空中交通和基础设施需求增加,导致土地供应量减少(A^1)。

考虑到公司和家庭的最初土地需求(Q^0),确定了最初价格(r^0)。假设引入城市空中交通导致郊区与城市以及就业中心的连通性增加。城市空中交通可能提供的较高行驶速度,大大缩短了行程时间。加之上文提及的,交通运输服务强化导致郊区地点吸引力不断增加,行程时间的不变性(详情参见 Levinson 和 Kumar,1997)使得我们可以假设家庭和公司在郊区的土地需求呈现某种增长的态势(Q^2)。与这种需求增长态势保持一致的是,预计郊区土地租金也同样会增长(r^2)。

Straubinger 和 Verhoef(2018)的推理结果表明,引入新的出行服务,可能引起土地租金发生变化。而出行时间的缩短又使得家庭可以远离城市居住,这样可以有钱购买更多土地用于住房。而自主交通运输技术的发展可能会强化这种影响。Thakur 等人(2016)假设,在采用地面自主载具的情况下,人们会重新定居到远离城市的地点。而且,由于采用自动化控制,可以更有效地利用出行时间,因此节省的出行时间价值将下降。将这一假设转化到城市空中交通,则强化了上述关于家庭重新选址的设想。不过,这种情况不只会带来积极的影响,由于前往市中心的距离更长,还可能导致载具行驶更多的里程。此外,大多数城市并不

希望自己的居民远离市中心,因为这可能导致城市无序延伸(即人们意外地朝向郊区搬迁),进而导致城市中心人口密度较低,进一步可能导致公共基础设施和公共交通运输供应等公共服务,呈现大规模低效态势(Squires,2002)。

依照 Straubinger 和 Verhoef(2018)的城市空中交通方案,并且移植 Thakur 等人(2016)以及 Duarte 和 Ratti(2018)针对地面自主载具的发现结果,引入城市空中交通似乎很可能导致家庭搬迁。因此,城市空中交通可能导致意外的城市无计划延伸。

城市空中交通的生态影响在很大程度上取决于迄今为止提及的各种不同层面的情况。仅在估算载具行驶里程和整体交通运输系统分担比例分析之后,才可以开展城市空中交通生态影响评估。即使假设城市空中交通运营商仅采用纯电、共享以及按需载具服务(据此力图将城市空中交通涉及 CO_2 和 NOx 等排放的环境影响降至最低限度),噪声和视觉障碍依然是不可避免的外部性问题。而且,城市空中交通还面临着与自主车辆类似的风险(Goodall 等人,2014;Hubaux 等人,2004;Maurer 等人,2015),这其中,自动化导致的失业、数据隐私问题,以及车辆自动化决策所涉及的伦理道德问题,仍然是尚待应对的挑战。

通过充分的服务设计,应当将外部性以及其他风险降至最低限度及/或内在化。服务设计和服务提供商的利益与市场结构以及业务模型存在着密切联系。城市空中交通具有不同的二级市场以及参与者:垂直起降机场基础设施提供商、通信基础设施提供商、空中交通管理提供商、载具生产厂商、载具所有方、服务提供商,以及平台提供商。各个级别均会面临同一级别内部以及与其他业务级别参与者垂直整合情况下不同的竞争强度(Cohen 等人,2018)。

由于多个二级市场可能被一些市场参与者所主导,结合上文讨论的外部性,预计会像大多数其他交通运输模式一样,调控潜在的城市空中交通市场(Baake 和 von Schlippenbach,2014;Cairns 和 Liston-Heyes,1996;Cantos 和 Maudos,2001;de Palma 和 Lindsey,2004;Haucap 等人,2015;Weib,2003)。由此可见,预计会针对城市空中交通服务而实施价格调控、数量调控以及质量调控等调控战略。

如上所述,很少有研究着眼于城市空中交通背景环境中的城市经济与市场调控领域。因此,业界通常并未考虑家庭和公司地点选择的变化,以及土地租金和城市形态的变化,然而为改善载具行驶里程总体变化的评估方式,必须考虑这些变化。除此之外,家庭远离城市中心定居还可能导致城市无序延伸,并且据此导致大规模设施和服务低效,这一情况尤其涉及基础设施和出行方式。为了将外部性(尾气排放、噪声、拥堵)以及城市无计划延伸等城市空中交通的负面影响降至最低限度,在今后的研究中还必须涉及调控选项。可以结合城市空中交通对于 Straubinger 和 Verhoef(2018)提议的城市空间,计算通用均衡(CGE)模型中城市结构的影响,继而评估不同市场调控政策的影响。

13.5 结论

尽管城市空中交通相关研究持续增多,而且其所有内容均源自载具性能、载具设计、空中交通管理及其接纳、交通运输系统建模以及空间效应与福利效应;但是仍需鼓励加深理解。只有将不同研究学科领域的发现结果整合为一个且具有一致性的结论(尽管这是一项

令人畏惧的任务),才能有利于深入分析将城市空中交通纳入当前交通运输系统与出行结构中的可能性和相互依赖性。

如果希望城市空中交通按照当前设想而成为现实,那么就必须满足各种各样的要求,此类要求包括尽可能降低噪声级别、建立可信的安全性标准,以及促进公众接受的公共可达性。然而,对于生产厂商、交通运输规划者以及研究人员是否可以实现这些承诺,我们仍持观望态度。

本章介绍的研究概况,将城市空中交通作为一种创新性交通运输模式,其中展示了摘自城市空中交通相关出版物的内容,还包括了其他创新性的地面出行的相关研究成果,比如自主网约服务等。这些成果似乎也适用于空中出行。在讨论的所有议题中,城市空中交通研究无疑需要更深入的分析,尤其是需要开展联合研究,将多个主题领域联系在一起,以便更广泛深入地理解城市空中交通,包括其接受度、建模方式以及今后可能达成的效应。

本章参考文献

Al Haddad, C., Chaniotakis, E., Straubinger, A., Ploetner, K., Antoniou, C., 2019. User acceptance and adoption of urban air mobility. In: Transport Research: Part A (submitted).

Antcliff, K. R., Moore, M. D., Goodrich, K. H., 2016. Silicon Valley as an Early Adopter for On-Demand Civil VTOL Operations, pp. 1-17.

Atasoy, B., Glerum, A., Bierlaire, M., 2011. Mode choice with attitudinal latent class: a Swiss case-study. In: Second International Choice Modeling Conference, pp. 1-16.

Axhausen, K., Hess, S., König, A., Agay, G., Bates, J., Bierlaire, M., 2006. State of the Art Estimates of the Swiss Value of Travel Time Savings.

Baake, P., von Schlippenbach, V., 2014. Taximarkt: kein markt für eine vollständige liberalisierung. DIW-Wochenbericht 81(31/32), 751-755.

Balac, M., Vetrella, A. R., Rothfeld, R., Schmid, B., 2018. Demand estimation for aerial vehicles in urban settings. IEEE Intelligent Transportation Systems Magazine.

Balakrishnan, K., Polastre, J., Mooberry, J., Golding, R., Sachs, P., 2018. BluePrint For The Sky-The Roadmap for the Safe Integration of Autonomous Aircraft.

Bansal, P., Kockelman, K. M., Singh, A., 2016. Assessing public opinions of and interest in new vehicle technologies: an Austin perspective. Transportation Research Part C: Emerging Technologies 67, 1-14.

Berger, R., 2018. Urban Air Mobility, the rise of a new mode of transportation. Technical Reports.
Bischoff, J., Maciejewski, M., 2016. Autonomous taxicabs in berlin-a spatiotemporal analysis of service performance. Transportation Research Procedia 19, 176-186.

Bischoff, J., Maciejewski, M., 2016. Simulation of city-wide Replacement of private cars with autonomous taxis in berlin. Procedia Computer Science 83 (Ant 2016), 237-244.

Bosson, C., Lauderdale, T. A., 2018. Simulation evaluations of an autonomous urban air mobility

network management and separation service. In:2018 Aviation Technology,Integration,and Operations Conference,p. 3365.

Cairns,R. D. ,Liston-Heyes,C. ,1996. Competition and regulation in the taxi industry. Journal of Public Economics 59(1),1-15.

Cantos,P. ,Maudos,J. ,2001. Regulation and efficiency:the case of European railways. Transportation Research Part A:Policy and Practice 35(5),459-472.

Castle,J. ,Fornaro,C. ,Genovesi,D. ,Lin,E. ,Strauss,D. E. ,Waldewitz,T. ,Edridge,D. ,2017. Flying solo-How Far are We Down the Path Towards Pilotless Planes?,p. 53.

Cervero,R. ,Kang,C. D. ,2011. Bus rapid transit impacts on land uses and land values in Seoul, Korea. Transport Policy 18(1),102-116.

Cohen,A. ,Susan,S. ,Emily,F. ,2018. The potential societal barriers of urban air mobility,Executive Briefing urban air mobility(UAM)market study. Tech. Rep. Booz Allen Hamilton.

Correia,G. H. d. A. ,Looff,E. ,van Cranenburgh,S. ,Snelder,M. ,van Arem,B. ,2019. On the impact of vehicle automation on the value of travel time while performing work and leisure activities in a car:theoretical insights and results from a stated preference survey. Transportation Research Part A:Policy and Practice 119(November 2018),359-382.

de Palma,A. ,Lindsey,R. ,June 2004. Congestion pricing with heterogeneous travelers:a general-equilibriumwelfare analysis. Networks and Spatial Economics 4,135-160.

Duarte,F. ,Ratti,C. ,October 2018. The impact of autonomous vehicles on cities:a review. Journal of Urban Technology 25,3-18.

Fadhil,D. N. ,2018. A GIS-Based Analysis for Selecting Ground Infrastructure Locations for Urban Air Mobility. Master's Thesis. Technical University of Munich,Munich.

Fagnant,D. ,Kockelman,K. ,2013. Preparing a nation for autonomous vehicles. Tech. Rep. Eno Center for Transportation.

Fagnant,D. J. ,Kockelman,K. M. ,2018. Dynamic ride-sharing and fleet sizing for a system of shared autonomous vehicles in Austin,Texas. Transportation 45(1).

Fu,M. ,Rothfeld,R. ,Antoniou,C. ,2019. Exploring preferences for transportation modes in an urban air mobility environment:munich case study. In:Transportation Research Record. https://doi. org/10. 1177/0361198119843858.

Garrow,L. A. ,German,B. ,Mokhtarian,P. ,Daskilewicz,M. ,Douthat,T. H. ,Binder,R. ,June 2018. If you fly it,will commuters come? A Survey to Model Demand for eVTOL Urban Air Trips (Atlanta).

Garrow,L. A. ,German,B. J. ,Ilbeigi,M. ,2018. Conceptual models of demand for electric propulsion aircraft in intra-urban and Thin-haul markets. In:Transportation Research Board 97th Annual Meeting,Washington DC,United States.

Goodall,N. J. ,2014. Machine ethics and automated vehicles. In:Meyer,G. ,Beiker,S. (Eds.), Road Vehicle Automation. Springer International Publishing,Cham,pp. 93-102.

Gruel,W. ,Stanford,J. M. ,January 2016. Assessing the long-term effects of autonomous vehicles:a speculative approach. Transportation Research Procedia 13,18-29.

Haboucha,C. J. ,Ishaq,R. ,Shiftan,Y. ,2017. User preferences regarding autonomous vehicles. Transportation Research Part C:Emerging Technologies 78,37-49.

Haucap,J. ,Pavel,F. ,Aigner,R. ,Arnold,M. ,Hottenrott,M. ,Kehder,C. ,2015. Chancen der Digitalisierung auf Märkten für urbane Mobilität:Das Beispiel Uber. In:DICE Ordnung-spolitische Perspektiven 73. University of Düsseldorf,Düsseldorf Institute for Competition Economics (DICE).

Holden,J. ,Goel,N. ,2016. Fast-forwarding to a Future of On-demand Urban Air Transportation. Tech. rep..

Holmes,B. J. ,Parker,R. A. ,Stanley,D. ,McHugh,P. ,Garrow,L. ,Masson,P. M. ,Olcott,J. , Jan. 2017. NASA Strategic Framework for On-Demand Air Mobility-A Report for NASA Headquarters Aeronautics Research Mission Directorate.

Hörl,S. ,2016. Implementation of an Autonomous Taxi Service in a Multi-Modal Traffic simulation Using MATSim. Department of Energy and Environment Chalmers University of Technology,p. 82. June.

Hörl,S. ,Ruch,C. ,Becker,F. ,Frazzoli,E. ,Axhausen,K. ,2019. Fleet operational policies for automated mobility:a simulation assessment for zurich. Transportation Research Part C:Emerging Technologies 102,20-31.

Horni,A. ,Nagel,K. ,Axhausen,K. W. (Eds.),2016. The Multi-Agent Transport Simulation MATSim. Ubiquity Press.

Horvath,Partners,2019. Business between Sky and Earth,Assessing the Market Potential of Mobility in the 3rd Dimension. Tech rep..

Howard,D. ,Dai,D. ,2014. Public perceptions of self-driving cars:the case of Berkeley,California. MS Transportation Engineering 2014(1),21.

Hubaux,J. P. ,Capkun,S. ,Luo,J. ,May 2004. The security and privacy of smart vehicles. IEEE Security Privacy 2,49-55.

Kleinbekman,I. C. ,Mitici,M. A. ,Wei,P. ,September,2018. eVTOL arrival sequencing and scheduling for on-demand urban air mobility. In:AIAA/IEEE Digital Avionics Systems Conference-Proceedings,2018.

Kohlman,L. W. ,Patterson,M. D. ,2018. System-level urban air mobility transportation modeling and determination of energy-related constraints. In:2018 Aviation Technology,Integration,and Operations Conference,p. 3677.

KPMG,2013. Self-Driving Cars:Are We Ready? Retrieved from. https://home.kpmg/content/dam/kpmg/pdf/2013/10/self-driving-cars-are-we-ready.pdf/.

Krueger,R. ,Rashidi,T. H. ,Rose,J. M. ,2016. Preferences for shared autonomous vehicles. Transportation Research Part C:Emerging Technologies 69,343-355.

Kyriakidis,M. ,Happee,R. ,De Winter,J. C. ,2015. Public opinion on automated driving:results of an international questionnaire among 5000 respondents. Transportation Research Part F:Traf-

fic Psychology and Behaviour 32,127-140.

Levinson,D. M. ,Kumar,A. ,1997. Density and the journey to work. Growth and Change 28(2), 147-172.

Lineberger,R. ,Hussain,A. ,Mehra,S. ,Pankratz,D. ,2018. Passenger Drones and Flying Cars. Retrieved from. https://www. deloitte. com/insights/us/en/focus/future-of-mobility/passenger-drones-flying-cars. html/.

Liu,Y. ,Kreimeier,M. ,Stumpf,E. ,Zhou,Y. ,Liu,H. ,May 2017. Overview of recent endeavors on personal aerial vehicles:a focus on the US and Europe led research activities. Progress in Aerospace Sciences 91,53-66.

Maurer,M. ,Gerdes,J. C. ,Lenz,B. ,Winner,H. ,2015. Autonomes Fahren:Technische,Rechtliche Und Gesellschaftliche Aspekte. Springer.

Milakis,D. ,van Arem,B. ,van Wee,B. ,2017. Policy and society relatedimplications of automated driving:a review of literature and directions for future research. Journal of Intelligent Transportation Systems 21(4),324-348.

Moore,M. D. ,Goodrich,K. H. ,2013. High speed mobility through on-demand aviation. In:2013 Aviation Technology,Integration,and Operations Conference,p. 4373.

Moreno,A. T. ,2017. Autonomous Vehicles:Implications on an Integrated Landuse and Transport Modelling Suite,pp. 10-13.

Otte,T. ,Metzner,N. ,Lipp,J. ,Schwienhorst,M. S. ,Solvay,A. F. ,Meisen,T. ,September 2018.

User-centered integration of automated air mobility into urban transportation networks. In:2018 IEEE/AIAA 37th Digital Avionics Systems Conference(DASC). IEEE,pp. 1-10.

Parker,R. A. ,2017. NASA Strategic Framework for On-Demand Air Mobility A Report for NASA Headquarters.

Reddy,L. ,DeLaurentis,D. A. ,06 2016. Multivariate probit models and qualitative analysis of survey on public and stakeholder perception of unmanned aircraft. In:16th AIAA Aviation Technology,Integration,and Operations Conference.

Rodrigue,J. -P. ,Comtois,C. ,Slack,B. ,2017. The Geography of Transport Systems,fourth ed. Routledge.

Rothfeld,R. ,Balac,M. ,Ploetner,K. O. ,Antoniou,C. ,2018. Initial analysis of urban air mobility's transport performance in sioux falls. In:2018 Aviation Technology,Integration,and Operations Conference,p. 2886.

Rothfeld,R. ,Balac,M. ,Ploetner,K. O. ,Antoniou,C. ,2018. Agent-based simulation of urban air mobility. In:2018 Modeling and Simulation Technologies Conference,p. 3891.

Schoettle,B. ,Sivak,M. ,2014. A survey of public opinion about connected vehicles in the U. S. , the U. K. ,and Australia. In:2014 International Conference on Connected Vehicles and Expo, ICCVE 2014-Proceedings,No. July,pp. 687-692.

Schuchardt,B. I. ,Lehmann,P. ,Nieuwenhuizen,F. ,Perfect,P. ,2015. Final List of Desirable Features/Options for the PAV and Supporting Systems.

Shamiyeh,M.,Bijewitz,J.,Hornung,M.,2017. A review of recent personal air vehicle concepts. In:Aerospace 6th CEAS Conference. Council of European Aerospace Societies,Bucharest,pp. 1-16 no.913.

Smith,J. C.,Viken,J. K.,Guerreiro,N. M.,Dollyhigh,S. M.,Fenbert,J. W.,Hartman,C. L.,Kwa,T. -S.,Moore,M. D.,2012. Projected demand and potential impacts to the national airspace system of autonomous,electric,on-demand small aircraft. In:12th AIAA Aviation Technology,Integration,and Operations(ATIO)Conference and 14th AIAA/ISSM,vol. 5595. AIAA.

Squires,G. D.,2002. Urban Sprawl:Causes,Consequences,& Policy Responses. The Urban Institute.

Straubinger,A.,Rothfeld,R.,2018. Identification of relevant aspects for personal air transport system integration in urban mobility modelling. In:Proceedings of 7th Transport Research Arena TRA 2018,(Vienna).

Straubinger,A.,Verhoef,E. T.,2018. (Working Paper) Options for a Welfare Analysis of Urban Air Mobility(Hong Kong).

Syed,N.,2017. On Demand Mobility Commuter Aircraft Demand Estimation. Master Thesis. Faculty of the Virginia Polytechnic Institute and StateUniversity.

Thakur,P.,Kinghorn,R.,Grace,R.,2016. Urban form and function in the autonomous era. In: Australasian Transport Research Forum 2016 Proceedings.

Thompson,M.,2018. Panel:perspectives on prospective markets. In:Proceedings of the 5th Annual AHS Transformative VTOL Workshop,San Francisco,CA.

Travel forecasting resource,2014. Benefits of Activity Based Models. http://tfresource. org/Benefits_of_Activity_Based_Models.

Travel forecasting resource,2018. Autonomous Vehicles:Modeling Frameworks. http://tfresource. org/Autonomous_vehicles:_Modeling_frameworks.

UBER,Oct. 2016. Fast-Forwarding to a Future of On-Demand Urban Air Transportation.

Vascik,P.,2019. Development of vertiport capacity envelopes and analysis of their sensitivity to topological and operational factors. In:AIAA Scitech 2019 Forum,(San Diego,California,United States).

Vascik,P. D.,Hansman,R. J.,June 2017. Constraint Identification in On-Demand Mobility for Aviation through an Exploratory Case Study of Los Angeles. MIT International Center for Air Transportation(ICAT).

Vascik,P. D.,Hansman,R. J.,2017. Evaluation of Key Operational Constraints Affecting On-Demand Mobility for Aviation in the Los Angeles Basin:Ground Infrastructure,Air Traffic Control and Noise,pp. 1-20.

Vredin Johansson,M.,Heldt,T.,Johansson,P.,2006. The effects of attitudes and personality traits on mode choice. Transportation Research Part A:Policy and Practice 40(6),507-525.

Vrtic,M.,Schuessler,N.,Erath,A.,Axhausen,K. W.,2009. The impacts of road pricing on route and mode choice behaviour. Journal of Choice Modelling 3(1),109-126.

Wardman,M.,Chintakayala,P.,May 2012. European wide meta-analysis of values of travel time.

Final Report.

Weiß, H. -J. ,2003. Die Doppelrolle der Kommunen im ÖPNV. Tech. Rep. Diskussionsbeitr äge// Institut für Verkehrswissenschaft und Regionalpolitik.

Winter, K. , Oded, C. , Martens, K. , van Arem, B. , 2017. "Stated choice experiment on mode choice in an era of free-floating carsharing and shared autonomous vehicles: raw data. In: Transportation Research Board, 96th Annual Meeting, vol. 1, pp. 1-17.

Wölfel, P. ,2019. An Analysis for an Imminent Implementation of Urban Air Mobility in Germany. Seminar paper. WHU-Otto Beisheim School of Management, Vallendar.

Yedavalli, P. , Mooberry, J. , 2019. An Assessment of Public Perception of Urban Air Mobility (UAM). Retrieved from. https://www. airbus. com/newsroom/news/en/2019/02/urban-air-mobility-on-the-path-to-public-acceptance. html.

Zmud, J. , Sener, I. N. , Wagner, J. , 2016. Consumer Acceptance and Travel Behavior Impacts of Automated Vehicles Final Report PRC 15-49 F, p. 65.

第14章　结　论

Constantinos Antoniou[1],Emmanouil Chaniotakis[2],Dimitrios Efthymiou[1]
1.德国慕尼黑市慕尼黑工业大学土木岩土与环境岩土工程系交通运输系统工程主任;
2.英国伦敦市伦敦大学学院(UCL)巴特莱特环境能源资源学院

本书的一个重要前提是,移动出行是一个极其活跃的领域,正以非常快的速度不断发生变化。因此,本书将主要着眼点放在采取必要的行动措施上,即针对快速革新的现实和提高数据可用性,实现从传统交通出行规划转向敏捷规划。

为此,我们努力汇集了这一领域大量高精尖人员和相关领域的研究人员的贡献的研究成果,旨在为研究人员、决策者以及在交通出行领域活跃的实践者提供有用的参考,而且还可以在现行出行模式发生变化时,准确的确定具体参数。这些成果贡献首先对相关文献进行关键性综述而为相关工作奠定基础,其次为探索指导今后预期工作的各种方法。这些研究工作是通过使用实例和真实数据来阐明的本书的最后一部分呈现了探索新兴交通运输系统需求方面的各种案例研究。

本书不可避免地会遗漏一些涉及新兴交通运输概念的内容。我们尽力避开一些当前暂时流行的时髦术语和不确定能否长久存在的模式(比如电动滑板车)。我们要做的是基于已建立的新兴交通运输系统,提供对这些新概念进行审查的氛围,我们还避免提供只有方法论的章节,意在通过各种应用实践来传递知识。

本书旨在推动对人类使用已建立完善的和新兴的出行服务方式的各种影响因素的讨论。

现代消费者会根据成本、时间、服务质量以及有助于按需出行和出行即服务发展的其他属性来进行模式选择。本文对按需出行和出行即服务的概念进行了一个大概描述(详情参见第3章)。按需出行服务包括共享自行车、共享汽车、微交通、网约服务、网约车公司(TNC)、共享滑板车、班车服务、城市空中交通、公共交通,以及基于手机客户端(APP)的交付服务。尽管与出行即服务存在着密切关系,但是按需出行包括人员和货物交通运输,而出行即服务则将出行服务聚合成一个定价包。在这种移动出行环境中,公共交通运输机构面临的各种挑战与机遇日益增多,这就需要与私人运营商建立合作伙伴关系。

本书介绍了汽车自动化对于社会弱势群体可达性及其交通运输相关社会排斥的意义。一方面,可达性的积极意义随着自动化程度而增加;另一方面,数字访问和支付要求可能影响实现社会融入的可能性(详情参见第4章)。

本书对传统和新兴交通数据源进行分类,依据是它们所代表的交通运输系统的组成部分和它们对空间(如地图、环境数据、POI)、网络(比如固定交通、行程时间)、概念(如共享汽车、共享自行车、自动驾驶、网约服务)以及用户(比如态度、用户轨迹、偏好)的定位。简述了数据质量准则,并对完整性、一致性、准确性、及时性、可达性以及可解释性的定义进行了整合(详情参见第5章)。

本书介绍了发展城市移动出行感知技术的优势(详情参见第7章)。由于允许大规模和长时间采集个体出行者的轨迹,因此个体出行已成为一个用来提取描述时空个体运动模式的新兴领域。

对于共享汽车和共享自行车的接纳程度,取决于当地的文化和投放地区的运营特性、人口统计学、环境和经济因素,以及潜在未来用户的当前出行方式。从战略层面规划端到端乘客行程的决策者和公共交通运营商,则应当将共享汽车系统视为公共交通的竞争对手以及合作者(详情参见第6章)。影响共享汽车系统发布和需求的最重要外部因素包括人口密度、年龄、家庭规模、教育程度、靠近交通运输站点、土地利用、与中心商业区(CBD)的距离、与服务的距离、站点附近服务数量以及汽车可用性(详情参见第10章)。共享自动驾驶汽车的接受度主要取决于起点搭车和终点抵达的准时性。

对于城市和大都市地区而言,促进公共交通发展仍属重大挑战。交通运输研究人员和科学家曾经采用多种方法,大范围分析了公共交通所起的作用,其目的在于更深入了解公共交通如何才能在城市交通中占据主导地位。公共交通可以在车辆速度、出行不便人员对基础设施可达性、规律性、转换协调以及其他诸多方面,保持并扩大其针对私家车的竞争优势(详情参见第9章)。

自由流动的共享汽车系统主要建立在大型城市区域内,而在汽车拥有量越多,排放造成的影响也就越明显的小型城市和农村地区,目前没有此类系统。从共享自动驾驶汽车的远景来讲,有望实质性改变人类的出行行为(详情参见第11章)。基于共享自动驾驶汽车的交通运输系统战略性规划,随之提出了新的建模要求(详情参见第8章)。提议了各种处理此类问题的解决方案。

介绍了基于预测、优化以及个性化的智慧出行方法论方案。这三个特点的整合方式确保将实时数据预测用于优化政策。如果替代方式的属性体现了实时状况,则可以对政策优化进行个性化处理(详情参见第12章)。

最后,大概介绍了城市空中交通(UAM)。简要说明了旨在确定乘客接受度和潜在乘客时间价值等主要因素的初步研究。此外,还介绍了首批城市空中交通建模方案,以及城市空中交通实施的潜在空间效应与福利效应(详情参见第13章)。

本章参考文献

Atasoy, Bilge, Lima de Azevedo, Carlos, Akkinepally, Arun Prakash, Seshadri, Ravi, Zhao, Fang, Abou-Zeid, Maya, Ben-Akiva, Moshe, 2020. Smart mobility via prediction, optimization and personalization. In: Constantinos Antoniou, Dimitrios Efthymiou, and Emmanouil Chaniotakis. Demand for Emerging Transportation Systems: Modeling Adoption, Satisfaction, and Mobility Patterns. Elsevier.

Chaniotakis, Emmanouil, Efthymiou, Dimitrios, Antoniou, Constantinos, 2020. Data Aspects of the Evaluation of Demand for Emerging Transportation Systems. In: Constantinos Antoniou, Dimitrios Efthymiou, and Emmanouil Chaniotakis. Demand for Emerging Transportation Systems: Modeling

Adoption, Satisfaction, and Mobility Patterns. Elsevier.

Ciari, Francesco, Janzen, Maxim, Ziemlicki, Cezary, 2020. Planning shared automated fleets: Specific modeling requirements and concepts to address them. In: Constantinos Antoniou, Dimitrios Efthymiou, and Emmanouil Chaniotakis. Demand for Emerging Transportation Systems: Modeling Adoption, Satisfaction, and Mobility Patterns. Elsevier.

Efthymiou, Dimitris, Chaniotakis, Emmanouil, Antoniou, Constantinos, 2020. Factors Affecting the Adoption of Vehicle Sharing Systems. In: Constantinos Antoniou, Dimitrios Efthymiou, and Emmanouil Chaniotakis. Demand for Emerging Transportation Systems: Modeling Adoption, Satisfaction, and Mobility Patterns. Elsevier.

Milakis, Dimitris, Bert van Wee, 2020. Implications of vehicle automation for accessibility and social inclusion of people on low income, people with physical and sensory disabilities and older people. In: Constantinos Antoniou, Dimitrios Efthymiou, and Emmanouil Cha-niotakis. Demand for Emerging Transportation Systems: Modeling Adoption, Satisfaction, and Mobility Patterns. Elsevier.

Rothfeld, Raoul, Anna, Straubinger, Fu, Mengying, Al Haddad, Christelle, Antoniou, Constantinos, 2020. Factors Affecting Emerging Transportation Systems: Modelling Adoption, Satisfaction and Mobility Patterns. In: Constantinos Antoniou, Dimitrios Efthymiou, and Emmanouil Chaniotakis. Demand for Emerging Transportation Systems: Modeling Adoption, Satisfaction, and Mobility Patterns. Elsevier.

Schmöller, Stefan, Bogenberger, Klaus, 2020. Carsharing d an overview on what we know. In: Constantinos Antoniou, Dimitrios Efthymiou, and Emmanouil Chaniotakis. Demand for Emerging Transportation Systems: Modeling Adoption, Satisfaction, and Mobility Patterns. Elsevier.

Shaheen, Susan, Cohen, Adam, 2020. Mobility on Demand (MOD) and Mobility as a Service (MaaS): Early Understanding of Shared Mobility Impacts and Public Transit Partnerships. In: Constantinos Antoniou, Dimitrios Efthymiou, and Emmanouil Chaniota-kis. Demand for Emerging Transportation Systems: Modeling Adoption, Satisfaction, and Mobility Patterns. Elsevier.

Nakamura, Toshiyuki, Uno, Nobuhiro, Kuwahara, Masahiro, Yoshioka, Akira, Nishigaki, Tomoki, Schmöckerl, Jan-Dirk, 2020. Location Planning for One-way Car-sharing Systems Considering Accessibility Improvements: The Case of Super-Compact Electric Cars. In: Constantinos Antoniou, Dimitrios Efthymiou, and Emmanouil Chanio-takis. Demand for Emerging Transportation Systems: Modeling Adoption, Satisfaction, and Mobility Patterns. Elsevier.

Tyrinopoulos, Yannis, 2020. Public Transport. In: Constantinos Antoniou, Dimitrios Efthymiou, and Emmanouil Chaniotakis. Demand for Emerging Transportation Systems: Modeling Adoption, Satisfaction, and Mobility Patterns. Elsevier.

Zhao, Zhan, Koutsopoulos, Haris N., Zhao, Jinhua, 2020. Uncovering Spatiotemporal Structures from Transit Smart Card Data for Individual Mobility Modeling. In: Constantinos Antoniou, Dimitrios Efthymiou, and Emmanouil Chaniotakis. Demand for Emerging Trans-portation Systems: Modeling Adoption, Satisfaction, and Mobility Patterns. Elsevier.

Xinxing Jiaotong Yunshu Xitong Xuqiu：Moxing Shiyingxing、Manyidu he Chuxing Moshi

书　　名：新兴交通运输系统需求：模型适应性、满意度和出行模式
著 作 者：[希]康斯坦丁诺斯·安东尼乌(Constantinos Antoniou)
　　　　　[希]迪米特里奥斯·埃夫蒂米乌(Dimitrios Efthymiou)
　　　　　[希]伊曼努伊尔·查尼奥塔基斯(Emmanouil Chaniotakis)
译　　者：尹志芳　李　超　张晚笛　杨新征
责任编辑：董　倩　杨丽改
责任校对：赵媛媛
责任印制：刘高彤
出版发行：人民交通出版社
地　　址：(100011)北京市朝阳区安定门外外馆斜街3号
网　　址：http://www.ccpcl.com.cn
销售电话：(010)85285857
总 经 销：人民交通出版社发行部
经　　销：各地新华书店
印　　刷：北京市密东印刷有限公司
开　　本：787×1092　1/16
印　　张：14
字　　数：326千
版　　次：2024年8月　第1版
印　　次：2024年8月　第1次印刷
书　　号：ISBN 978-7-114-17668-5
定　　价：88.00元
(有印刷、装订质量问题的图书,由本社负责调换)